U0717366

中原智库丛书·青年系列

大省产业链重塑
——河南省的实践与探索

Reshaping the Industrial Chain of Major Provinces
—Practice and Exploration in Henan Province

杨梦洁◎著

经济管理出版社
ECONOMY & MANAGEMENT PUBLISHING HOUSE

图书在版编目（CIP）数据

大省产业链重塑：河南省的实践与探索 ／ 杨梦洁著.

北京 ：经济管理出版社，2024. —— ISBN 978-7-5096

-9961-4

Ⅰ．F269.276.1

中国国家版本馆 CIP 数据核字第 2024MV1571 号

组稿编辑：申桂萍
责任编辑：申桂萍
助理编辑：张　艺
责任印制：张莉琼
责任校对：陈　颖

出版发行：经济管理出版社
　　　　　（北京市海淀区北蜂窝 8 号中雅大厦 A 座 11 层　100038）
网　　　址：www.E-mp.com.cn
电　　　话：(010) 51915602
印　　　刷：北京厚诚则铭印刷科技有限公司
经　　　销：新华书店
开　　　本：720mm×1000mm/16
印　　　张：13.5
字　　　数：231 千字
版　　　次：2024 年 9 月第 1 版　　2024 年 9 月第 1 次印刷
书　　　号：ISBN 978-7-5096-9961-4
定　　　价：78.00 元

· 版权所有　翻印必究 ·

凡购本社图书，如有印装错误，由本社发行部负责调换。

联系地址：北京市海淀区北蜂窝 8 号中雅大厦 11 层

电话：(010) 68022974　　邮编：100038

前　言

受一系列错综复杂的因素影响，全球产业链布局近年来呈现全球属性减弱、区域属性增强的特点，产业链区域性调整、本土化、扁平化成为新趋势。我国在积极融入全球产业链实现 40 多年快速增长之后，经济结构与要素特点发生深层次变革，国家适时提出构建以国内大循环为主体、国内国际双循环相互促进的新发展格局，在这一背景下，产业界、学术界将相关研究重点转移到构建地区产业链上，国家产业链、区域价值链等相关概念一并受到关注。从国家角度来说，组织完善国内产业分工体系，统筹国内资源，畅通国内大循环，建设国民经济各个产业协同发展、有机链接的现代化产业体系，形成高效完整的大国产业链，是释放国内经济增长内生动力，同时高水平参与全球产业链的基础。从区域角度来说，高效组织本地自有资源以及吸纳的外来资源，构建具有一定自主性与较强韧性的地区产业链，是一地提升产业竞争实力，更好参与国家价值链、全球价值链的基础。当前各个经济大省纷纷遵循这一逻辑，立足省情，着手构建具有本省特色的现代化产业链体系，为自身谋划新时代发展的新动能与新优势。

面对最新的产业链发展形势与区域竞争格局，2023 年底，中央经济工作会议提出"完善新型举国体制，实施制造业重点产业链高质量发展行动""提升产业链供应链韧性和安全水平"等一系列举措。2024 年 3 月，《政府工作报告》提出要"推动产业链供应链优化升级""实施制造业重点产业链高质量发展行动"。可以清晰地看出，制造业重点产业链已经成为完善地区乃至一国产业链布局、建设现代化产业体系的核心抓手。国内制造业发达地区在 2023 年之前就已开始积极探索，山东 2022 年启动实施标志性产业链突破工程，选定新一代信息技术、高端装备、新能源装备、船舶和海工装备、高端化工等 11 条标志性产业链重点发力。江苏省较早提出《江苏省"产业强链"三年行动计划（2021—2023年）》，并于 2023 年印发了《加快建设制造强省行动方案》，部署 16 个先进制造业集群和 50 条产业链"1650"产业体系建设。广东省连续两年遴选重点产业链"链主企业"，建立"链长"通过"链主"企业抓产业链进而推动产业集群发展的"企链群"传导机制。这些制造业强省均将布局重点产业链，培育先进制造业集群作为提升地区产业实力的重中之重，地区之间的产业竞争也从龙头企业与分散供应商的竞争，转变为产业链集群对集群的竞争。

针对日趋激烈的地区产业链集群竞争，以及自身从制造业大省向制造业强省迈进的转型重任，河南省近年来陆续出台了《加快构建现代化产业体系 着力培育重点产业链工作推进方案（2023—2025 年）》《河南省建设制造强省三年行动计划（2023—2025 年）》《支持重点产业链高端化智能化绿色化全链式改造提升若干政策措施》等一系列文件，提出到 2025 年打造 7 个万亿级先进制造业集群和 28 条重点产业链的发展目标。2023 年 10 月，28 条重点产业链行动方案全部发布。2024 年 2 月出台了《全省重点产业链 2024 年度绿色化升级改造实施指南》，加快推进重点行业和重点产业链绿色低碳改造升级。河南选定 28 条重点产业链布局大省产业链体系的决心不可谓不强，任务也不可谓不艰巨。

回顾河南省制造业数十年发展历程，三线建设时期积累了较为扎实的产业基础，2002 年之后把握住黄金发展阶段，一跃成为全国工业大省，拥有完善的基础设施体系和工业门类，中心城市、重点城市产业链具有一定的带动和示范作用，周边地区梯度配套加速形成。当今世界正经历百年未有之大变局，河南制造业再次走到时代变幻的关键十字路口。传统优势产业优化升级，抢占新兴产业发展高地，前瞻布局未来产业等多线任务并行，如何立足河南产业基础，围绕 7 个先进制造业集群与 28 条重点产业链精准发力，打造传统产业、新兴产业、未来产业结构合理，动能充足，地区有序分工，协同共进的完整大省产业链体系，确保河南以进促稳，先立后破，加快形成新质生产力，引领制造业重点产业链高质量发展，成为本书着重梳理与尝试解答的现实问题。

目　录

第一章 大省产业链综合理论分析框架

产业链是伴随生产技术进步到一定程度，在社会财富不断积累的情况下，从分工与交易衍生出来的重要产业经济学概念。产业链概念包容性、扩展性极强，不同主体、不同视角具有不同维度，但经济学本质没有改变，研究大省产业链问题，需要在固定的理论综合分析框架下加以适当延伸。

第一节 产业链的形成与演变

第一，农业经济时期的萌芽。回顾人类生存生活、生产发展历史阶段，无论是社会学概括为原始社会、农业文明、工业文明、生态文明，还是经济学概括为农业经济、工业经济、知识经济等，在生产力水平低下、物资极为匮乏的农业经济早中期时代，自给自足的小农经济模式占主导，商品经济所占比重极低，没有商业基础的分工围绕基本生存需求而自发进行，绝大多数交易就是同一片地理空间上发生的简单物物交换或生活必需品的买卖，分工零星存在，人们之间的链式经济联系十分薄弱。农业经济发展到一定阶段之后，个体手工业者大量出现，商人出现并从事各式贸易，战国后期商鞅、韩非子等提出"农本工商末"，重农抑商的产业政策和治国理念可以理解为产业链萌芽，只是在这一时期，产业分工的范围仅限于一二三产业之间的分工，产业链也只有粗放的一二三产业大类链条的初级划分，农业链条占据绝对地位，工商业所占比重低并且链条极短，围绕农业生产服务和小范围集聚。

第二，工业经济至知识经济时期的进展。农业文明后期，机器等新生产力工具大量出现，产品、资源产生剩余，工厂替代小作坊，开始向工业时代过渡，西方资本主义国家率先进行工业革命，全面进入大机器生产的工业经济时代，工业企业作为独立的生产单元存在，劳动熟练度提升，不同类型机器主导的专业化分工越来越常见，真正意义上的产业链开始出现。工业经济时代生产技术快速进步，工业门类日趋丰富，第二产业逐步发展成熟，不同产业链条快速出现，产业分工从产业间向产业内加速分化，产业链条不断细化且长度不断延伸。随着工业经济高度发达，为满足工业发展需求，物流、仓储、融资服务、技术服务等生产性服务业应运而生并不断壮大，分工专业化程度显著提升，人们通过更为密切的交易协作完成价值增值，劳动生产率进一步提高，第二、第三产业链条均得到了长足的发展并开始出现产业链条的交叉。进入知识经济时代，人类生产技术呈爆发式增长，技术进步使产业分工的天花板进一步拓展，分工成本降低的同时收益增加，产业分工进一步从产业内向产品间以及产品内部细化，分工环节高度复杂带来产业链条节点众多且交叉融合，产业链从形式到内容上均呈现前所未有的细密性。

第二节　现代产业链的理论基础

第一，现代产业链理论起源。从产业链演变的历史进程中能够看出，产业链源自分工，学术界一般也公认产业链研究源自英国古典经济学家亚当·斯密，1776 年斯密在《国富论》中最早提出了分工的概念，确立了分工在经济学中的首要地位，认为其是"促进经济增长的源泉"。早期西方经济学理论中，分工存在于企业内部，马歇尔将其拓展至企业间，强调企业间协作的经济联系，被认为是现代产业链的开端。1958 年美国经济学家赫希曼从发展经济学视角分析，认为产业链的产业关联分为前向与后向。后来研究重点逐步转向产业链分工，供应链、价值链等相关理论开始兴起。

第二，现代产业链理论发展。西方经济学家将重点转向产业链分工之后，国际贸易理论经历古典主义、新古典主义、新贸易理论三个阶段，成为研究一国或地区参与国际产业链分工的理论基础。首先是以比较优势和要素禀赋为核心的古典与新古典贸易理论阶段。李嘉图（1817）提出比较优势理论，认为一国或一地区即使没有绝对优势，也能够利用成本的相对优势参与国际产业链分工，这是对斯密的绝对优势理论的极大发展。Samuelson（1948）提出自由贸易要素价格均等化理论，进一步发展完善要素禀赋理论，形成 H-O-S 定理。但这些理论存在致命弱点，没有解释发展中国家在发达国家主导的国际产业分工格局中，如何通过自主产业政策实现升级，突破低端锁定，带来产业链地位动态变化的现象。其次是以动态比较优势思想为核心的新贸易理论阶段。为弥补先前理论解释的不足，经济学家逐步研究使用新贸易理论，以 Krugman 等（1985）提出的规模经济等理论为核心，扩展了要素范围，将分工、贸易与产业链升级联系到一起，引入动态研究的思维和方法，研究对象转到产业内分工及产品内分工上。Grubel 和 Loyd（1975）提出的 H-O 修正模型，Vernon（1966）提出的产品生命周期理论，Gereffi 等（2001）提出的全球价值链理论等，共同形成当前研究中一直使用的基础性理论。

第三，中国产业链理论的丰富与拓展。西方经济学奠定了现代产业链理论基础，但后期逐步转向其他各类相关概念，产业链自身概念相对弱化，现代产业链理论得到较大丰富性研究是在中国，中国学者从不同角度对产业链形成机制、形态、整合等相关问题进行了大量分析。一部分学者强调产业链的空间属性。蒋国俊和蒋新明（2004）在研究产业链问题时，将研究范围限定在一定的产业集聚区内部，以"煤、电、冶"三个产业链为例，研究认为竞争定价、毅力调节、沟通信任三个机制可以推动产业链稳定运行并成长壮大。龚勤林（2007）同样关注时空布局关系，认为产业链是各个地区基于不同比较优势差异上的逻辑关系，开展专业化分工，本质上是进行产业合作的区域合作载体。另一部分学者强调产业链内涵的不同维度。有的学者侧重于产业链的供应链属性，郁义鸿（2005）认为产业链是在各类产业中，有互相关联的企业从原材料采购到完成消费的全过程系统。也有学者突出价值属性，从价值链的视角来研究产业链，芮杰明和刘明宇（2006）认为产业链是企业内部与企业之间为最终完成产品、服务交易，实现价值增加的全部活动过程。吴金明和张磐等（2005）较早全面概括了产业链的价值链、企业链、供需链、空间链四个维度，并分析四维对接与四维调控下，产业链的不同形成模式。郑大庆等（2011）对产业链理论进行了整合，将产业链内涵概括为供需链、价值链、产品链、技术链、空间链。这些早期成果具有开创性，为后续研究奠定了坚实基础。

第三节　现代产业链研究拓展

近年来，随着新一轮科技革命与产业变革不断深入，人类经济社会发展进行了由内而外、由表及里的持续性重塑，同时全球金融危机后全球经济复苏乏力与逆全球化思潮抬头使各国出于供应链安全等考虑对产业链布局再调整，许多发达国家重提制造业回流计划、再工业化等。总之一系列复杂因素交织的影响，给产业链带来前所未有之新变革，于是产业链重构、升级等问题成为国内外学者关注的热点。

数字经济作为新时代主旋律，对产业链各个维度的影响是研究重点。国外学者后期对于产业链的研究普遍偏向分工与价值链，对数字经济影响价值链重构升级进行了大量分析。Abel-Koch（2016）发现，数字技术可以通过缩短空间距离和降低贸易成本的方式帮助中小企业更多地参与全球产业链价值链，并发挥更积极的作用。Szalavetz（2019）指出，数字经济有助于引导公司发现市场机会并孕育差异化竞争战略，进而打造面向未来的竞争优势，增强价值捕获能力。Parker等关注数字经济产业组织形态对产业链价值链的影响。他们认为，数字连接和平台模式正带来产业结构变迁，越来越多的企业正由管道结构的线性价值链转向平台结构的价值矩阵和价值网络，数字平台模块化治理和分层模式鼓励全球范围内的开源创新，避免头部平台承担过多创新负担，同时促使平台与其子平台之间保持协调和互补，强化了产业链价值链全球分布动力。我国学者同样对这一问题进行了大量研究。部分学者重点研究数字经济对产业链价值链形态的影响。陈小勇（2017）认为，数字经济将价值链线型分工升级为价值网络型分工，价值节点之间的分工关系更加复杂。陈国亮和唐根年（2016）认为，互联网驱动下的产业链演变实质上是实体产业价值链解构与互联网价值链"跨链"重组的共生现象，第二、第三产业呈现空间非一体化发展格局。还有部分学者重点研究数字经济对产业链价值链的重构效应。余东华和水冰（2017）、刘琳和盛斌（2023）、霍春辉等（2023）认为，数字经济为全球价值链带来新的价值和形式，新一代信息技术推动全球价值链解构和重构，为中国制造业高端嵌入全球价值链提供了战略机遇。也有不少学者肯定了数据作为新生产要素的重要作用，认为数据是引领价值链分工的重要创新要素，数字化正成为驱动全球价值链分工转型与升级的一种重要途径。

产业链不断震荡加速变化，其新趋势及应对策略成为研究重点。孙志燕和郑江淮（2020）分析了全球产业链价值链数字化转型的新趋势，强调中国面对诸多挑战，应当把握住新一轮科技革命和产业变革的机遇，有效提升技术能力和创新经济增长路径。黄奇帆（2020）提出受新冠疫情影响，全球产业链被破坏并经历调整，为中国赢得了参与全球产业链重构的机会，产业链集群化是重要特征，中国应努力打造一批具有竞争力的区域性产业链集群，有条不紊地积极参与全球产业链重构。江小涓和孟丽君（2021）结合国际贸易的类型、规模等数据，系统全面地分析了全球产业分工从产业间贸易到产业内贸易再到全球价值链的三个阶段，详解全球产业链从快速扩张到停顿、回缩的背景、表现与特征，并将我国置于全球产业链最新变化的大环境下，对我国参与全球产业分工的历史演进轨迹进行梳理，指出在借助外循环平衡资源配置压力实现高速增长之后，转向依靠国内市场，形成高质量国内大循环的重要性。刘志彪和姚志勇（2020）、凌永辉等（2020）、王存刚（2022）一众学者也对这一问题进行了深入研究，指出面对当前全球产业链内向化、区域化、多元化发展，纵向产业链缩短，横向产业链集聚的形势，中国需要修正传统外向型经济战略，既要持续推进外贸自由化，提高"产业黏合度"，高水平"走出去"，同时又要构建以内循环为主的国内价值链，并提出"内需主导型全球价值链"的新概念，开启了产业链研究新范式。

第四节　产业链相关概念辨析

回顾产业链发展实践与理论综述可以看出，产业链内涵丰富、维度众多，学术界至今对其概念没有标准化统一定义，西方学者在后续研究中将价值链作为重点对象，弱化了产业链概念，随着近年来全球产业链不断掀起调整重塑高潮，国内外学者普遍将关注重点重新回归到产业链本身上。本书在对国内外各项研究成果进行梳理的基础上，倾向于认为，产业链具有产业属性、价值属性、空间属性；产业属性包括由龙头企业、中小微企业、个体从业者等组成的产业主体，以及链条纵向、横向上下游互相连接的各个产业环节；价值属性是产业链构建、组织并运行的基本经济属性；空间属性是构建、组织并运行产业链的基本空间载体，包括实际区域空间与网络虚拟空间。因此，本书认为价值链、供应链、创新链等均是以产业链为基础，围绕产业链延伸出来侧重点不同的概念。

第一，相同点。一方面，产业链、价值链、供应链的基础本质都建立在分工的基础上。没有分工与交易协作就没有链条构建的空间，分工是经济增长的源泉，随着国际分工体系从产业间分工到产业内分工、产品间分工，再到产品内分工不断演变，产业分工不断细化，对应组织起新的供应链，价值链格局随之产生变动，形成更加复杂的产业链，引领经济不断增长，新的全球产业分工格局也不断演变。事实上，在全球金融危机之前，全球价值链贸易在经历高速增长之后就已经表现式微，其中一个重要原因是在原有的技术创新水平下，产品分工已经达到可以"拆分"的天花板，而随着数字技术快速更新迭代，产品和服务可拆分、可细化、可组装的程度不断加深，可贸易的时间空间迅速扩大，新的数字信任机制更加强大，降低交易成本，为分工深化带来新空间，促进新增长。另一方面，产业链、价值链、供应链都是供给侧的经济循环，虽然循环的长度和侧重存在差别，但都体现包括但不限于从研发设计、原料加工、生产制造、仓储物流到市场营销等各个不同经济活动环节，无论是传统的链条结构还是数字经济影响下的网状结构，都是基于一定经济循环的"链接"。

第二，不同点。产业链、价值链、供应链的从属关系与侧重点不同。本书认为，产业链是价值链、供应链等各种链条万变不离其宗的"宗主"，是最为宏观的概念。在中西方发展实践与学术研究史上，价值链、供应链等也是在产业链产生之后，从不同研究方向而延伸出来的概念，没有产业作为物质基础，没有产业链作为链接载体，价值链、供应链就是无源之水、无根之木。其中，供应链偏向于微观视角，是企业围绕生产的产品或提供的服务，相应组织起来从原材料、配套件采购、物料配置、生产加工制造、分销零售，直至交付客户的功能性链条，是产业链产业属性中的生产部分。供应链发展追求的是以相对较低的协作成本高效组织起足够的生产或服务提供能力，快速应对市场需求变化。价值链是从产业链价值属性中延伸出来的概念，产业链是价值链得以形成并实现价值的基础，价值链是对产业链各个环节的存在价值进行考察，以各个环节价值传递为媒介形成的链条，追求的重点在于明确各个参与主体与各个环节存在的价值，真实反映出产业链上各主体、各环节的价值实现和增加情况，并以此为基础，挖掘潜藏的新价值与更优的价值实现方式。

第五节　大省产业链的概念界定

近年来随着全球产业链区域性调整成为新趋势，人们将研究重点转移到构建地区产业链上，国家价值链、区域价值链等相关概念一并受到关注，逐步延伸出了大省产业链的概念。王海杰和吴颖（2015）以河南省作为欠发达地区的代表进行研究，认为欠发达地区直接参与全球价值链或国家价值链都容易被"低端锁定"，最好先构建区域性价值链，再顺势加入。初航正等（2022）、洪俊杰和隋佳良（2023）、史本叶和马晓丽（2023）从各个角度对于加快发展国内大循环、构建国内价值链、高水平参与全球价值链、更好应对全球产业链变化做出分析。倪红福和田野（2023）的研究，较为清晰直接地指出，当研发设计、加工制造、市场营销等过程组成的生产循环，局限在一国（地区）时，就形成国内价值链，构成国内大循环的主要部分。黎峰（2020）以省级区域为研究对象，观测省级区域在国内及全球价值链的双重嵌入行为，分析认为大多数省份参与全球产业链分工程度更深，东部沿海地区直接参与，中西部地区间接参与，同时组织完善国内产业分工体系，统筹国内资源，构建内生性国内价值链，有助于推动中国制造业全球价值链地位升级。

综合上述研究可以看出，大省产业链其实是地区产业链的一种，相对于全球产业链、国家产业链而言更偏向于省级区域性。本书将其概念界定为在较大的省级区域内围绕特定产业发展运行，培育壮大，按照一定经济逻辑将相关各个主体与环节组织起来形成的链式产业组织。需要指出的是，本书界定的省级区域，不是指链式产业组织仅在省级区域内运行，在全球产业分工体系高度发达的数字经济时代，没有一个产业组织可以脱离外部环境单独运行，区域性产业链、国家产业链、全球产业链与价值链都是互相嵌套、泛在影响的，本书界定的省级区域，是特指产业链的主要组织者或构建者、运行者主体所在区域为某一省份，是某个省份某条产业链上的链主企业，或制定产业链发展规划的政府行政部门，围绕特定省份进行产业链布局。之所以强调"大省"，是因为一般来说，工业门类齐全、生产配套完善、经济体量巨大、市场规模突出的地区才具备谋划一省产业链的基础条件。我国在改革开放初期，工业体系不完善，资源要素禀赋严重失衡，只能被动参与全球产业分工体系，发展到一定阶段积累了强大的经济实力之后，再反过来着手构建国内产业链，发展国内价值链，对于具体省份来说也是如此。

在新时代新征程上，构建以国内大循环为主体、国内国际双循环相互促进的新发展格局成为基本发展遵循，具备发展实力的经济大省纷纷选择顺应发展形势，统筹区域内发展资源，组建成竞争实力突出、具有区域话语权的产业链集群，打造现代化产业体系，以此为基础，高水平融入国内大循环，参与国内国际双循环。广东、江苏、浙江、山东等省份均将产业链培育壮大作为提升制造业发展质量、建设制造强省、提高价值链地位的重要抓手。广东省2020年就发布《关于培育发展战略性支柱产业集群和战略性新兴产业集群的意见》，开展20个战略性产业集群培育相关工作，连续发布战略性新兴产业重点产业链"链主企业"培育名单，以"链主企业"的强大竞争优势，带动重点产业链不断完善跃升。西部省份陕西近年来也围绕重点产业链积极布局，发布《关于进一步提升产业链发展水平的实施意见》《提升全省重点产业链发展水平若干政策措施》等一系列文件，创新工作方式，取得了显著成效。河南是经济大省、人口大省、工业大省，拥有电子信息、食品、装备制造、新材料、汽车及零部件等各具特色、竞相发展的五大主导产业，新能源、高端装备制造、智能网联汽车等新兴产业不断发展壮大，充分具备培育发展一省产业链的优良条件，同时面对发展新型工业化，推进中国式现代化河南实践的时代重任，以及各个省份加速竞争制造强省的现状，找到河南发展培育、壮大提升重点特色产业链的明确路径，成为当务之急。

第二章　大省产业链构建的时代背景

经济周期性波动、逆全球化思潮抬头、传统贸易规则动摇、技术创新大爆炸等一系列社会、经济、政治因素全面交织，对原有产业链布局与配置思路形成了巨大冲击，大省产业链构建的时代背景正在经历并酝酿更大的巨变，发展形势前所未有的复杂，面临的机遇与潜藏的暗涌增加了不确定性。

第一节　全球产业链经历新一轮深刻重塑

一、产业链布局思路发生转变，底层逻辑政治特征明显

从根本上来说，产业链格局发生重大调整的底层逻辑是人类技术进步产生的技术创新大爆炸，打破传统经济平衡局面，本次全球产业链进行新一轮重塑的底层逻辑也要归因于新一轮科技革命与产业变革在全球深度席卷。但回顾历次全球产业链重构进程可以看出此次的明显不同，产业链布局从单纯追求效率向追求安全第一、效率第二转变。

第一次全球产业链重构以英国工业革命为标志。第二次全球产业链重构以二战后美国制造业强势崛起打破以英国为中心的全球产业分工体系，并逐步组建起真正现代意义的以美国为中心的全球产业链格局为标志。第三次是以日本和"亚

洲四小龙"等为代表的亚洲国家和地区抓住第三次技术革命机遇，发展外向型经济实现快速崛起，形成全球经济新高地为标志。第四次是以中国为代表的新兴经济体加入全球分工体系带来的产业链重构，中国自改革开放以来充分利用国际市场，发挥自身无可比拟的资源禀赋优势与超大规模市场优势，引得全球产业资源向中国倾斜，自身高度嵌入全球产业链价值链中。以往四次全球产业链调整受到经济学原理支配，产业链布局追求的是经济效率，无论是以英国、美国为中心组建全球生产制造网络，还是全球产业资源向亚洲等新兴经济体倾斜，主动进行调整的跨国公司与发达经济体都是在追求更大的经济利益，以实现价值最大化、成本最低化的资源配置与供需高度匹配。第五次就是正在经历的新一轮调整重塑，在全球经济缓慢复苏的过程中，以美国为首的部分发达经济体出现了明显的"去中国化"产业链调整迹象，逆全球化思潮有所抬头，出现了许多违背正常经济规律与跨国公司利益的制裁、断供、遏制行为。同时在经历了产业链断裂等多种情况之后，面对各种不确定、不稳定因素，许多国家出于安全考虑，对产业链再布局进行了深度的思考。

二、全球产业链内向转变明显，出现明显停顿与回缩

以 2008 年全球金融危机为重要时间节点，全球产业链开始经历深度的解构与重构。具体表现为过去以大型跨国公司为驱动主体，中间品贸易高速增长的全球价值链模式增长乏力，全球产业链逐步进入深度调整期。一方面，传统模式增长乏力。全球产业链分工历经数十年飞速发展之后，从产业间向产品内不断细化，在技术没有产生进一步颠覆式创新之前，分工可拆分细化的程度已经达到技术水平或经济效益顶点。2009~2016 年，全球最大的 25 家跨国公司跨国指数从海外资产比例、海外销售比例到海外雇员比例等方面，均出现显著下降，跨国指数从 56.67% 降低至 48.86%。另一方面，制造业的重要性再度引起重视。全球金融危机促使发达经济体的政府和专家学者深度审视经济发展规律，工业特别是制造业在技术创新、就业等方面的深远意义引发关注，出于经济长远发展以及短期迅速恢复的诸多考虑，发达国家纷纷实施多种形式的制造业回流政策，全球产业链开始经历结构深度调整与再平衡。如图 2-1 所示，得益于交通、信息技术等的

巨大进步，1970~2007 年，特别是 1990 年以来全球价值链贸易处于快速增长阶段，直至 2008 年，全球价值链贸易占全球贸易总额的比例已超过 50%，但在 2008 年之后，该比例开始呈现明显且持续的下降趋势，许多过去跨境分包给不同国家、地区的产品生产工序，调整回单一跨国企业内部进行。2020 年 3 月，印度准备投资 13 亿美元建设医药产业园，在国内生产关键原料药，美国也要求部分制药企业回迁，减少对中国原料药进口的依赖。2020 年 4 月，日本发布经济刺激方案，计划安排 22 亿美元帮助制造业企业进行生产转移，确保本国产业链安全。

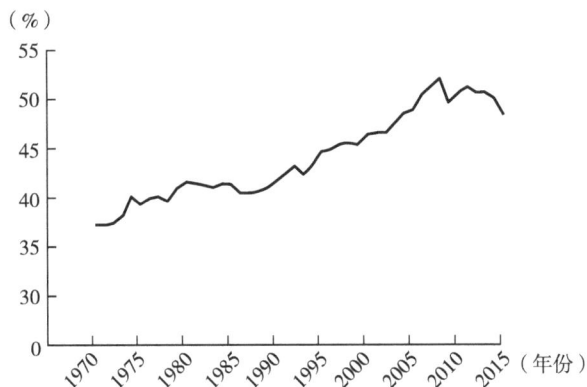

图 2-1　全球价值链贸易占全球贸易总额比例

资料来源：《世界发展报告 2021》。

三、产业链集群化态势增强，多元化区域性中心不断凸起

新一轮科技革命与产业变革使国际经济力量对比发生变化，伴随产业链布局的底层逻辑转变与全球产业链不断内向化调整，"中心—外围"的全球产业链格局悄然发生巨变，向多点凸起的多元化区域性产业链集群竞争转变。这一趋势在全球新冠疫情之后不断发酵，进一步得到强化，全球产业链纵向分工趋于缩短，横向分工趋于区域化集聚，多国对全球产业链布局进行回缩和替代战略调整，过去分散在不同国家的生产制造全流程，向一个国家周边地区转移，既从空间上符合产业链、供应链安全性需要，又满足集群化生产的规模集聚效应。从全球版图

来看，以美国为中心组织布局全球产业链外围的格局变成北美、欧洲、亚洲三大中心，并拥有各自的"链主"国家，分别是以美国、加拿大、墨西哥为核心的北美产业链，以德国、法国为核心的欧洲产业链和以中国、日本、韩国为核心的亚洲产业链，形成代表性区域产业链。在最新的《北美自由贸易协定》中，通过明确要求北美汽车生产商使用的钢铝材料超过70%要来自美国、加拿大、墨西哥等一系列规定，将汽车工业完整产业链条向美国、加拿大、墨西哥转移。从国内来看，中国拥有联合国产业分类中的全部工业门类，凭借全球首位的制造业规模和庞大的市场规模，具备在产业链重构中化解各类风险，实现内部协同升级的可能，京津冀、长三角、珠三角、成渝经济圈等地的经济大省也正在对产业链进行垂直整合，已经形成较为完整的地区产业链集群，产业发展竞争力格外凸显。

第二节　数字化转型打造产业链发展新秩序

一、数字化带来产业链全面升级新动力

1. 数据成为新型生产要素，释放巨大能量

首先，数据作为重要传输介质并直接参与价值创造。数据成为与水、电、人力资本等类似的极富价值的生产资源要素，无论是纯虚拟的数字经济，还是伴随实体物资生产、传递、运输，产业链运行的每一个环节均能够对数据信息进行收集、存储、处理、分析和反馈，从而产生新的应用价值。其次，数据作为新型资源要素改变了传统地区资源优势。地区资源要素竞争优势主要经历了三个阶段的转变：一是基于土地、劳动力等基础要素产生的比较优势，"亚洲四小龙"的初期崛起都与借助自身基础要素优势、实施出口导向战略、大量承接产业转移有关。二是基于制度、创新生态、营商环境等软环境产生的比较优势，当前中国内部各个地区之间的招商引资、布局新经济等竞争围绕这类资源展开。三是数字经济时代，数据要素超脱于传统的要素价格趋同理论，数据要素的创造与地区人口

规模、经济规模、历史文化等特定情况相关，是地区专属资源，拥有更多人口和更大经济规模，同时能够充分挖掘利用数据要素价值的地区将拥有不可替代的优势。

2. 链式线性分工向高效网络分工转型

工业经济时代，生产、组织、经营、管理基本遵从"泰勒制"的线性模式，线性流程上分工明确，特定的市场部门根据既往经验和形势分析提前制定需求计划，交给研发部门设计，或直接将订单交给制造生产部门进行生产，经过流通、销售环节完成价值实现，各个环节价值逐步增加，链条分工特征明显。数字经济时代，借助发达的互联网系统和日益普及的数字技术，组织管理方式向"云端"转型，研发生产过程的传统增值模式发生改变，产业链上下游以及跨产业链上下游之间的距离明显缩短，反馈流动越来越频繁，彼此的影响程度不断加深，供应商、渠道商、厂商、消费者等不同角色的传统定位作用悄然发生转变。价值创造过程不再是单一流动的完整闭环，各个相关主体深刻嵌入跨行业、跨产业链共同组成的价值网络分工体系中。"龙头+产业链"的产业布局和组织架构向"平台+生态圈"转型，一批集合信息技术架构、支付和金融服务、供应链和物流运输管理、商务和娱乐服务等功能，以信息交互为基础特征的产业性综合服务平台出现。

3. 产业链各环节均被赋予高附加值

2004 年，日本索尼中村研究所提出了"武藏曲线"，与"微笑曲线"相反，通过对日本制造业调查研究发现，组装、制造环节的利润最高，研发设计、售后等环节的利润相对较低。这两个曲线并不冲突，极其注重制造过程精益管理的日本，将制造业各个环节降成本增效益发挥到极致。日本精益管理专家佐佐木元提出，制造过程降低 10% 的成本，等同于市场销售额扩大 1 倍；资金周转率提高 1%，市场占有率提高 10%。数字技术的广泛应用和数字经济的深度席卷为中国这样的制造业大国冲破"微笑曲线"桎梏，实现"武藏曲线"的反转，继而达到产业链各个环节全面协同提供了重大的机遇。现实中数字经济的不同环节均有可能实现较高的附加值，上游工业软件开发、芯片设计等高精尖环节价值极高，中游加工、制造、组装环节也存在降本增效的巨大空间，下游应用环节在场景创新中也蕴藏着新业态、新经济的巨大增长可能性。

4. 突破传统经济学定理，拓展分工边界

数字经济发展打乱了传统经济学中边际收益递减规律与规模不经济规律等基本原理，对分工方式产生深远影响。一方面，传统经济学理论中，边际收益递减以技术不变为前提，但第三、第四次工业革命以来，技术更新速度大为提高，20世纪最后 50 年开发的技术极大推迟了边际效益递减规律发生作用的时间。同时数字技术应用具有非竞争性，可以被反复使用而不增加投入成本，信息技术依赖型经济中边际收益递增规律占据主导。另一方面，传统经济理论中，规模经济超过一定限度，会由于内部不经济和外部不经济产生规模不经济。但数字基础设施初期铺设投资巨大，而用户规模扩张带来的边际成本极低，且由于数据资源的高价值性，能够对系统反馈产生持续优化作用，在产业链不同环节产生更高价值。也正基于此，数字经济的共享和包容特性显著降低了分工门槛，数字平台得到极大发展，各个类型和行业的中小微企业以及个体通过接入平台获得专业标准化的对等服务，并拥有了直接连接到专业市场，直面消费者的能力。参与者无法独立解决的设计、生产、销售、物流等专业服务，以及其他多样化的个性服务，由平台和平台构成的生态圈内包含的各类海量服务商以相对较少的交易成本来提供。

二、数字化成为全球产业链增长新引擎

数字经济从互联网的一个 Idea 开始，因其特有的高渗透性、高技术性、高创新性、高融合性四大属性，逐步形成以新一代信息技术为引领的科技革命与产业变革龙卷风，席卷全球，并将在能够预见的未来持续性发酵出更加深刻的颠覆式力量。全球产业链也不例外，数字化转型是主动或被动的时代性选择，成为全球产业链发展的必然趋势，更为传统增长乏力的全球产业链增长模式注入了全新的动力。

全球顶尖咨询研究机构麦肯锡发布的权威研究报告——《转型中的全球化：贸易和价值链的未来》显示，全球跨境贸易占全球产出的比例已从 2007 年的 28.1% 下降到 2017 年的 22.5%，但是全球数字价值链一直保持增长态势，特别是全球数字贸易较之传统贸易快速增长，数字服务贸易已经占到一半。我国商务部发布的《中国数字贸易发展报告（2022）》显示，2022 年全球数字服务贸易出口规模达到 4.1 万亿美元，十年年均增速 6.1%，远超同期货物贸易和其他

服务贸易，占全球服务贸易出口比重达到 57.1%。特别是 2020 年，受新冠疫情影响，全球服务贸易出口总额急速下降 20%，但数字化服务贸易表现出较强的韧性，仅下降 5%。2020~2022 年，数字服务贸易增速分别为 1.6%、15.6%、3.4%，是驱动全球贸易发展的新引擎。

中国作为发展数字经济的后起之秀，及时把握住数字机遇，积极采取行动充分践行后发赶超。国家外汇管理局发布的数据显示，2013~2022 年，中国数字服务贸易收支总额从 1851 亿美元增长至 3355 亿美元，年均增速达 6.8%，占服务贸易总额的比重提高了 6 个百分点，特别是电信、计算机和信息服务年均增速高达 15.9%，远超服务贸易（4.9%）和货物贸易（4.8%）同期的增速。2022 年全球数字服务贸易前十强国家中，仅有印度和中国两个发展中经济体，中国数字贸易规模从 2011 年的第 10 位，一路上升至全球第 5 位，为中国提高全球产业链参与度注入了源源不断的新动能。

三、数字化加剧全球产业链新格局竞争

1. 数字技术降低全球产业链再调整成本

数字经济是高技术、高资本密集型产业，数字经济与实体经济深度融合推动产业数字化转型，从自动化、信息化再到数字化、智能化，越来越多的数字工厂、智能车间出现，人机协作机器人、机器换人等现象，极大地降低了工业生产中传统劳动力要素的生产贡献。在由数字经济驱动的全球产业链调整重塑中，发展中国家劳动力资源优势受到削弱，对于发达经济体而言，自身资源上的比较劣势也得以降低，调整产业布局受到的资源限制比以往更少。同时云原生、云架构等新一代信息技术在更新迭代中更加趋向于模块化、低代码化、轻量化，此类信息技术的广泛应用更大程度实现了产业内垂直分工与水平分工的模块化与标准化，降低了产业链各个环节在地理空间的迁移成本。因而无论是出于产业链供应链安全角度考虑，还是基于最优资源配置价值最大化的原则，原本处在全球产业链主导地位的发达经济体，具备将制造业回流，向本土和周边地缘相近国家调整布局产业链供应链的主观意愿与经济合理性。

2. 数字经济提高全球产业链价值链治理门槛

数字经济因其技术上天然存在的平台性、非竞争性等特性，降低了产业分工门槛，使得原本难以参与全球产业链分工体系中的发展中经济体和各类小微个体加入进来，带来全球产业链范围升级。但是，数字经济发展以芯片、集成电路、智能传感器等高精尖电子元器件为硬件引领，以大数据、云计算、人工智能、工业互联网等新一代信息技术和各项新型基础设施为支撑，以工业软件等为灵魂，是高度创新、高度集成的新经济，其发展进程与前沿进展由美国、德国、日本、韩国等先发国家主导，这些国家率先起步，经过长期投资与积累，在由数字经济驱动的全球产业链体系中居于"链主"地位，拥有价值链治理权，由于技术创新的复杂性和颠覆性，这种治理权在数字经济构建的新秩序中比以往更难打破。居于"链主"地位的国家为巩固既得领先地位，倾向于采取多种方式构筑数字技术壁垒，使得广泛新参与的产业链主体处于价值链低端位置，在数字经济洪流中被裹挟前行，如果想要获得突破新秩序向上攀升的动力，需要找准赛道以更大的决心付出成倍的努力。

第三节　绿色化转型建立产业链发展基本遵循

一、绿色低碳发展成为全球共识

联合国政府间气候变化专门委员会发布第六次气候变化评估报告，将人类活动造成全球气候变暖定性为"毋庸置疑"。特别是在进入工业经济时代之后，生产力大幅提高带来人口数量剧增，以及发展初期的粗放式资源采集利用方式等，使得地球的生态环境极速受到破坏，并逐步降低地球自我调节能力，越来越多的极端天气最终危害到人类自身的生产发展，为此，在联合国与相关国际组织、负责任的大国等主体的共同努力下，碳排放量增加引起全球气候变化上升为全人类需要共同面对的世纪难题。《巴黎协定》开启了各个国家根据国情自主承诺减碳、制定减碳目标的新时代。根据清华大学碳中和研究院发布的《2023 全球碳中和年度进展报告》，截至 2023 年 9 月，全球有 150 多个国家做出碳中和承诺。碳中和是生产生活、生存发展、思想观念、行动行为等全方面、系统性的经济社会大变革，绿色低碳的产业链体系是满足绿色低碳发展的物质技术支撑，绿色低碳技术研发与广泛应用成为绿色低碳发展的基本产业要素与关键任务。

二、绿色成为现代化产业体系底色

党的二十大报告明确指出"完善支持绿色发展的财税、金融、投资、价格政策和标准体系，发展绿色低碳产业"。中国于 2020 年正式做出"双碳"承诺，并迅速在重点领域、行业采取一系列行动，发布支撑保障方案，形成双碳"1+N"政策体系。在党的十九届六中全会第二次全体会议上，习近平总书记发表关于中国式现代化的重要讲话，将"人与自然和谐共生"作为中国式现代化的重要特征与本质要求。从这条发展脉络可以清晰看出，绿色是中国式现代化的底色，"双碳"目标不仅是中国对世界的承诺，还是中国尊重自然、顺应自然、保护自然思想在发展中的集中体现，中国式现代化的环境友好目标对产业链构建提出了更高的要求。习近平总书记主持召开二十届中央财经委员会第一次会议强调："要把握人工智能等新科技革命浪潮，适应人与自然和谐共生的要求，保持并增强产业体系完备和配套能力强的优势，高效集聚全球创新要素，推进产业智能化、绿色化、融合化，建设具有完整性、先进性、安全性的现代化产业体系。"

第四节　新发展格局提出新要求、释放新机遇

一、"内循环为主"需要以完整的现代化产业体系为基础

中国经济来到增速换挡、动力转换、效率变革的高质量发展阶段，与此同时国际形势发生复杂变化，经济循环的发展重点与结构比例亟待调整，转向构建完整畅通的国内经济大循环。高水平的现代化产业体系是建立国内经济大循环的基

础，需要在产业链各个维度提升产业链现代化水平。价值链有效增值需要拥有较高的经济发展质量效益。传统产业利用新一代信息技术等手段实现转型升级，提高信息化、网络化、智能化水平达到降本增效、"推陈出新"的目的；大力发展战略性新兴产业，形成内循环体系的强大核心支柱力量。供应链高效安全需要产业链种类齐全，上中下游环节不能存在明显缺失，特别是对于产业发展基础共性环节的关键零部件、基础元件和存在专利壁垒的高端制造业等科技前沿领域，必须实现自主可控。企业链上下高效协同配合需要生产组织模式和经营管理效率得到极大提升。企业内部通过 ERP 系统、MES 系统、平台化转型等手段实现资源高效配置，外部通过工业互联网等数字技术实现深度社会化分工协作。空间链协同有序需要产业链差异化发展，不同地区各具特色，并实现主导产业优势突出、配套行业齐头并进的局面。通过以上几个维度的建设，形成支撑经济运行的高水平完整内循环。

二、高水平"外循环"需要以产业链现代化做支撑

虽然全球产业链出现一定程度的回缩，"逆全球化"思潮有所抬头，但是经济全球化的整体性大趋势不会改变，产业链现代化是面对新一轮调整我国构建更高水平外循环体系实现内外循环相互促进的必然选择。一方面，产业链现代化可提升我国产业链竞争力，助力我国产业发展切入全球价值链高端位置。改革开放以来，我国基于比较优势参与全球分工，形成"两头在外"的国际贸易分工格局。发达国家占据研发设计、销售等附加值较高的价值链高端环节，而我国则长期处于中低端位置。当前数字经济在全球范围内兴起，带来环节再分工、价值再分配、空间再布局的深度影响。全球产业分工格局正在发生巨变，也为我国提供了前所未有的新机遇。抓紧实施产业链现代化工程，融合新一代信息技术成果，夯实产业发展基础，提高产业发展质量，凝聚产业发展优势，才能更高水平地参与全球产业分工体系。另一方面，产业链现代化可确保自主掌控关键环节与核心技术，提高我国参与全球产业分工的自主性、可控性和安全性。当前世界各国围绕智能制造、5G 技术、人工智能等展开了激烈竞争，发达国家对高精尖技术实施严格管控和人为限制，各国围绕产业链供应链的竞争进一步加剧，产业链现代化建设是提升我国对外开放安全系数的关键一环。

三、新发展格局带来供需双增机遇

在供给层面，新发展格局以我国建立起来的门类齐全、规模最大、范围最广、配套齐全的工业体系为支撑，但更强调持续推进供给侧结构性改革，深入实施创新驱动战略，加快科技强国建设，补齐关键环节、核心领域存在的弱点和瓶颈，将产业链初步具备的自我循环基础能力逐步完善至安全、高效的全产业链内循环能力，高效提升产业链现代化水平。在需求层面，新发展格局以中国超大市场规模和居于世界前列的消费品零售总额、进出口总额等为支撑。在内需、外需悄然转变之际，畅通国内大循环的新发展格局强调持续挖掘内需潜力，转变国内发展不平衡不充分的局面，出口导向战略的调整为广大内陆地区的产业发展带来了前所未有的新机遇，近年来国家开放发展的区域重点从沿海向内陆地区不断转移，制定了许多有利于内陆地区开放的政策规划，不少内陆省份、地区竞相打造内陆国际物流枢纽和口岸高地、高能级开放平台、内陆开放型经济试验区等，以开放的态势全面融入国内经济大循环，成为激活国内经济大循环的新生力量，并充分借助国际市场为自身发展注入动力。

四、新发展格局强化体制机制保障

构建新发展格局的关键点是通过一系列体制机制创新全面深化改革开放，疏通国内经济大循环和内外双循环的堵点与断点。在微观层面，新发展格局积极推动产业链与创新链融合，打造富有活力和动力的产业创新生态。近年来党和国家大力提倡建立以企业为主导，以市场为方向，产学研用相结合的技术创新体系，目标就是通过探索科研项目产权归属、实施利益分配改革、开展市场化技术创新服务体系建设等，打造良好的创新发展环境，为不断取得科技创新成果突破提供体制机制保障。在中观层面，通过深入的市场化改革，使市场在生产、流通、消费等各个环节中起决定性作用，更好地激发市场主体竞争力和活力，打通城乡双向流通的体制机制阻碍。在宏观层面，通过深化自由贸易试验区改革，加强国际贸易法律、会计、投资服务机构建设等，加速资源在国内国际两个市场中流通，优化国际贸易环境，进一步打通内外循环。

第三章 河南构建大省产业链的优势与困境

当前全球产业链价值链正在经历新一轮重构，以国内大循环为主体、国内国际双循环相互促进的新发展格局也在加速构建，新一代信息技术革命与产业变革造就无数未知机遇与挑战，外部环境呈现前所未有的复杂性。河南在这样的时代大背景下构建大省产业链，自身拥有的优势是需要牢牢把握的基础，而存在的问题与短板也可能被周遭环境进一步放大，必须进行全方位的深刻梳理。

第一节 河南构建大省产业链的基础资源优势

地理位置、市场规模、人口环境、物产类型等要素不仅是构建任何产业都需要的基础资源，而且在极大程度上影响并关系到构筑特定的产业基础，形成特殊的产业类型，发展极具地方特色的产业链等地方产业重要问题。

一、区位枢纽优势

河南地处中原腹地，具有横贯东西、连接南北的交通区位优势，在构建以国内大循环为主体、国内国际双循环相互促进的新发展格局中具有重要地位。近年来，河南立足独特的地理位置优势，全力打造卓越的交通区位优势，积极培育领先的枢纽经济优势，取得了显著的成效。空中、陆上、网上、海上丝绸之路四路协同发力，公路、铁路、河运、航空四式交通齐头并进，形成了多式联运的现代化复合式立体交通网络。2022年6月，河南"米"字形高铁在全国率先建成，建立了全省省辖市1小时高铁经济圈以及周边省会2小时高铁经济圈，进一步强化了河南连贯东西南北的交通区位优势。国家统计局数据显示，截至2022年末，河南综合交通线网总里程达到28.6万千米，以郑州为圆心的5小时公路圈覆盖全国4.1亿人口和30%的经济总量，3小时铁路圈覆盖全国7.6亿人口和56%的经济总量，2小时航空圈覆盖全国12.3亿人口和90%的经济总量。以突出的区位优势为基础，河南实施物流提质发展行动，积极发展航空、冷链等特色物流，打造物流"豫军"，做大做强航空经济、高铁经济、陆港经济、临港经济规模，这是河南省构建产业链的枢纽命脉。

二、市场规模优势

作为经济大省与人口大省，河南享有超大市场规模的突出优势，也是构建大省产业链的重要基础优势，直接关系着产业链构建的自身底盘，代表河南内部市场的供需与消纳水平。消费能力方面，2023年初河南省常住人口为9872万人，约占全国人口总数的7%；2023年社会消费品零售总额2.6万亿元，同时新型城镇化潜力巨大，2023年河南常住人口城镇化率为57.1%，仍然存在较大提升空间，有望进一步释放投资、消费需求。市场主体方面，截至2023年底，河南实有各类市场主体1094.03万户。数字经济方面，2023年河南互联网用户达到1.4亿户，普及率为91.6%；河南互联网增值企业突破1万家，互联网跨境电商业务"网上丝路"进展势头迅猛，发展水平居全国前列。

三、人力资源优势

河南是传统的人力资源大省。一是人口规模数量具有较大优势。虽然伴随经济发展转型，全国人口出生率自2017年开始持续下降，河南也相应出现了人口增速放缓的现象，但是与全国其他地区相比，仍然占据突出的比较优势。河南常住人口 2023 年将近 1 亿，仅次于广东与山东，是构建大省产业链强大的后备力量，在产业链构建过程中，有望形成产业结构与人口结构良性互动的协同发展局面。二是人口受教育程度保持较快增长。随着教育投入不断增加，高层次人才培养力度加大，人口质量不断升级（见图 3-1）。第七次全国人口普查结果显示，2021 年河南 15 岁及以上常住人口人均受教育年限比 2020 年提高 0.1 年。

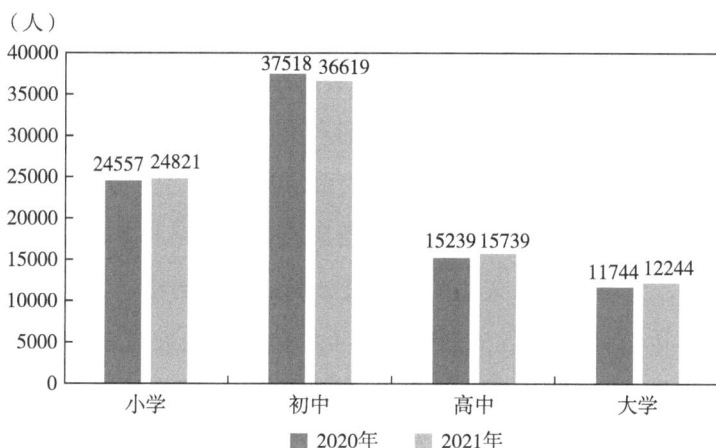

图 3-1　2020~2021 年河南每 10 万人口中拥有的各类受教育程度人数

资料来源：《第七次全国人口普查公报》。

四、农业基础优势

河南作为农业大省、粮食大省，始终把粮食生产摆在重中之重的位置。一方面，粮食产量高基位、稳增长。截至 2023 年，河南粮食总产量连续多年稳定在 1300 亿斤①以上，粮食产量约占全国粮食总产量的 1/10，小麦产量约占全国总产量的 1/4，满足自身消费之余，每年向省外调出原粮及其制成品 600 亿斤左右，是全国五个粮食净调出省份之一。另一方面，粮食质量高水平、稳提升。河南牢牢把握耕地和种子两项关键。截至 2023 年底，已建成高标准农田 8585

---

① 1 斤 = 500 克。

万亩，占全省耕地总面积的 76%，同时加快国家生物育种产业创新中心建设，组建神农种业实验室，打造"中原农谷"。以如此强大的农业生产优势为基础，河南才能够大力推进"粮头食尾""农头工尾"，发展以农业生产为基础的现代食品产业集群、餐饮零售服务业等，做大做强休闲食品、冷链食品、预制菜等优势全产业链。

五、文旅提升优势

河南作为中华文明的主要发祥地，是文化大省、文物大省和考古大省，历史文化资源丰富，在发挥"文化+"广泛赋能作用，实施文旅文创融合战略，以文化资源优势提升河南特色产业链优势上大有文章可做。目前河南广电唐宫文创集团融合运用"5G+AR"等数字技术，运营唐宫夜宴、洛神水赋、龙门金刚三大 IP，强势出圈，成为现象级文化精品，充分引领国风国潮，全部入选中国十大 IP。依靠文化 IP 带动，唐宫文创成立一年后营业收入突破 6000 万元，利润超 1000 万元，开发产品 200 多种。一方面，河南能够以此为基础，围绕现代旅游、文化创新设计与服务、节庆会展等方面，树立河南文旅特色品牌，赋能提升酒饮品、休闲食品等产业链现代化水平。另一方面，可以综合利用科技手段，把握新消费趋势，设计新消费场景，进一步树立河南特色品牌，盘活文旅资源，吸引更多消费资源、投资资源。

六、战略叠加优势

近年来河南落地多项国家级发展战略，被赋予重大发展定位与重要发展使命。一是创新、开放等发展职能不断升级。拥有郑洛新国家自主创新示范区、中国（河南）自由贸易试验区、国家大数据综合试验区、中国（郑州）跨境电子商务综合试验区等国字号平台载体，近年来郑州国家新一代人工智能创新发展试验区、郑州国家技术转移中心、洛阳国家农机装备创新中心等也纷纷落地，持续强化产业创新能力。二是区位重要性愈发突出。《黄河流域生态保护和高质量发展规划纲要》等赋予河南重要战略地位。洛阳、商丘、南阳被定位为全国性综合交通枢纽城市。郑州成为全国第四个国际邮件枢纽口岸，同时也被定位为国际性综合交通枢纽、国际航空货运枢纽、国际物流中心，入选首批国家综合货运枢纽补链强链城市等。2022 年 11 月，郑州成为首个陆港型国家物流枢纽城市，陆港枢纽加国家物流空港进一步凸显郑州在国内国际双循环中的关键地位，加深河南构建大省产业链、深度融入共建"一带一路"的基础优势。

第二节 河南构建大省产业链的创新链提升优势

近年来，河南省委、省政府高度重视科技创新工作，在深刻领悟习近平总书记关于创新驱动发展的重要论述，把握时代趋势的基础上，2021 年河南省委工作会议做出锚定"两个确保"、实施"十大战略"的重要决策部署，把实施创新驱动、科教兴省、人才强省战略放在"十大战略"之首，提出了整合重组实验室体系，提升高校和科研院所创新源头供给能力，推进规上工业企业创新活动全覆盖等一系列重大方针战略，围绕产业链积极部署创新链，全链条激发产业创新动能，取得了积极成效。

一、创新链综合实力整体提升

2022 年初，河南省委、省政府发布《关于加快构建一流创新生态建设国家创新高地的意见》，在完善创新体系、做强创新平台、壮大创新主体、集聚创新人才、健全创新制度、优化创新环境等方面提出了更加具体的实施意见，并发布《河南省"十四五"科技创新和一流创新生态建设规划》，为"十四五"时期科技创新工作划定实施蓝图。在一系列高效工作的带领下，根据中国科学技术发展战略研究院发布的《中国区域科技创新评价报告 2022》，从科技创新环境、科技活动投入、科技活动产出、高新技术产业化和科技促进经济社会发展五个方面进行测评，结果显示河南省综合科技创新水平处在我国中等创新水平的第二梯队，比 2015 年提升 3 位。"十三五"时期河南共获得国家级奖项 98 项，其中，国家自然科学奖 1 项、技术发明奖 12 项、科技进步奖 85 项。高技术产业增加值占规上工业增加值的比重由 2015 年底的 33.3%提高到 2020 年底的 43.4%。《河南省统计年鉴》数据显示，2022 年全省研发投入超过 1100 亿元，研究经费投入强度达到 1.85%，其中省财政科技支出在 2021 年与 2022 年分别突破 300 亿元、400 亿元关卡。

二、创新体系化建设日趋完善

一方面，创新平台建设取得全方位突破。近年来，河南大力推动省科学院重建重振与中原科技城、国家技术转移郑州中心"三位一体"协同发展，积极培育创新主体，围绕创新主体、战略性新兴产业集群与优势产业链，布局高能级创新平台和新型研发机构，为全省产业创新发展提供了有力的载体平台支撑。2022 年信阳、许昌高新区加入国家高新区队伍，河南共有 9 家国家高新区；省级及以上企业技术中心数量达到 1545 个，国家级 93 个；省级及以上工程技术研究中心 3345 个，国家级 10 个；2022 年河南高新技术企业数量比2021 年增加 2485 家，增速 29.6%，远超全国平均水平，突破万家达到 10872家。2023 年 2 月，随着国家重点实验室第二批重组结果公布，河南已有 16 家国家重点实验室，并实现高等院校牵头建设零的突破。截至 2023 年 6 月底，全省共有 16 家国家级重点实验室以及 14 家省级实验室，有效赋能全省食品、装备制造、新材料等产业创新发展。另一方面，创新平台加速与产业链融合。2017 年河南启动制造业创新中心申报认定工作，河南省工业和信息化厅数据显示，截至 2022 年末，已确定 22 家省级制造业创新中心培育单位，涵盖电子信息、高端装备、新型材料等优势产业，有效助力优势产业链创新能力提升。河南省智能农机创新中心升级为全国第 12 家国家级制造业创新中心。2021 年河南省许昌智能电力装备制造和新乡高新区生物医药创新型产业集群入围国家科技部火炬中心创新型产业集群试点（培育）名单，2022 年郑州金水科教园区信息安全特色产业基地入围其中。2022 年国家级科技企业孵化器分布，如图 3-2 所示。

（家）

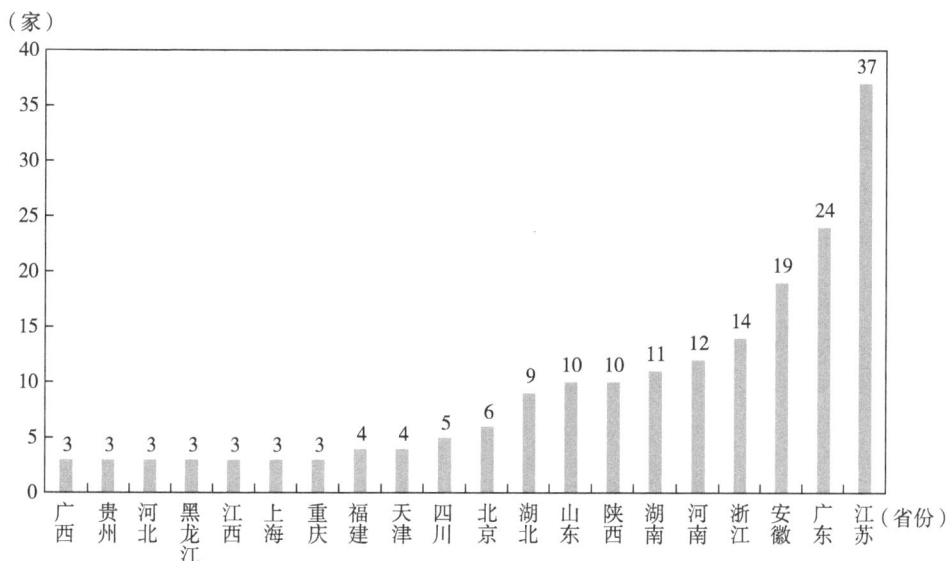

图 3-2　2022 年国家级科技企业孵化器分布（3 家以上地区）

资料来源：科技部火炬中心网站。

三、创新体制机制不断优化

科技创新法律保障不断完善。河南省人大先后出台《郑洛新国家自主创新示范区条例》《河南省促进科技成果转化条例》，启动《河南省科学技术奖励办法》立法修订调研等。一系列科技创新改革政策不断出台，先后制定了《关于深化项目评审、人才评价、机构评估改革提升科研绩效的实施意见》《河南省深化科技奖励制度改革方案》《河南省科学院发展促进条例》《实施"创新驱动、科教兴省、人才强省"战略工作方案》《河南省创新发展综合配套改革方案》等重大创新政策，突出减轻创新负担、奖励创新能力、重视创新质量的思路，着力疏通科技创新体制机制的痛点和堵点。积极推动以企业为主体，以市场为方向，产学研深度融合的协同创新体系建设，创新联合体构建工作取得显著进展，截至 2022 年末，已经在高端装备、新能源汽车、食品、电子信息等产业组建全省首批 12 家创新联合体，承担 15 项国家重点研发项目。深化科技创新领域的"放管服"改革。创新项目评审、人才评价、机构评估的机制方法，优化重大创新项目遴选方式，推行"揭榜挂帅""赛马"等制度，促进创新资源高效对接与创新项目高效实施；探索行业主管部门"一揽子授权"管理新制度，对科研事业单位的创新资源配置、创新项目实施、技术路线决策、科研经费使用等方面赋予充分的自主决策权。"最多跑一次"事项占比达到100%；网上办件占比为100%。科技金融发展不断突破。改革银行等金融机构考核指标，引导金融机构面向中小企业创新金融产品，开展"科技贷"等多样化金融服务，引入第三方社会资本创立中原科创基金、自创区成果转化引导基金、自创区双创基金等三支科创类政府投资基金。

第三节　河南构建大省产业链潜在的后发赶超优势

与广东、江苏、浙江等东南沿海大省相比，河南在建设信息化、数字化、智能化，培育新经济、发展新业态等方面进程相对落后，但是新时代全球及国内产业链调整重塑，为河南这样的后进者带来了潜在的后发赶超优势，也是河南构建大省产业链需要深度把握的特殊优势。

一、集成创新后发优势

集成创新指的是创新主体根据市场需求对已有技术与知识进行创造性组合，以技术集成方式创造出新产品。集成创新与原始创新一样都是自主创新过程，而且具有更低的创新成本和更高的创新效率。2022年，河南研发投入规模和强度与三大城市群相比还存在着明显的创新势差，可以通过搭建技术供需对接平台，链接三大城市群丰富的创新设计要素和科技成果，结合本地技术与产业优势，通过集成创新生产出性价比更高的新产品，在更短时间内实现企业创新能力的跨越，进而及时提升优势产业链的核心竞争力。

二、赛道转换后发优势

党的二十大报告提出"开辟发展新领域新赛道"，新赛道是现代化产业体系中最具爆发式增长潜力的部分。近年来，伴随着消费升级，我国产业新赛道持续涌现，尤其是沿海地区的很多企业通过导入新技术、新业态、新模式，在培育壮大产业链过程中开辟了一大批细分赛道、小众赛道、融合赛道等，验证了新赛道商业模式的有效性和可行性，形成了成熟的模式和"打法"。河南在构建大省产业链时，企业可以通过嫁接已经探索成功的新模式和"新打法"，发挥自身基础优势拓展新赛道，把旧赛道上的传统优势转化为新赛道上的竞争优势，形成加快产业转型升级，构筑河南省特色优势的引爆点。

三、数字赋能后发优势

数字经济是构建大省产业链、推进新型工业化需要牢牢把握的时代趋势与机遇，河南数字经济发展比沿海先发地区相对滞后，但数字经济的特有属性赋予河南后发赶超的难得机遇。一是数字技术演进降低后发者转型成本。随着云计算、云原生、大数据等数字技术日趋成熟，轻量化、移动化、云化、低代码封装等成为主流趋势，从技术角度降低河南进行数字化转型必需的基础架构门槛和成本，通过直接引进对接相关需求，河南更易应用数字技术全面推动经济社会数字化转型。同时河南巨大的工业经济体量和人口市场规模赋予河南丰富的数据资源价值，数据价值开发由先发地区引领，经过多年探索已经形成一些相对成熟的模式，河南近年来积极推进数字新型基础设施建设，能够更好地对接合作，充分挖掘丰富的数据价值。二是成熟的平台和方案提高后发者转型效率。工业行业门类众多，离散型、流程型、大中小企业，各行各业数字化转型个体差异巨大，具有一定的风险。河南可以通过引培经验丰富的数字化转型服务平台和解决方案供应商，构建良好的转型生态，充分降低转型试错成本，推动数字化转型驶入平稳快车道。

四、应用场景后发优势

河南产业体系齐全，拥有联合国分类的 41 个工业大类中的 40 个，工业门类齐全、产业体系完备、基础配套优良，是多条产业链的发起点、支撑点、结合点。河南既拥有装备制造、化工、食品等传统主导优势产业，在新材料、新能源、电子信息等新兴产业方面也发展势头强劲，不仅能满足规模经济和集聚经济需求，还具有较强的产业链供应链韧性和安全性。河南能够凭借丰富的应用场景和较强的协同配套能力，广泛开展各类招大引强、招新引优活动，吸引各类型大中小企业落地发展，做大大省产业链集群规模，提高大省产业链发展质量。

五、新型开放后发优势

作为传统内陆型省份，河南能够紧抓国家推动沿海沿边开放向内陆开放转移的时代机遇，高质量建设内陆开放新高地。一是坚持开放创新链接先进资源。河南发展外向型经济以加工贸易为起点，至今加工贸易进出口占到全省进出口的60%。近年来在加工贸易的基础上，河南优化招商环境，创新招商模式，积极聚点成链，深化产业链招商、以商招商、飞地招商等多种模式，先后吸引比亚迪、超聚变、宁德时代等龙头企业重大项目落户，谋划电子信息制造业、新能源汽车及智能网联汽车、生物医药等产业链不断集聚发展。二是积极推动制度性开放上高度。充分发挥好河南省 RCEP 企业服务中心、河南自贸试验区、郑洛新国家自主创新示范区、中国（郑州）跨境电商综合试验区等开放平台先行先试作用，持续推进郑州航空港经济综合实验区建设等，从制度上优化开放环境。2022 年河南省商务厅发布数据显示，河南自贸试验区成立以来，累计发布实施 479 项改革创新成果，在商事制度改革、跨境电商等多个领域改革创新工作走在全国前列，其中 14 项改革创新成果在全国推广，80 多项在全省推广，助推河南建成全国重要的内陆开放高地和以"买全球、卖全球"著称的跨境电商中心。同时河南以"五区联动"协同推动区域战略政策叠加体制机制创新等，支撑全省改革、开放、创新格局。郑州海关发布数据显示，2022 年河南外贸总值为 8524.1 亿元，增速为 4.4%。其中，郑州货物贸易进出口总值完成 6069.7 亿元，同比增长 3.1%，占全省对外贸易总值的 71.2%。

六、豫才回归后发优势

改革开放初期，由于产业支撑不足、城镇化率偏低等因素，河南作为人口大省也成为劳动力对外输出大省，大量人才外流。随着河南不断补齐发展短板，后来居上成为规模体量大、产业带动强、优势特色突出的经济大省，并将创新驱动、科教兴省、人才强省战略作为十大战略之首加以推进，河南"筑巢引凤育雄鹰，招徕豫才回归建家乡"的基础已经具备，构建现代化产业体系对各类人才的现实需求更加迫切，配合《关于推动豫商豫才返乡创业的通知》等各项有力政策，传统人力资源输出大省正在加速吸引各类人才回归。

第四节　大省产业链所需创新生态体系建设不足

近年来河南确实在科技创新工作上出重拳、发大力、补短板，在创新平台建设、创新体制改革等方面取得了巨大收效，但是支撑产业链创新发展需要打造以科技创新为核心、从创新需求到产业化扩散的全过程创新链条，河南科技创新基础较为薄弱，特别同其他先发地区相比，在产业创新生态体系上仍然存在诸多薄弱环节。

一、创新研发经费投入强度较低

研发（R&D）经费投入是科技创新的前端环节，也是衡量科技创新力度的重要指标，特别对于一些蕴含新质生产力的战略性新兴产业与未来产业来说，现阶段技术与市场尚未成熟，更加依靠政府专业的研发活动投入与引领才有可能培育壮大，然而从相关指标对比来看，河南投入力度仍然偏小。《2022 年全国科技经费投入统计公报》显示，规模以上工业企业 R&D 经费投入指标方面，2022 年河南 R&D 经费投入为 1143.3 亿元，与广东、江苏、浙江、山东、福建五个工业大省相比，刚刚超过山东投入总值 2180.4 亿元的一半。综合考虑地区生产总值下的研发经费投入强度，2022 年全国平均研发经费投入强度为 2.54%，河南比全国平均水平低了 0.68 个百分点，比福建低 0.18 个百分点，在中部地区省份中河南同样居于劣势。

2022 年工业大省 R&D 经费及 R&D 经费投入强度综合对比如图 3-3 所示。

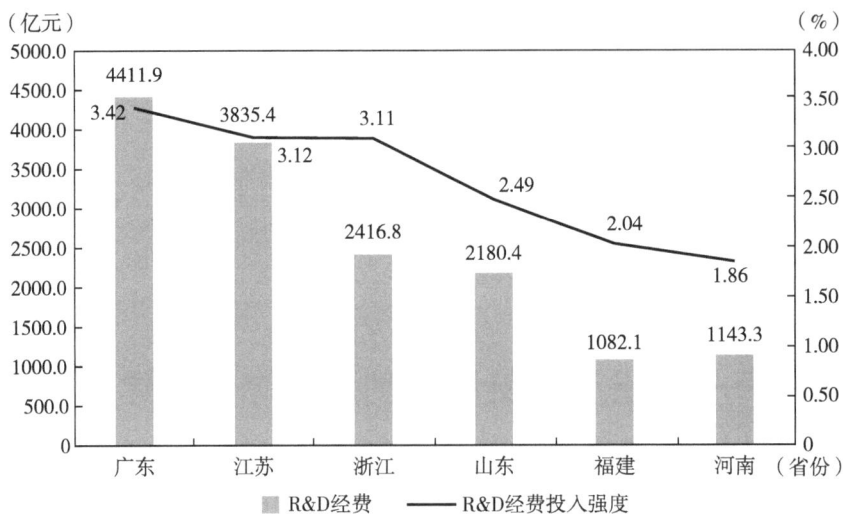

图3-3 2022年工业大省R&D经费及R&D经费投入强度综合对比

资料来源：《2022年全国科技经费投入统计公报》。

河南一直在加大研发投入，但在当前科技创新活动高度活跃的大创新时代背景下，与其他同类地区相比，创新的步子迈得仍然不够大。从一般公共预算用于科学技术的支出指标来看，2022年河南财政科学技术支出为338.47万元，与2021年相比，同比增速高达29%，与2017年的137.94万元相比，增长了1.45倍，财政科学技术支出占比从1.68%增长至3.19%，与全国平均水平的差距从将近2个百分点缩小至1.08个百分点，但是至今没有追赶上全国平均水平，在中部地区也居于中等靠后的位置，存在巨大的提升空间。2017~2022年河南与全国财政科学技术支出占比如图3-4所示。

二、高端创新平台较少

高端创新平台是整合各类高端创新资源、放大创新驱动效应、强化创新动能支撑的有效力量。2021年国家发布最新修订的《中华人民共和国科学技术进步法》，明确建立健全以国家实验室为引领、全国重点实验室为支撑的实验室体系。目前除北京、上海、广东等先发地区外，湖北、四川等中部地区也实现了国家实

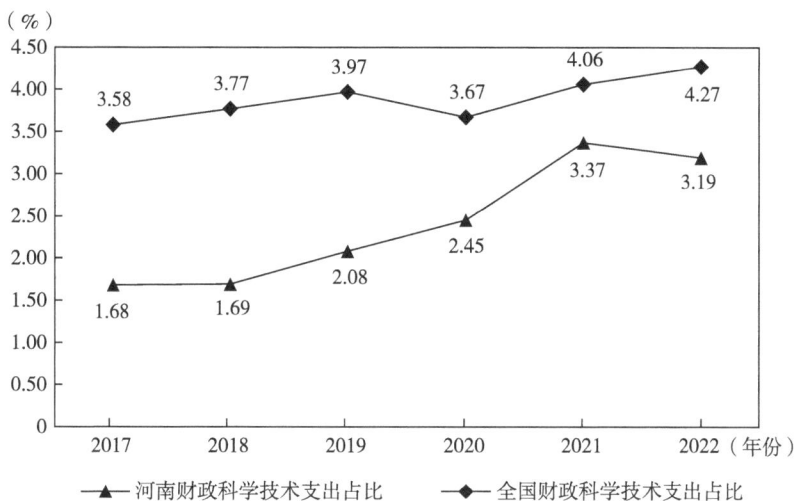

图 3-4　2017~2022 年河南与全国财政科学技术支出占比

资料来源：历年《中国统计年鉴》《河南统计年鉴》。

验室零的突破，作为开展战略性、前瞻性、基础性重大科学和关键核心技术研究的研发机构，这是我国级别最高的实验室，对于高质量培育壮大产业链有着重要意义。2022 年郑州大学超短超强激光实验装置项目开工建设，这是河南谋划建设的首个大科学装置，同期湖北有 5 个，四川、安徽已经以"大科学装置之都"著称，河南拥有的国家级科技战略力量十分薄弱。

三、链条主体创新实力较弱

创新型企业是未来产业从技术突破到实现产业化落地运营的关键力量。河南经过多年"微成长、小升规、高变强"的培育工作，2022 年底科技型中小企业已发展至 2 万余家，居于全国第一方阵，但创新主体中坚力量仍然较为薄弱，特别是国家级高新技术企业数量在全国排中等靠后。如图 3-5 所示，截至 2023 年，河南拥有 10976 家国家高新技术企业，这与河南经济大省、工业大省的地位不匹配，同时期广东数量最多，为 69611 家，江苏为 47044 家，浙江为 35725 家，山东为 27003 家，这四个工业大省均超过 2 万余家，福建也更早一步成功破万家，数量达到 12686 家，中部六省中湖北、安徽、湖南的数量也排在河南前面。国家级科技中小企业方面，河南表现稍好，以24186家位居全国第六，在中部地区排名第二，显示出河南在特定产业链细分赛道上拥有一批具备较强创新实力的科技型中小企业，但缺乏具有产业链创新引领力的龙头企业。

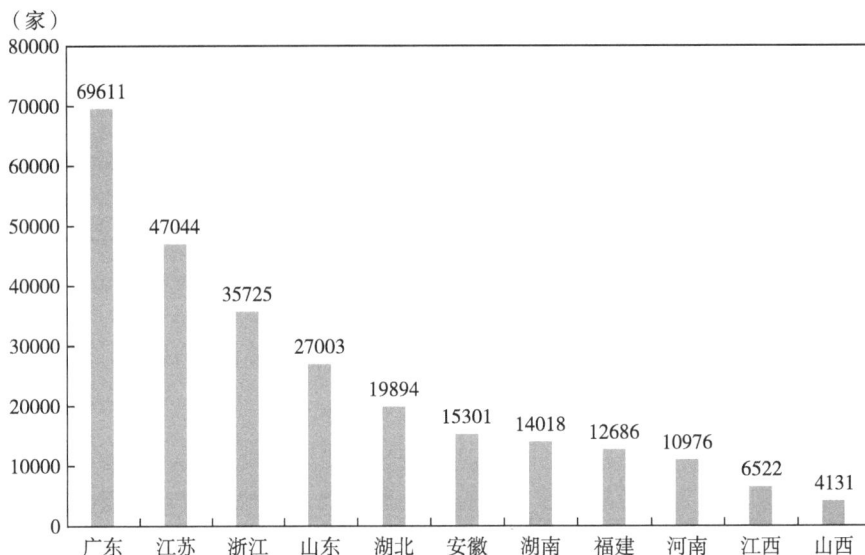

图3-5 2023年全国部分地区国家高新技术企业数量

资料来源：笔者根据国家科技部网站数据整理。

四、创新人才支撑作用有限

人才生态圈是构建产业创新生态体系的重要一环，也是河南最突出的短板之一。从高等院校数量来看，根据2023年国家教育部公布的《全国高等学校名单》，截至2023年6月15日，全国共有普通高等学校2820所，其中，河南与江苏各自拥有168所，广东有162所，山东有156所，湖南、四川、安徽等中西部地区在总体数量上不敌河南，但综合考虑人口等因素，河南高等院校数量并不占优势，且在河南168所高校中，专科数量110所，而本科高校仅有58所（如图3-6所示），仅有一所"211"重点大学，严重影响了河南对于高端人才的集聚。从创新领军型人才来看，截至 2023 年底，全国共有两院院士 2887 人，河南籍院士新增 12 位，数量为 94 人，占全国两院院士总数的 3.3%，与中部地区其他省份相比，湖南籍院士 184 名，安徽籍院士 157 名，湖北籍院士 124 名。更为关键的是，新增的 12 位河南籍院士只是籍贯为河南，其中仅有 2 位留在河南从事科研工作，河南真实拥有的院士数量不足全国的 1%。

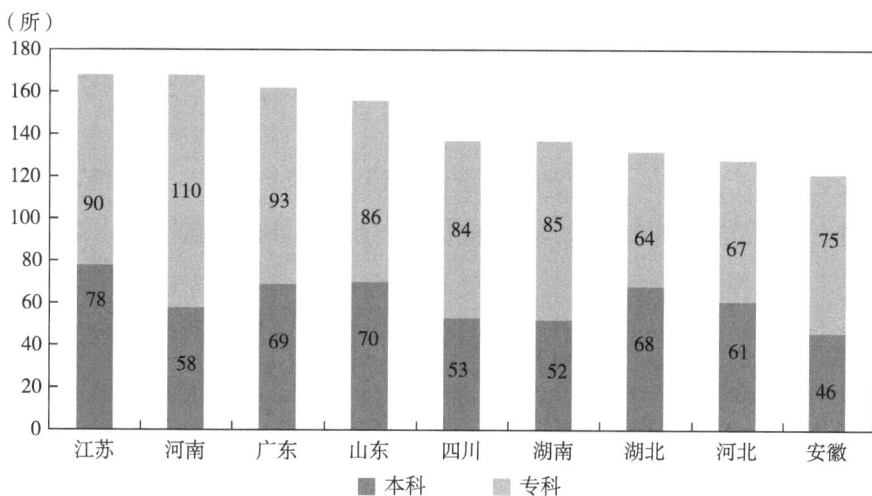

图 3-6　2023 年全国部分地区高校数量

资料来源：笔者根据国家教育部网站数据整理。

五、产业基金发展较为滞后

近年来高端产业基金对于产业链培育起着越来越重要的作用，完备的基金体系不仅可以加速科技创新成果孵化，助力科学技术创新转化为生产力，还成为地方政府近年来创新招商引资模式、实现招大引强、提升产业链发展实力的重要抓手。河南金融业基础较为薄弱，科技金融市场不发达，天使投资、风险投资等各类创投类基金数量少、规模小，制约了基金重要作用的发挥。当前众多国有投资平台均设立有创投基金，但由于各种原因，相应的基金多流转到短、平、快的项目中，创投基金变相成为产业投资基金，针对许多处于萌芽阶段的新技术、新业态、新赛道尤为不利。孵化器对于科技型中小企业的成长壮大起着至关重要的作用，虽然河南孵化器数量不少，但根据《中国火炬统计年鉴 2022》，河南孵化器基金和其他工业大省相比仍然处于劣势。2021 年河南科技企业孵化器基金总额为 1944705 千元，国家级科技企业孵化器基金总额为 1201492 千元。

第五节　大省产业链所需制度生态配套供给不足

构建大省产业链是一项复杂的系统性工程，涉及产业链、创新链、供应链、要素链、制度链五链深度耦合，组织起推动产业发展新旧动能转换不断成长的强大动力，应对省内外、国内外复杂多变的经济环境，需要以完整的制度生态为保障，河南布局相应的制度生态多以模仿学习为主，在大胆施政、勇于破冰、开放创新方面相对保守。

一、政策链之间协同配套效力不强

目前全国各个省份特别是江苏、山东、陕西等经济大省，均立足发展实际出台相关产业链集群培育方案，一系列政策规划密集发布。河南也适时推出 28 条重点产业链行动方案，分行业明确现代产业体系建设总体架构与重点，但仍存在许多有待补充的环节。支撑不同类型产业发展的特殊科技创新体系不够健全，产业政策、科技创新政策、财税金融政策之间协同性不足，政府出台的有关政策缺乏系统性、连贯性和稳定性。28 条重点产业链行动方案如何与《河南省建设制造强省三年行动计划（2023—2025 年）》中培育壮大新材料、新能源汽车等七个万亿级先进制造业集群的目标与相关举措有机结合，达到"1+1>2"的目的等重要问题仍不明确。特别是新一轮科技革命与产业变革中的创新活动呈现出交叉融合、跨界叠加的特征，是经济社会全方位的重塑性、集成式创新，对基础研究、应用研究、产业转化相对纵向独立的传统创新范式提出了较大的挑战。河南也强调突出企业的创新主体地位，形成以企业为主体、以市场为导向的产学研协同创新体系,但在实际中,政策对于如何真正发挥企业主体作用并不明确,河南企业在产学研活动中的主体作用不强,能够自主掌握的创新要素并不充足,相关的政府配套制度供给有限,产业链、供应链与创新链对接不畅,大中小企业之间以及政府机关、企业、研发机构、高等院校之间缺乏成熟的合作共享机制,制约了企业投入的主观能动性与积极性。

二、制度制定实施开放包容力较弱

在河南重点培育的产业链中,绝大多数是战略性新兴产业与未来产业,新兴技术与新兴产业的突破与发展都存在不确定性,需要更具前瞻性与战略性的制度作为引领,制度环境必须更加先进开放与包容创新,亟须打破常规。例如,在基金领域,河南提出着力打造省、市、县三级政府引导基金体系,这对于融通社会资本参与科技创新,为产业发展筑池引水是重要的举措。但实际执行中政府引导基金出资效率较低,在基金投资决策上,政府直接介入,进行"事前、事中、事后"全阶段管理审查,快速决策与容错机制不足;分散在财政与各个国有投资平台上的基金也没有统一的评审标准,特别是针对天使轮、VC轮的政府引导基金缺失,不易吸引市场化程度高的天使基金、创投基金加入河南基金队伍。制度的制定与实施基本秉持传统观念,思维固化问题较为突出,开放程度、包容程度、灵活化程度、市场化程度均不足。

三、链条后端场景示范效应重视不足

构建大省特色产业链,做大做强先进制造集群既依靠从 0 到 1 的原始技术创新驱动,同时又依靠技术创新突破之后从 1 到 100 的产业化成果体现,尤其是在从 100 到无穷推广应用释放充足的价值,带来培育壮大产业链的广阔空间。但新型材料、新能源等许多新兴产业特有的前沿性与"未来性",使得包括相关政府人员、企业主体、研究机构等在内的社会民众对新兴产业、未来产业的发展价值和具体应用缺乏客观清晰的认识。在河南目前的政策体系规划与建设中,对产业链后端应用场景的牵引带动作用重视不足,应用场景的挖掘、示范、建设、宣传工作不到位。企业对于处在实验室早期阶段未来技术的可行性、潜在的价值、可能的应用领域没有形象的认知，类似于未来概念验证体验中心的场馆、设施布置较少，不能在全社会形成孵化合力。

四、一流营商环境建设效果有待提高

当前全国各地都将优化营商环境，特别是软环境建设，作为招徕优质资源、培育产业高质量发展沃土的重点工作大力推进，形成了较为激烈的竞争态势。2024 年的开年工作大会上，上海、安徽等多个省份都将营商环境作为聚焦重点，相比较而言，河南营商环境虽不断改善但仍有不小差距，变革重塑、大胆创新的意识仍然有待提高。在具体的产业链培育上，国有企业与国有投资平台在经营部分战略性新兴产业和未来产业中占据更大的优势，也肩负着更重的责任，但当前国有企业改革与各级政府投资平台整合均处在深水区，资金使用的审批监管受限较大，特有的容错机制等制度配套不足，改革成效不明显，市场化包容审慎的营商环境建设不到位。

第四章　新型材料产业链集群

新型材料是指新出现的具有优异性能或特殊功能的材料，或是传统材料改进后性能明显提高或产生新功能的材料。新型材料在日常生活中可能并不会经常被提及，但在工业经济中无处不在，实际上承担着几乎所有产业链的最上游的重要角色，被认为是 21 世纪最具发展潜力并对未来发展有着巨大影响的高技术产业，是现代高新技术研发和产业进步的基础性、先导性产业，每一次技术革命都伴随着材料革新。近年来，随着产业转型与科技发展，新型材料产业迎来前所未有的高光时刻，被国家"十四五"规划列为七大战略性新兴产业，党的二十大报告也进一步明确新材料作为推动战略性新兴产业融合发展的增长引擎。河南是全国的材料大省，材料产业起步较早，新材料产业作为河南五大主导产业之一，根据河南省工信厅公布数据，2022 年全省产业增加值占规模以上工业增加值的比重达 8.6%，对规模以上工业增长的贡献率达到 8.4%，《河南省"十四五"战略性新兴产业和未来产业发展规划》就提出"聚焦新一代信息技术、生物技术、新材料、节能环保等优势主导产业，大力建链延链补链强链"。《河南省建设制造强省三年行动计划（2023—2025 年）》提出 2025 年将河南建设成为全国重要的材料创新高地和先进材料基地的目标，进一步找准发力方向，立足基础明确要培育壮大超硬材料、尼龙新材料、先进铜基新材料、铝基新材料、先进合金材料、化工新材料、先进钢铁材料、绿色建筑材料、装配式建筑九条重点产业链，助力河南省从原材料大省全面向新材料强省跃进。

第一节　超硬材料产业链

超硬材料被誉为"材料之王"，有"终极半导体"之称，河南作为我国超硬材料及相关制成品的发源地，自1963年郑州磨料磨具磨削研究所有限公司（以下简称郑州三磨所）研制成功中国第一颗人造金刚石开始，已逐步成长为全国超硬材料发展的引领者。河南省超硬材料产业链布局完整，规模优势明显，集群特色突出，技术体系相对完备，链主企业较为集中，在全国遥遥领先并拥有全球竞争力，有望进一步向全球价值链高端跃进。

一、超硬材料产业链简介

超硬材料通常指维氏硬度大于40Gpa的高硬度材料，由于天然金刚石因其资源稀缺性及难获取性无法被广泛应用，行业内常用的超硬材料主要是人造金刚石、立方氮化硼（CBN）及其复合材料。这些材料由于其超高硬度，能够"切、磨、钻、抛"各类材料，被用于各类金属材料、合金材料、软韧材料、难加工材料的加工，同时也是重要的功能材料。

人造金刚石产业链上游是原材料及压机设备供应，原材料有合金、叶蜡石、石墨柱、辅助材料等，设备有六面顶压机、CBD设备等；产业链中游是人造金刚石、培育钻石的生产制造，主要有金刚石微粉、金刚石单晶等；产业链下游是金刚石各类工具的生产及具体应用，包括金刚石刀具、钻头、磨具、锯切等。人造金刚石因为具备与天然金刚石相似的优异性能，广泛地应用于高档数控机床、电子信息制造业、石油天然气钻井、医疗工业、航空航天工业、核工业等各个高精尖行业。

立方氮化硼（CBN）产业链上游是原材料及设备供应，包括六方氮化硼、触媒材料等原材料制取与六面顶压机等设备；产业链中游是CBN制造；产业链下游主要是各类CBN工具生产及应用，包括CBN刀具、磨具、刀片等。立方氮化硼对铁系金属元素具有较强的化学惰性，并具有较好的电绝缘性、导热性、润滑性等，因此以其为原料制成的各类磨料磨具能够应用于金刚石工具难以适用的高速钢、工具钢等材料加工。同时作为一种优良的半导体材料、功能材料，立方氮化硼也是极好的抗氧化涂层和光学窗口材料，在微电子领域具有非常广阔的应用前景。

二、超硬材料产业链国内外发展简况

工业金刚石产业链目前基本由我国主导，我国作为全球第一大人造金刚石生产国，垄断全球95%的金刚石合成市场。工业金刚石产品包括金刚石单晶和微粉，人工制备方式主要有高温高压法（HTHP）与化学气相沉积法（CVD），其中HTHP法工业金刚石制造成本低、生产效率高、下游应用广，是我国首次人工合成金刚石采用的方法，并一直保持粉末触媒技术的领先优势，在国际市场上具有HTHP法工业金刚石定价权。CVD法自20世纪80年代开始研究应用，美国、日本、新加坡等国家在技术研究与应用方面积累了较多成果，CVD法制成的金刚石纯度更高，成本也相应更高。中游金刚石工具制造分支较多，在各种使用场景中形态各异，行业集中度较低，下游HTHP法生产的金刚石在勘探采掘、建筑石材切割、汽车行业精密加工、消费电子等领域广泛应用，CVD法生产的金刚石可在半导体、光学、量子技术等前沿领域作为高新技术材料广泛应用。

培育钻石产业链整体上由我国、印度和美国共同掌控，产业链上、中、下游划分清晰，分别是上游毛坯钻石生产、中游钻石切割加工、下游销售及品牌培育。在上游，我国技术较为成熟，培育钻石产量占据全球50%左右的市场份额，其中HTHP培育钻石占90%左右的市场份额。在中游，印度为主要的钻石打磨加工市场，属于劳动密集型行业，印度占据90%的市场份额。在下游，美国是全球最大的培育钻石消费市场，约占全球销量的80%，我国目前为10%左右。综合来看，培育钻石产业链上游制造商、品牌商和下游品牌销售利润率较高，为60%~70%，中游加工环节利润率较低，只占10%左右。

三、河南超硬材料产业链的优势

中国超硬材料在全球举足轻重，国内超硬材料产业链版图是以河南为中心进行发散，河南超硬材料集群规模与技术研发综合实力处于国内外一流水平，从上游原材料、辅料、专用设备仪器制造，中游金刚石微粉、立方氮化硼、功能性复合材料，到下游在电子信息、医疗健康、航空航天等领域的应用，河南建立起较为完善、高度自主的产业链条，继而向包括沿海地区在内的全国相关各地辐射，以及触达全球市场。

首先，集群规模实力雄厚。河南是我国超硬材料及其制品的发源地，以雄厚的基础优势为依托，经过多年培育形成了涵盖超硬材料原辅料与专用仪器设备，以产业技术创新服务体系为支撑，以超硬材料及其制品为核心、以郑州、许昌、南阳、商丘四地为引领，较为完善的全产业链条与协同发展格局，集聚了郑州三磨所、中南钻石、黄河旋风、四方达、惠丰钻石、华晶股份等一批龙头企业，成长为国内外知名且具有重要影响力的超硬材料产品研发地、产业化基地与生产地，素来有"世界超硬材料看中国，中国超硬材料看河南"的业界共识。根据中国机床工具工业协会超硬材料分会统计，截至2022年，河南超硬材料产业规模达到400亿元左右，拥有300多家超硬材料规模以上企业，年销售收入亿元以上企业30家，其中全国超硬材料相关上市企业20余家，河南就拥有其中7家。郑州三磨所是我国超硬材料摇篮，打破我国高档精密超硬材料制品的进口依赖局面，研发了芯片加工"切、磨、抛"全系列超硬材料制品，在高精密超硬材料制品上全国产量第一，并且在技术创新上不断强化实力，辐射全国，围绕金刚石的"光、学、电、热、磁"等性能开发功能性用途，进行高端产品布局。黄河旋风是金刚石行业全国最早的上市公司，在国内是品种最齐全、产业链最完整的超硬材料供应商。中南钻石是全球最大的工业金刚石制造商，金刚石和立方氮化硼多年来产销量和市场占有率稳居全球第一，领先国内制造业单项冠军。四方达在复合超硬材料领域是国内第一家上市企业。

其次，技术创新体系完备。支撑河南超硬材料产业集群领先国内外的是经过多年培育、体系完备、实力突出的技术创新体系，拥有一批业内领先的高能级研发平台。"国家火炬计划河南超硬材料产业基地"是国内唯一的国家级超硬材料产业基地，产业相关的国家级重点实验室、企业技术中心、工程技术中心、质量检测中心、生产力促进中心、全国标准化技术委员会等国家级平台云集。国家级研究院所实力雄厚，如郑州三磨所、郑州机械研究所有限公司等，其中郑州三磨所是全国唯一的超硬材料综合性研究机构，单位拥有5个国家级、11个省部级研发平台（不包括国家级重点实验室、质检中心等）。省内一批高等院校基础研究扎实，郑州大学、河南工业大学、河南理工大学、中原工学院等均设置相关实验室，多年来持续进行超硬材料基础理论研究，较好地支撑了超硬材料产业技术原始创新。哈尔滨工业大学郑州研究院引入先进光电技术研究院红外薄膜与晶体团队，团队在金刚石晶体材料、透明件材料以及高导热复合材料等金刚石功能性开发应用等方面积累了丰富的研究成果，并在英寸级单晶金刚石、金刚石增强导热器件等方面取得了阶段性成果。此外，专业技术人才作为产业创新生态的重要一环，河南占有明显的高端要素人才智力优势。郑州三磨所享有"中国磨料磨具界黄埔军校"的美誉，向全国培育输送超硬材料研创人才约50%以上。河南工业大学是国内最早设立超硬材料专业的高校，郑州大学的相关研究团队被认定为全国杰出专业技术人才先进集体。

最后，行业领先地位突出。一是众多核心产品产量全国第一。在集聚中南钻石、黄河旋风、华晶股份、中南杰特等众多龙头企业的基础上，根据河南省工业和信息化厅公布数据：2022年河南人造金刚石产量约160亿克拉，立方氮化硼产量约5.7亿克拉，全国人造金刚石与立方氮化硼产量为200亿克拉和6亿克拉，这两项产品河南省产量分别占到全国的80%、95%，绝对的产量优势使得河南在行业领域内享有充分的话语权与主导力，为中下游功能性应用开发和制成品制造奠定基础。二是引领行业标准制定。郑州三磨所拥有全国唯一的磨料磨具标准化工作技术组织——全国磨料磨具标准化技术委员会，中南钻石、河南联合精密材料等一批龙头企业牵头制定超硬材料各个细分行业的国家标准、国际标准，填补国内在相关领域的标准空白。目前国内培育钻石产业链下游发展不足，附加值较高的品牌设计与零售环节的市场份额主要被美国掌握，河南也在业内积极承担起规范标准化流程、提高消费认知度、促进行业更快更好发展的重任。2019 年 7 月，中国珠宝玉石首饰行业协会培育钻石分会在郑州成立，代表中国珠宝行业对培育钻石的认可，也是我国在培育钻石产业链上的里程碑，进一步对培育钻石产业链上下游、市场主体、行业标准进行规范监督。三是行业影响力不断扩大。中国超硬材料产业发展大会已经连续在河南举办 9 届，2023 年 7 月第九届中国超硬材料产业发展大会暨超硬材料工具及功能制品产业链创新大会在郑州举办，发布多项产业发展报告及行业指数，在产业界、学术界等产生广泛影响。同时中国机械工程学会金刚石及制品分会宣布成立，这是首个在河南设置分支机构的全国学会，将在学术交流、人才引培、科技评价、标准制定等方面进一步助力河南提升产业链现代化水平。"科创中原"超硬材料创新联合体同期也揭牌落地，为河南开展产学研用协同创新攻关，促进创新链与产业链深度融合，持续提升技术创新优势提供了平台载体。

四、河南超硬材料产业链存在的不足及应对措施

超硬材料是河南省极具领先优势的重点产业链之一，但与千亿级目标产能和全球最大超硬材料研发生产基地的定位仍存在一定差距，面对极具潜力的发展前景，河南省需要乘势而上实现新突破。

河南省超硬材料产业链的不足之处主要集中在两个方面。一是产业链上游关键原材料与设备有所缺失。人造金刚石上游所需合成原料主要有石墨粉、叶蜡石粉、白云石粉等，一般情况下，这些上游原辅材料成本占金刚石合成成本的60%~70%，其中叶蜡石是高温高压合成金刚石过程中一种不可或缺的辅助原材料，尚无可替代产品，目前国内98%的叶蜡石由北京门头沟地区出产供给，而该地区由于环保因素正在逐步关停，将给整个超硬材料产业链带来冲击。同时，河南省虽已探明具有丰富的石墨储量，但开发利用不足，高纯石墨大多依靠山东、辽宁等地供给。此外，由于大尺寸硬质合金顶锤制备技术不稳定，河南省高温高压法的主流设备为压缸直径650毫米的六面顶压机，1000毫米以上大腔体六面顶压机发展有限，不利于制备大尺寸培育钻石。二是产业链下游高端材料研发不足，高性能产品应用有限。河南省目前优势环节主要集中在单一材料制备和生产

上，如单晶合成、立方氮化硼基础材料、人造金刚石合成、金刚石微粉制造等，产能大量集中在中低端环节，复合超硬材料规模小、品种少、应用窄，仅占国内市场份额的20%左右，高端产品也需要从国外进口，没有延伸出在量子信息、半导体、光学等新兴前沿领域的大规模应用能力。

长期来看，当前巴西等国对建筑石材相关领域的消费需求不断增长，拉高了我国金刚石单晶的出口。我国机械制造等产业正处在转型升级阶段，消费电子不断回暖，"双碳"时代背景下光伏产业进一步增长，汽车精密加工行业应用加深等，对金刚石微粉需求持续上涨，新兴产业应用也在不断拓宽，河南省要稳定巩固现存优势，并积极拓展新兴赛道优势，需要从三个方面重点发力。一是补齐上游原材料和设备环节短板，着力提升下游高端材料及高性能产品研发力度。加强河南省优势资源对接力度，开发利用好丰富的石墨资源，开展大尺寸晶种制备技术攻关；依托行业龙头企业对大腔体六面顶压机关键核心技术实现突破，并加快大功率微波等离子体化学气相沉积装备研制和核心零部件研发生产企业引进，尽早实现国产化替代；依托郑州大学金刚石光电材料与器件省级重点实验室，加强核心关键技术攻关。二是高度关注并布局突破CVD法，抢占金刚石半导体材料战略赛道。CVD工业金刚石由于纯度高、尺寸大等特性，能够在半导体、量子技术等领域拓展更多功能性应用，特别是数字经济发展对半导体需求巨大，半导体材料发展有望大幅释放CVD金刚石增长潜力。力争立足既有优势主动对接珠三角、长三角地区金刚石半导体材料、量子计算相关的研发机构和企业，布局全国金刚石半导体材料发展。三是把握培育钻石产业链成长机遇，拓展下游增长空间。培育钻石比天然钻石环境更友好，成本价格优势更突出，随着国际权威机构对培育钻石鉴定标准的不断完善，我国珠宝鉴定机构与国家标准化管理委员会对培育钻石充分认可，在国际市场的火热带动以及一段时期厂商的持续宣传和市场教育下，中国消费者对培育钻石的认可度、接受度和欢迎度不断提高，目前培育钻石终端消费市场80%在美国，中国只有10%，仍存在较大的提升空间。

第二节　尼龙新材料产业链

尼龙是聚酰胺（Polyamide，PA）的俗称，是由含有羧基和氨基的单体，通过酰胺键聚合成的高分子化学材料，最初由美国著名化学家卡罗瑟斯在 20 世纪 30 年代末带领科研小组发明，作为一种性能优异、应用广泛的高分子聚合物，尼龙新材料一经出现就迅速掀起合成纤维界的产业变革，具有不断扩大的广阔发展空间。河南省尼龙新材料产业链基础良好，在规模、技术、品牌上具有一定领先优势，具有较强的增长潜力和提升动力。

一、尼龙新材料产业链简介

聚酰胺属于石油化工、煤焦化工庞大家族中的一个分支，产业链体系复杂，有脂肪族 PA、脂肪-芳香族 PA 和芳香族 PA 等，其中脂肪族 PA 品类最多、应用最广，主要品种有尼龙 6、尼龙 66、尼龙 610、尼龙 11、尼龙 12 以及各种共聚改性尼龙。聚焦到尼龙 66 与尼龙 6 上来，产业链上游主要是己二腈、乙二胺、乙二酸、己内酰胺等有机化学中间体的生产制造与获取。其中己二腈加氢生产乙二胺，乙二胺与乙二酸缩聚生成尼龙 66 盐，进一步获取得到尼龙 66，己内酰胺这一有机化工原料则主要用于生产尼龙 6，通过一定聚合反应制成尼龙 6 切片。产业链中游就是尼龙 6、尼龙 66、尼龙 610、尼龙 11、尼龙 12 等各种酰胺单体，也即聚酰胺产品的切片、制造。产业链下游则是通过各种聚合催化剂、辅料添加，呈现出不同的特性，如吸水性、染色性、耐磨性、耐热性等，匹配下游不同领域的应用需求。目前，尼龙 66 下游主要用于民用丝、工业丝及工程塑料，民用丝主要用于纺织业，工业丝强度、韧性普遍高于民用丝，用于制作帘子布、气囊丝、工业绳网、帆布等，工程塑料广泛用于机械、汽车、电器、纺织器材、化工设备、航空、冶金等领域。其中由于成本较高等原因，民用丝应用相对较少。尼龙 6 下游主要应用于民用和军用尼龙纤维、工程塑料和薄膜，在汽车、纺织、铁路等领域均有重要应用，包装薄膜、精密铸件等方向应用不断扩大，并普遍用于改性等功能化、差别化尼龙制品的开发。

二、尼龙新材料产业链国内外发展简况

首先，全球市场相对稳定，产业中心逐步向我国转移。尼龙产业是发展相对稳定的成熟产业，广泛应用在民用、军用、农业、工业、服务业等各行各业，常年来尼龙产业的增长速度与全球宏观经济增长、产业生产、居民生活需求密切相关，以中国为代表的亚洲地区，由于经济增速较快、下游应用市场空间广阔、生产成本较低等因素，成为承接尼龙产业主要是尼龙 6 产业转移的重要地区。根据化纤信息网显示，中国目前是全球尼龙 6 第一生产基地与消费市场，产量占全球市场份额的一半以上，占亚洲地区市场份额的 70% 以上，接着是欧洲和美洲地区。

其次，关键技术不断成熟，国产替代趋势更加明显。我国尼龙新材料产业链在关键技术、核心环节上曾一度受制于国外，产能、产量等不能有效提升，产品需要大量进口。近年来随着核心技术不断取得突破，严重受限局面逐步得到改善。己内酰胺作为生产尼龙 6 的有机化工原料曾经严重依赖国外进口，货源价格与供应情况波动较大，致使尼龙 6 产业的发展与效益均不稳定。2002 年，中石化与荷兰帝斯曼成立南京帝斯曼公司，推动国内己内酰胺原材料大发展，生产技术更加成熟，产品质量不断提高，逐步实现自给自足，为下游拓展应用提供基础，到 2022 年，己内酰胺进口依赖度降至 1.92%。相对于尼龙 6，尼龙 66 产品上游重要原料己二腈依赖国外进口时期更长，产业链受制国外的情况更为严重。己二腈在工业上常使用丙烯腈电解法、己二酸胺化法以及丁二烯氰化法三种渠道制取，生产技术较为复杂，存在明显的技术壁垒，曾长期被美国英威达、美国奥升德和比利时索尔维三大巨头控制。据河南省工信厅调查统计，全球己二腈产量的90%均用于生产尼龙 66，并占到尼龙 66 成本的将近一半。美国英威达是巨头中的巨头，几乎垄断全球己二腈原料供应，直到 2022 年，全球己二腈产能约合 231万吨，英威达及其相关公司占据全球产能的 73%。2020 年以来国内己二腈生产工艺不断取得突破，这一局面开始得到改善，我国华峰集团、中国化学、永荣控

股、神马集团等部分企业突破技术壁垒,一批产量可观的标志性项目已经投产,并带动英威达、奥升德等国外公司在上海、江苏等长三角地区投资建设己二腈项目。2022年,我国进口尼龙66约30万吨,对外依存度超过30%,进口量占到国内消费量的一半以上,未来随着更多己二腈项目建设投产,开工率不断提高,我国尼龙66严重依赖进口的局面也将进一步好转。

最后,产业结构相差较大,存在较大的提升空间。长期以来,由于尼龙产业关键环节的核心技术受制于国外,在较大程度上影响了我国尼龙产业链下游的功能性开发与拓展应用。我国尼龙产业需求量大,同时缺口也较大,根据河南省工信厅调查统计,在工程塑料的应用中,全球塑料与钢铁应用比例平均水平为50∶50,美国、德国等发达国家塑料占比普遍超过60%,而我国目前仅为30%,我国尼龙6主要用于服装纺织等领域,工程塑料、薄膜等非纤维消费占比较低,尼龙66在高端服装面料上则使用较少,尼龙6和尼龙66产业链下游应用在全球产业分工中呈现特异性。目前国内低端产能出现过剩,但是部分高附加值、高技术环节在技术成熟度、成本控制等方面仍然同国外存在一定差距,对于高强度、高模量等尼龙新材料的技术研发与性能开发存在欠缺。长期来看,我国已是世界第一大汽车等重要工业品生产、消费国,但人均尼龙占有量较低,在己二腈等生产技艺获得突破后,有望释放大量产能。据此可以推断在未来数年,全球尼龙66业务增长中心在中国,伴随消费升级和经济进一步发展,高端服装、汽车、电子电器等行业需求加大,将为尼龙新材料产业开拓巨大的增长空间。

三、河南尼龙新材料产业链的优势

河南省尼龙新材料产业链集聚优势明显,特色品牌突出,特别是尼龙66与尼龙6这两类,依靠核心技术突破,发挥基础优势快速崛起,在世界尼龙新材料上占据一席之地,领先地位明显,发展潜力巨大。

首先,集群规模影响力领先优势。生产尼龙新材料所需的重要化学中间体乙二酸,河南省产能位居亚洲第二,己内酰胺产能突破40万吨,处于全国第一方阵。河南省的尼龙新材料产业发展中心在平顶山,平顶山也是我国尼龙产业的重要发源地之一,1981年全国第一卷高品质尼龙浸胶帘子布在平顶山面世,改变了我国高品质轮胎完全依赖进口的局面；1988年，新型规格骨架材料1890D/2锦纶66浸胶帘子布在平顶山研制成功，填补国内技术空白。经过多年深耕和接续发展，截至2022年底，平顶山尼龙新材料相关产品产能超过240万吨，其中尼龙66切片产能位于全国第一位，尼龙66盐产能居于亚洲第一位，尼龙66工业丝、帘子布产能居世界第一位，平顶山也被中国石油和化学工业联合会命名为"中国尼龙城"。目前河南省尼龙6和尼龙66两条产业链"双轮驱动"，带动尼龙新材料产业集群不断发展壮大，7万吨尼龙6切片、1.5亿米高档锦纶面料、4万吨差异化工业丝、2万吨民用化纤印染等一批重大项目陆续建成投产，填补河南省相关领域及下游应用的空白，产业链进一步延伸，竞争力显著增强。

其次，产业链协同发展贯通优势。河南省尼龙新材料产业约有30余家规上企业，平顶山平煤神马集团是河南省尼龙产业的绝对龙头，以这一链主企业为中心逐步辐射布局各个分支、配套行业，形成大中小企业协同发展的良好产业格局。平煤神马集团围绕做强做大尼龙66、尼龙6相关产业与特种纤维产业不断推动产业升级，逐步成长为世界领先的尼龙化工基地。近年来以"中国尼龙城"建设为契机，依托平煤神马集团扎实的产业基础、强大的链条驱动能力与先进的技术研发水平，以平顶山为中心，河南逐步拥有了从煤炭开采、煤焦化工获取尼龙原材料，到中间体及中游尼龙66和尼龙6生产，再到聚合、改性、纺丝等尼龙深加工制成品的全产业链。平煤神马集团长期布局进行战略谋划，已经基本贯通尼龙6与尼龙66产业链上下游，打通形成"煤—焦炉煤气—氢气—己二酸—己二腈—尼龙66—工业丝（切片）—帘子布（工程塑料）"产业链和"己内酰胺—尼龙6聚合切片—尼龙6民用丝—织造—染整"产业链。

最后，技术创新保持高水平优势。专注于科技创新并不断取得技术突破是推动河南尼龙新材料产业链在中国乃至全球占据一定影响力的关键。河南省尼龙新材料产业链是具有高度自主掌控力的战略性新兴产业，平煤神马集团在40余年发展历程中，高度重视研发投入，在各个材料与工艺上进行创新，开发了一批高新技术产品，填补国内相关领域空白，打破国外技术封锁；承担过国家"863计划"，培养造就了大批专业的高质素科研、管理人才，率先通过国家CCIB和国家BVQI的ISO 9001质量体系双认证，是我国帘子布行业第一家通过国际、国内双认证的企业，引领行业标准、国内标准制定，占据行业领先地位。目前平煤神马集团拥有神马股份技术中心、聚酰胺中间体实验室等 31 个国家级、省级研发机构和创新平台，并设立有能源化工研究院，与中国科学院、清华大学等高水平一流科研高校和研究院所建立战略合作关系，并在北京、上海等地建立新型研发机构，开放创新合作。

四、河南尼龙新材料产业链存在的不足及应对措施

河南省尼龙新材料产业优势特色明显，规模集聚效应加速形成，但是对标江浙闽粤等沿海先发地区，仍然存在较大提升空间。

一方面产业链上游原材料保障紧张。河南省主要产品尼龙 6 和尼龙 66 的产业链上游重要原材料己内酰胺等受环保、能耗指标制约，新上项目落地投产周期较长，难度偏大。同时化工产业用电量大，河南省工业电价比周边省份偏高，拉高企业用电成本。另一方面产业链下游应用拓展不足。尼龙产业链下游能够开发出品类丰富、数量众多的新材料、新产品，在化纤纺织服装和工程塑料两大领域中广泛应用，但河南省围绕产业链下游应用的开发力度较小，特别对于高附加值产品的研发和应用推广不足，产业链延伸带动作用有限。

当前尼龙新材料产业链正处在全球生产制造消费向中国转移的历史阶段，各项新技术加速突破，国产替代市场前景广阔，河南省必须牢牢把握自身特色基础优势，利用国内产业加速布局调整，以及下游消费市场稳步增长的机遇，推动尼龙新材料产业链在关键时期进一步做大做强。一是要抢占扩大核心原料优势。丁二烯、己内酰胺、己二腈等尼龙 6 和尼龙 66 的产业链上游重要原材料在核心产品成本中占比较高，也是我国近年来逐步取得技术壁垒突破，以及各行业龙头企业加速占领市场份额的重要领域。河南省在原材料国产化替代的关键时期，需要依托中国平煤神马集团的自主创新技术优势，加速实现技术成果产业化转化和规模化落地，加快推进 10 万吨级装置项目建设投产，提高乙二酸、己内酰胺、己二腈等原材料产能，为产业链中下游做大做强打好基础。二是加速拓展产业链下游应用市场。研判市场消费应用趋势和国内外产业链发展动态，推动省内尼龙骨干企业围绕新技术研发、新产品应用、新市场拓展方面重点发力。做大做强尼龙

纤维及织造链条。依托平煤神马集团雄厚的技术基础，开发高强度工业丝，推进差异化功能纤维项目，发展尼龙 FDY 长丝、POY 长丝、DTY、地毯丝、短纤等尼龙民用丝产业。与河南省服装、轻纺等产业加强对接，开发色牢度高、亲肤性好、抗菌、高弹、环保的高档复合尼龙面料，实现产业链联动发展。在工程塑料领域与河南省汽车、家电、电子信息制造业、现代家居等产业链联动，开发高阻隔型尼龙薄膜、镀铝型尼龙薄膜、超薄型尼龙薄膜、增强型尼龙薄膜、超高爽滑尼龙薄膜等差异化产品。

第三节　先进铜基材料产业链

河南省铜产业发展较早，逐步形成包括铜冶炼、铜加工、再生铜等在内较为完整的产业链，在技术创新、工艺装备、产品结构等方面具有比较鲜明的特色，具有进一步转型升级的良好产业基础。

一、先进铜基材料产业链概况

先进铜基新材料一般以铜金属为基础性材料，是由铜或者铜合金经过轧制、酸洗、剪边等工序制造成为各类铜加工制品，充分发挥铜及铜合金的导电、导热、抗蚀、抗菌等特性，广泛应用于电力运输、电子信息、轨道交通、新能源汽车、航空航天等各个领域。

先进铜基新材料上游是铜冶炼，主要指勘探铜矿山原矿进行开采、筛选，获得铜精矿这一上游原材料，然后对铜精矿进行冶炼，得到可用于进一步加工或合金加工的关键原料，即精炼铜，也叫电解铜、阴极铜等。中游是铜材加工，通过各种不同的工艺对精炼铜进行加工，获得各类铜合金、铜棒、铜管、铜板带、铜箔等。下游是根据各类铜材加工制品的性能，实现在电力传输、电子信息、建材家电、汽车等不同领域的具体应用。

二、先进铜基新材料产业链国内外发展简况

先进铜基新材料产业链上游与全球铜矿产资源分布密切相关，全球铜矿产资源丰富且集中，主要分布在智利、澳大利亚、秘鲁和俄罗斯，我国铜矿资源储量并不丰富，铜精矿年产量仅占全球的 8%，但作为全球重要的铜材生产、贸易、消费大国，我国每年需要大量进口铜精矿，2022 年铜矿砂及其精矿进口量约为2500 万吨，对外依存度较高。

国内铜矿资源主要分布在江西、新疆、云南和西藏，精炼铜产能则主要集中在江西、安徽、广西、云南等地，代表性企业有江西铜业、铜陵有色、云南铜业、金川铜业、大冶有色等。产业链中下游的铜材加工和消费应用主要集中在东部沿海地区，其中浙江、江苏、广东三省铜材产量与消费量共占全国将近一半，综合铜矿产资源分布与铜材使用消费情况，经过多年产业转移与再分布，江西、江苏、浙江、安徽和广东成为我国前五大铜材生产省份。各类铜材产品中线材、管材、棒材、板带材、箔材和排板材等品种产量较大，产品结构以传统品种为主，高精度铜带等高端产品进口依赖度较高。

2020~2022 年全国铜材主要产地分布情况如图 4-1 所示。

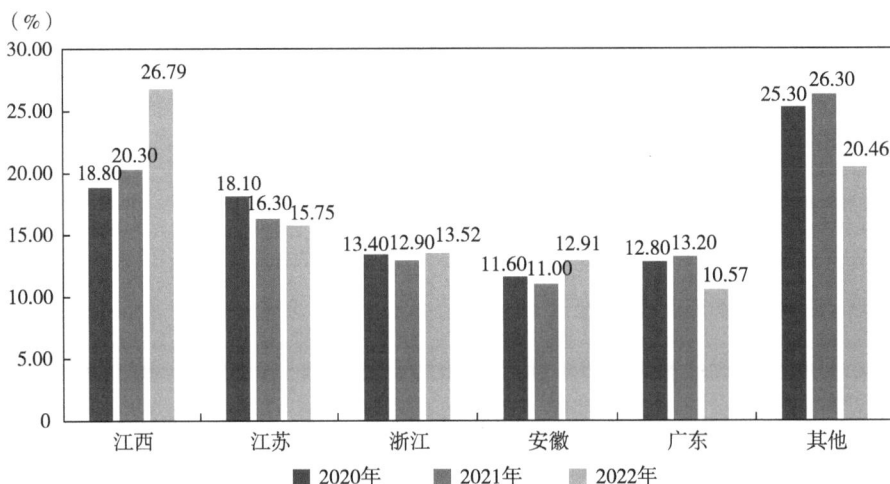

图 4-1　2020~2022 年全国铜材主产地分布情况

资料来源：笔者根据国家统计局网站资料整理。

三、河南先进铜基新材料产业链的优势

近年来，河南铜冶炼、铜加工、再生铜环节的产能不断提升，铜产业行业产值已经超过1000亿元，在高精度铜板带、精密铜管、电解铜箔等细分领域已处于国内第一方阵，具有进一步转型升级，向先进铜基新材料价值链中高端环节攀升的良好基础。

首先，产业链中上游规模居于我国前列。河南省铜冶炼与铜加工相关企业主要分布在郑州、洛阳、三门峡、济源、新乡、平顶山等地。上游铜矿资源多以伴生矿为主，矿山规模偏小，主要分布在灵宝、卢氏、桐柏、内乡、南召等地。2022年河南各项铜冶炼产能约为75万吨，精炼铜产量66.6万吨，位于全国第八位。铜冶炼代表性企业有河南豫光金铅集团有限责任公司、河南优克电子材料有限公司、河南双金铜业有限公司等，主要分布在济源、许昌与平顶山。中游铜加工具有一定特色。2022年各类铜材产量99.4万吨，其中铜管棒排线产能占比超过半数。代表性企业有中铝洛阳铜加工有限公司、灵宝华鑫铜箔有限责任公司、灵宝宝鑫电子科技有限公司、凯美龙精密铜板带（河南）有限公司等，主要分布在灵宝、洛阳、新乡等地。

其次，铜加工行业持续引领升级。根据2023年5月在郑州召开的先进铜基新材料产业座谈会提供信息，河南铜基材料加工总产能约110万吨，涵盖管、棒、线、板带、箔、排等各类产品。依托中铝洛铜、金龙铜管、凯美龙精密铜板带等龙头企业，以及河南省科学院、郑州大学、河南科技大学、中色科技、中船725所等高等院校与科研院所，河南铜加工产业从基础理论、工艺装备到细分产品，不断创新升级，拥有一批在国内具有影响力和竞争力的先进技术与产品。中铝洛阳铜加工有限公司被誉为铜加工领域的"黄埔军校"，是国内规模最大的综合性铜加工企业，近年来围绕高性能铜合金材料加大研发投入，电子铜板带性能协调控制技术国际领先，加速实现进口替代。三门峡宏鑫有色金属有限公司主要生产各类铜精深加工产品，是中国中车、西门子、东芝电机等企业的主要供应商。

最后，铜冶炼技术不断创新突破。河南依托中原黄金冶炼厂、国投金城、豫光金铅等行业龙头企业，围绕富氧底吹熔炼工艺等进行探索创新，提高冶炼效率

与金属回收率，降低能耗与排放，拥有了一批自主研发、国际领先的核心技术，如"双底吹"连续吹炼工艺、底吹熔炼+旋浮吹炼工艺、底吹自热连续吹炼工艺等，豫光金铅是世界首家将"双底吹"连续炼铜技术成功产业化应用的企业，有效带动我国铜冶炼技术不断升级。近年来，中原黄金冶炼厂、豫光金铅、国投金城三个冶炼与综合回收项目投产后，弥补河南矿产铜空白，中原黄金冶炼厂完成的"金铜冶炼含砷固废综合回收技术"填补国内技术空白，于2023年首次入选《国家工业资源综合利用先进适用工艺技术设备目录》。

四、河南先进铜基新材料产业链存在的不足及应对措施

随着光伏、新能源汽车、工业互联网等新兴产业不断发展壮大，面向新兴产业的高端应用显著提升，对性能更加优异的先进铜基新材料的需求不断上涨，先进铜基新材料产业链下游终端消费市场具备较大增长潜力和市场空间，对上游产品的性能指标要求也不断提升，对河南省先进铜基新材料来说既是机遇也是挑战。

面对新的发展形势，河南省先进铜基新材料产业链的不足之处较为明显。一是产业链上游冶炼规模偏小。河南省铜矿产资源并不丰富，多以伴生矿形式存在，中原黄金冶炼厂年产精炼铜33万吨，与江西铜业、铜陵有色、云南铜业等龙头企业百万吨级规模相比差距较大。二是产业链中游同质化竞争明显。河南省在先进铜基新材料产业链中游具有一定的优势，拥有中铝洛阳铜加工有限公司、灵宝华鑫铜箔有限责任公司等一批代表性企业，产品的市场占有率与认可度较高，但是产品类型单一，多为附加值偏低的同质化产品，高端产品种类少、规模小，集聚效应不足。三是产业链下游新兴领域拓展不足。先进铜基新材料在电子信息、新能源、轨道交通、海洋工程等新兴领域存在较高利润空间与较大发展潜力，但河南省围绕新技术、新产品、新市场的开发力度不足，产品应用有限，不利于先进铜基新材料产业竞争力的提升。

河南省要做大做强先进铜基新材料产业链，需要从两个方面重点发力。一是持续强化铜冶炼技术引领力，不断突破绿色低碳关键技术。中原黄金冶炼厂、国投金城、豫光金铅等行业龙头企业铜冶炼技术走在全国前列，要依托这些优势企业，大力开展绿色低碳关键技术攻关，在生物湿法铜冶炼、无砷污染绿色炼铜等

铜冶炼技术上不断创新突破，实施一批重大节能示范工程，有效降低原材料、辅料、燃料消耗，引领行业标准，助力"双碳"经济发展。二是把握中游铜加工品牌优势，积极延伸相关环节。依托中铝洛铜、灵宝华鑫、新乡金龙、金昌铜业等重点企业，面向电子信息、新能源、轨道交通、海洋工程等新兴领域的发展需求，在高精度铜板带、高端铜板带、电解铜箔、精密铜管、高端连接器铜合金材料等中高端产品上取得品质、品类、产能方面的更大突破，跳脱中低端产品的同质化竞争，开发更多差异化、功能化、高端化的产品，塑造稳定的产品性能。

第四节　先进铝基材料产业链

铝工业是河南省发展较早的重要原材料支柱产业，电解铝、铝加工产量曾多年位居全国第一，在全国铝工业中占有重要的地位，产业链上下游相关企业数百家，直接带动就业人数 4 万人，年主营收入 3000 多亿元，是河南省重点发展的新型材料产业链之一。

一、先进铝基材料产业链简介

纯铝力学性能不高，但具有密度低、易加工、耐腐蚀等特性，可以加入特定合金元素，使其相对比强度极限近似或超过合金钢，生成各类铝基新材料，并保留纯铝自身的优质特性。

先进铝基材料产业链是从铝土矿到氧化铝到电解铝，再进行铝加工以及应用的全过程。产业链上游主要是探寻挖掘铝土矿，从中获得氧化铝，并通过一系列工艺技术得到电解铝，上游另一支线是再生铝，主要以废铝为原材料，经过熔炼、精炼等得到再生铝。产业链中游是以电解铝、再生铝为基础，添加一定的合金，得到铝加工材，主要是使用熔铸-挤压工艺生产铝型材以及使用热轧-冷轧工艺生产的铝板带及铝箔。产业链下游是根据铝加工制品的类型和特性，在不同领域进行应用，在部分领域取代木材、钢铁、塑料等多种材料，从日常生活，到海洋工程、新能源等战略性新兴产业中均得到广泛应用，发挥重要的支撑作用。铝型材多分为建筑铝型材和工业铝型材，在建筑、轨道交通、汽车等领域应用，铝板带箔多用于家电、电池、食品等领域。

二、先进铝基材料产业链国内外发展简况

从产业链上游来看，我国铝土矿资源不算丰富，但是铝土矿需求旺盛，进口依赖度高。根据美国地质勘探局（USGS）公布的数据，2022 年全球铝土矿产量 3.8 亿吨，中国产量 9000 万吨，约占全球的 24%，位于全球第二位，而中国氧化铝产量达到 8186.2 万吨，是全球最大的氧化铝生产国，90% 的氧化铝用于生产电解铝，氧化铝行业集中度高，国内以中铝、宏桥、信发、锦江、东方希望为代表的行业前五大企业，年产能约占全国的 2/3。电解铝行业集中度较低，受市场需求拉动，我国电解铝产量持续稳定增长，在"绿色双碳"的严格管控下，产量增幅相对较小，2022 年全国电解铝产量达到 4021.4 万吨。再生铝产业产量在我国相对较低，2022 年仅为 782 万吨，在资源环境约束下，电解铝产能已经接近天花板，再生铝符合循环经济发展要求，在国家政策的支持下，有望进一步释放产能。

从产业链中下游来看，中国是铝板带箔生产供应大国，也是世界最大的铝型材生产和出口国之一，2022 年我国铝材出口 615 万吨，同比增长 18.61%，主要出口市场集中在美国、欧洲和东南亚等地。近年来受到电池、电子电器等下游应用行业需求不断上涨的拉动，电子铝箔、电池铝箔的市场规模快速扩张，高端铝箔产能不断落地。根据中商产业研究院计算，我国电子铝箔市场规模 2019 年至 2022 年的年均复合增长率达 20.2%，电池铝箔的市场年均复合增长率达 16.3%。我国铝加工企业主要分布在华东、华中、华南等中部地区，交通便利靠近下游消费市场，2022 年山东、河南、广东的铝材产量分别占全国铝材总产量的 21.6%、17.6%、8.9%。

三、河南先进铝基材料产业链的优势

河南省铝基新材料产业发展基础良好，是最早利用本省富裕的火电能力建立

"煤电铝"发展模式的省份，铝工业发展居于全国前列，逐步建立起铝土矿—氧化铝—电解铝—铝加工的完整产业链。

第一，产业链上游综合实力中等靠前。虽然河南省铝土矿矿石产量位居全国第二，但是矿石储量和品位下降，正面临和经历设备改造，需进口矿石生产，推高了生产成本，氧化铝产品价值长期受到压制，氧化铝行业整体保持微利运营，拥有中铝中州铝业有限公司、东方希望（三门峡）铝业有限公司、开曼铝业（三门峡）有限公司、中铝（郑州）铝业有限公司、洛阳香江万基铝业有限公司、三门峡义翔铝业有限公司和河南中美铝业有限公司7家企业，分布在三门峡、郑州、洛阳等地。电解铝行业曾是河南的工业名片，引领国内电解铝发展风向与潮流，技术水平与行业效益全国一流，2010年之后，产业发展模式极速转变，河南电解铝行业大量向外转移，产能从485万吨下降至209万吨，留存有伊电控股集团、万基控股集团、豫联集团、焦作万方4家具备一定规模和实力的企业，受到电力成本、上下游结构等因素影响，河南电解铝行业盈利能力一般，技术水平仍然位于全国中上等。中铝郑州研究院"新型稳流保温铝电解槽节能技术"、郑州大学"铝电解槽能量流优化与智能调控技术"等走在全国前列。

第二，产业链中下游加工制造环节竞争力较强。河南省铝加工制造产品在产量规模、技术水平上占据全国优势，拥有明泰铝业、中孚实业、龙鼎铝业、万达铝业、万基铝加工等龙头企业，占据全国铝板带箔十强席位中的5位。其中明泰铝业是我国最大的铝板带箔加工企业，铝板带箔等核心产品常年大量出口，稳居行业前列。龙鼎铝业拥有哈兹列特连铸连轧技术，主要产品PS版基产量居全国首位，市场占比约为15%。为满足下游新能源等新兴行业的应用需求，河南省一批优质的铝材料加工中小企业从细分领域进行切入，找到新赛道的突破口，掌握专业技术，在铝基新材料上形成了华星电缆等一批专精特新企业。老牌铝产业地区如巩义等也积极进行从铝加工到铝精深加工的转型升级，巩义市先进制造业开发区目前拥有从电解铝、铝铜加工、铝铜终端产品到铝铜循环利用的全产业链条，产品涵盖上百种高精铝产品，用于电池软包装用铝、电子电容器用铝、铜导体等领域。2022年，全区铝板带箔加工产量占河南省的57.6%，占全国的28.4%，近10家企业入选全省铝基新材料、先进铜基新材料产业链龙头企业名录。

四、河南先进铝基新材料产业链存在的不足及应对措施

铝基新材料作为河南省最重要的原材料支柱产业，曾一度引领国内外发展，近年来领先地位有所下降，但基础优势仍在，需要认清关键形势，加紧补足薄弱环节，再造领先优势。

第一，河南省先进铝基新材料的突出短板集中在产业链上游。电解铝产能流失严重，关键原材料供应不足，企业竞争力弱是河南省铝基新材料产业发展的一大痛点，从2017年开始，河南省电解铝产能大量向外转移，致使产业链出现较为严重的断点，前端氧化铝产能超过省内电解铝行业生产需求，需要向外省输出，中下游铝加工行业由于省内电解铝原材料不足，需要向外省购买铝锭，两头加压造成资源浪费，推高生产成本。产业链上游供应不足，企业生产制造出现困难，进一步加剧下游应用开发不足的局面，企业难以在装备改造、技术攻关、人才引进等方面大量投入，对新能源电池、光伏材料、汽车轻量化等新兴领域布局不足。

第二，河南省中下游铝加工行业具备产品产量和技术创新的双领先优势，面对高质量发展需求等最新行业动态，亟须强化优势做大规模。一方面要从铝土矿源头入手，提高原材料保障能力。例如，加强低品位铝土矿经济生产氧化铝技术的深入开发，加大赤泥综合利用技术开发等；优化电解铝行业相关政策，协调破解电价高难题，稳定住现有的电解铝生产能力。另一方面依托明泰铝业等龙头企业，面向新兴产业领域进行精深加工的高端材料研发生产，满足新消费需求，补链延链强联，拉动河南省铝基新材料巩固扩大。做优做强郑西和洛阳两个核心集群，做精做专三门峡、许昌、焦作三个重点集群，并发展神隆宝鼎电池铝箔、兴发铝业新型建材、荥阳实业3C铝基材料等特色产业集群，瞄准绿色低碳、电子元器件、新能源电池等产业新动态，围绕高纯铝、汽车用高性能铝合金材料、动力电池隔膜及软包铝箔、高精度电池铝箔坯料、航空航天用铝板材、循环利用食品级铝容器箔等先进铝加工产品，加速布局一批高端项目，再造新优势。

第五节 先进合金材料产业链

金属种类众多，有铁、锰、铬、钒、钛五种黑色金属，以及铅、锌、铝、镁等各类有色金属，以一种金属为基体，加入一种或几种其他元素成为合金可以具备更多属性，形成多种用途。合金家族体系庞大，河南在钨钼、钛、镁、铅锌合金方面具备一定的发展基础，是支撑河南打造先进合金产业链的重点领域。

一、先进合金材料产业链简介

钨钼、钛、镁、铅锌产业链结构具有一定相似性，产业链上游是勘探矿源，对原矿进行采选得到精矿，产业链中游是对精矿进行冶炼，采用多种工艺加工得到合金材料，产业链下游则是在各个领域的具体应用。

钨是一种具有高熔点、高硬度、良好导电及导热性的稀有金属，上游对钨矿进行勘探、采选得到钨精矿，中游冶炼得到钨粉、碳化钨，再经由混料、制坯等工序得到硬质合金、钨铁、钨特钢、钨材等产品。钨用途广泛，根据华经产业研究院统计，航空航天工业、核能、军工等重点国防领域应用占比15%，其他如石油化工、钢铁、机械、电气、汽车等工业领域应用占比85%。钼是一种重要的合金添加材料，具有高熔点、低蒸汽压、高温稳定性、低热膨胀系数等特征，是材料升级、形成先进未来合金的重要金属。上游采选钼矿以及生产钼精矿、氧化钼，中游冶炼加工得到钼炉料、钼金属、钼化工等各类产品，下游广泛应用于石油化工、核能工业、军工材料、传感器等。

钛因为用途广泛和性能优异被誉为铁、铝之外的"第三金属"与"全能金属"。钛产业链上游从钛铁矿和金红石采选开始，一条经由硫酸和氯化法生产钛白粉，作为化工中间体用于塑料、造纸等行业；另一条采用镁还原法得到海绵钛，经熔铸或添加材料制得纯或合金的钛材，进一步锻造、轧制、挤压、拉拔等得到可以广泛应用的钛产品。

镁的金属延展性强、热消散性好，镁合金具有轻量化、比强度和比刚度高、减震性好、电磁屏蔽性能优异等特性，被誉为"21世纪的绿色结构材料"，上游从菱镁矿、白云石等富镁矿石、海水盐湖等处分离提炼，中游是粗加工获得原镁，以及进一步铸造塑性获得镁合金，加工合成镁合金型材与铸件，下游在汽车、航空航天、军工、电子通信等领域广泛应用，汽车领域占比高达70%，3C领域占比为20%左右。

铅是熔点低、耐蚀性高、X射线和γ射线等不易穿透的重有色金属，上游从铅矿石中制得铅精矿、精铅、铅合金等，中下游被加工成板材和管材，按照性能用途又可分为耐蚀合金、电池合金、焊料合金、印刷合金等，用于铅酸蓄电池、氧化铅、电缆护套、射线防护等行业。锌合金上游从锌矿、锌精矿、精锌中冶炼得到精馏锌、电解锌，中游以此为基础加入铜、铝、镁、钛等各类元素，经由一系列铸造、电镀等工艺，形成具有广泛用途的合金体系，其中铅锌合金在抗腐蚀、低熔点、导电性、轻量化、抗冲击等方面性能良好，广泛应用于汽车、电子、包装、化妆品、医疗器械、金属涂层等领域。

二、先进合金材料产业链国内外发展简况

钨合金产业链。中国具有丰富的钨矿资源，钨矿山和储量居世界第一位，同时也是全球最大的钨资源供给国，根据美国地质勘探局测算数据，2022年全球钨矿产量为8.4万吨，中国占比约为84%。国内钨矿资源主要分布在江西、湖南、河南、云南、广东、广西等地，其中，江西黑钨矿资源占全国的40%左右。钨资源具有稀缺性和不可代替性，被世界各国视为战略资源，中国对钨精矿产量实施供给管控。目前钨合金主要消费有硬质合金、钨特钢、钨材和钨化工等，其中硬质合金占比60%，硬质合金具有超强的硬度和耐磨性，被称为"工业牙齿"，可用来制造各种切削工具、刀具、钻具等零部件，国内上市企业主要有翔鹭钨业、章源钨业、中钨高新、厦门钨业等。

钼合金产业链。我国钼矿资源丰富，中国、美国、秘鲁、智利四国钼储量占全球的91%，其中我国占比为51.9%，全球储量第一，也是全球第一大钼矿生产国和消费国。根据国际钼协会公布的数据，2022年我国钼消费量为12.20万吨，

同比增长 9%。我国已探明矿区主要分布在河南、陕西、吉林、黑龙江、内蒙古等地，河南钼矿储量占全国总储量的 30%。上游钼矿采选、钼精矿生产等代表性企业有金钼股份、洛阳钼业、中钨高新、厦门钨业、紫金矿业等，中游冶炼加工环节代表性企业主要有洛阳钼业、铜陵有色、白银有色、厦门钨业、金钼股份、北京利尔、宏达股份等。

钛合金产业链。钛合金产业链上游是钛铁矿与金红石，我国钛资源丰富，美国地质调查局（USGS）"Mineral Commodity Summaries 2022"数据显示，我国钛铁矿储量占全球比例超过 30%；金红石矿资源产地 41 处，主要分布在河南、湖北和山西等地。我国拥有较为完整的钛工业体系，钛白粉与海绵钛两大类产业均飞速发展，产量规模位居世界第一。根据中国有色金属工业协会数据，2022 年全球海绵钛行业产量为 27.9 万吨，同比增长 14.6%，其中我国 2022 年海绵钛产量 17.5 万吨，约占全球产量的 62.7%。同时钛材需求由原来的中低端氯碱、纯碱、制盐和冶金等行业向以航空航天等为代表的中高端行业转变。我国钛加工材主要包括板材、带材、箔材、丝材、管材、铸件、锻件等，品种全面，并且形成多个钛产业集群。例如，以"中国钛谷"著称的宝鸡，围绕宝钛集团形成的钛产业集群，钛材产量占全国的 65%，产业规模居世界第二。此外还有沈阳钛产业集群，江浙沪钛加工集群，以及围绕西北有色金融研究院在西安的钛产业基地，围绕 725 所在洛阳的钛产业基地等。

镁合金产业链。我国具有丰富的镁资源，是世界最大的原镁产地和输出地，多年来持续增产，近年来，由于汽车轻量化的替代需求和 3C 产业快速发展，以镁合金为主拉动镁产业需求上涨。据中国耐火材料行业协会统计，我国已探明菱镁矿储量 36.42 亿吨，占世界总储量的 28.85%，居世界首位，主要集中在辽宁、山东两省，含镁白云石储量 40 亿吨以上，全国分布较广，盐湖镁资源 60 亿吨以上，集中在西藏、新疆、甘肃等地。原镁冶炼中游环节我国也在全球占据举足轻重的地位，2022 年我国生产原镁 89.36 万吨，占全球原镁总产量的 80.14%，其中陕西拥有 34 家冶炼企业。中下游镁合金产业主要分布在珠三角、长三角、环渤海等东部沿海地区以及重庆。

铅锌合金产业链。我国铅锌资源丰富，总量居于世界第二位，铅资源主要分布在内蒙古、云南、广东、新疆等地，其中内蒙古与云南占到全国的52%。我国也是全球第二大锌矿储量国家和全球最大的锌矿生产国，锌矿主要分布在云南、内蒙古、甘肃等地，云南与内蒙古合计占全国的40%以上。据华经产业研究院统计，我国铅、锌矿储量分别为2040.8万吨和4422.9万吨，2022年，产量分别为781万吨和680万吨。虽然储量、产量在世界排名前列，但是由于产品品位不高、精深加工能力有限，以及市场需求量巨大等因素，相关产品仍然需要大量进口，特别是铅精矿进口依赖度较高。铅锌资源在再生性方面呈现截然相反的属性，再生铅已经成为铅原料生产供应的重要分支链条，铅具有毒性，排入环境后无法降解但是容易回收利用，是全球主流的发展方向。目前中国再生铅在精炼铅中占比不到50%，距离全球55%左右的比率仍有提升空间，铅合金约90%用于铅蓄电池，再生铅的85%以上来源于废弃铅蓄电池。锌资源则难以被回收利用，再生锌在基本金属中的回收利用率最低，因为其下游的60%用于钢材镀锌，而镀锌层难以直接回收，使得锌资源稀缺性更加凸显。

三、河南先进合金产业链的优势

1. 钼钨合金产业链

河南钼钨矿产资源较为丰富，钨矿储量全国第三，钼矿资源集中分布在洛阳栾川，是我国乃至世界第一大钼矿。依托突出的资源优势，多年来培育形成了洛阳钼业、龙宇钼业、丰联科光电（洛阳）、洛阳金鹭等一批行业龙头重点企业，在矿山开发、矿产采选、冶炼、精深加工等领域各具特色，逐步形成从矿产采选、冶炼、加工到应用的完整产业链，钨产品包括粉末、烧制品、板带箔材、棒材、丝材、异形制品等，钼产品包括钼（钨）精矿、氧化钼、钼铁、钼（钨）酸铵、钼（钨）粉及钼棒、板、条、丝及稀土材料与制品等。河南在大型矿山信号传输技术、超大型钨材料热等静压制备技术、超高端截齿产品短流程制备技术、钨钼靶材国产化技术等方面拥有一批较为领先的核心关键技术，成为全国重要的钨钼产业基地。

2. 钛合金产业链

河南钛合金产业链的地区集中度较高，主要分布在洛阳及周边地区，位于洛阳的中国船舶重工集团公司第七二五研究所是国内少数系统性进行钛合金研究的专业科研单位之一，依托七二五研究所，洛阳成为国内较早形成海绵钛（基础原料）—钛的熔铸（铸件）、半成品、钛加工材（板、带、管、棒）—钛部件与钛设备制造较为完整的钛合金产业链的地区。目前拥有双瑞万基钛业、双瑞精铸钛业、航辉新材、核新钛业、科品钛业等重点企业。海绵钛年产能3万吨，约占全国的15%，在细分领域小颗粒海绵钛上，年产量占军工市场的40%以上。目前主要产品为板带材、铸件、棒材和丝材等，下游钛构件、钛设备年产能1370万吨，产品以换热器、泵阀、结构件等为主。

3. 镁合金产业链

河南镁合金产业链具备良好的产业基础，作为镁资源大省，产业链上游镁资源丰富，根据河南省地质局提供数据，已探明白云石储量15.5亿吨，占全国总储量的35%以上，氧化镁平均含量达到20.53%，品位度较高，利于冶炼高纯度、高品质镁。产业链中游具有较好的生产加工基础和科技研发实力，主要集中在鹤壁市，部分位于洛阳、许昌、郑州。其中鹤壁是全国最早的镁冶炼发源城市之一，冶炼产量一度位居全国第一，是全国最大的镁粉、镁屑、镁粒等的生产基地。以鹤壁等城市的生产能力为依托，河南省是全球最大的镁粉（屑、粒）加工出口基地。洛阳、许昌在特种镁合金材料研发及加工领域和镁合金压铸、镁铝合金型材、镁合金汽车轮毂等领域具有一定优势，郑州以郑州大学为代表，在高强超轻镁锂合金研发及其成型等方面具有国内领先的技术水平。

4. 铅锌合金产业链

河南省铅锌产业集中分布在济源、三门峡等地，近年来市场规模逐步扩大，从单一的铅冶炼，延伸至铅锌铜互补，多重有色金属回收加工综合循环利用，形成具备一定规模的"粗铅—电解铅—极板—蓄电池—再生铅""电解锌—锌合金—氧化锌""粗铜—电解铜—精炼铜—铜箔""阳极泥—金银等贵金属回收—金银制品深加工""综合回收—稀散金属提取""冶炼废气—二氧化硫—硫酸—化肥—磷石膏渣—石膏板"等产业链。济源是全国重要的千亿级有色金属材料生产基地、有色金属循环经济产业基地，以及亚洲最大的绿色铅锌冶炼基地，根据河南省工信厅数据，2022年济源电解铅产量121.5万吨，约占全国的16%。三门峡挖掘丰富的铅锌矿产资源，形成从矿产采选、冶炼加工到贸易应用的完善产业链，拥有豫光金铅、金利金铅、万洋冶炼等重点企业，在铅锌冶炼与设备方面形成了一批自主创新成果。

四、河南先进合金产业链存在的不足与应对措施

河南钨钼、镁、钛、铅锌先进合金产业链上游资源较为丰富，拥有良好的发展基础，并在部分领域领先国内外，面对经济发展新形势，近年来产业链的一些薄弱环节暴露出来，问题高度相似，需要关注的重点与采取的策略在大方向上也具有一定的相似性。

一是产业链不完善。先进合金产业链不仅是技术密集型产业，同时也是资源密集型产业，河南省一些金属资源的储量位居国内乃至国际前列，但是并未充分把握资源优势，形成更具规模、更加完善的产业链集群。例如，镁合金产业链，河南省已探明白云石储量占到全国总储量的35%以上，且品位度纯净度较高，鹤壁是我国重要的镁加工产业基地，镁粉、镁锭等初级产品产量占全省镁产品总量的70%以上，但是镁合金产业链整体处于断裂状态，上游没有原镁冶炼企业，下游没有进一步的精深加工企业，虽有资源禀赋、产业基础、区位优势、市场空间，但仅发展了产业链中游的初级加工环节。钨产业链同样存在类似问题，河南省具有前端钨矿开采与一定的后端钨深加工的能力，但是中端环节高性能钨粉等重要产品的产能不足，需要从外省采购，"两头在外"与"中间在外"的产业链断裂问题较为突出。

二是产业结构不合理。河南省先进合金产业的另一个共性问题是开采与初级加工环节的企业、产品较为集中，但是精深加工环节的企业数量少、生产规模小，具有较高附加值的高性能产品不足。例如，钼合金产业链，河南省拥有全球最大的钼矿，洛钼集团位列全国龙头企业前三，但是产品主要是氧化钼和钼铁等初级产品，钼化工产品、钼粉及其制品的精深加工产品较少，严重制约河南省先进合金产业链发展潜力释放与竞争力的提高。

由于先进合金原料许多是稀有战略资源，预计在未来更长阶段的发展中，资源稀缺性与高价值性将进一步凸显，同时，全球绿色低碳发展的主流趋势和约束

更加明显，新能源等战略性新兴产业蓬勃发展，对更多高性能、多功能的先进合金市场的需求将进一步释放。一方面，进一步强化链条思路与集群思路。充分把握自身的资源禀赋与产业基础优势，围绕产业链优势环节与洛钼集团、双瑞万基钛业等链主企业，做好上下游补链延链强链工作。成立省级先进合金产业招商引资工作专班，梳理产业链薄弱环节，针对龙头企业和专精特新企业、具有特色的科技型中小企业等进行重点招商。支持省内龙头企业开展国内、国际合作，加快推进先进合金产业链整合开发及链条培育发展。另一方面，强化科技支撑与创新引领。加大对新技术、新产品的支持力度，鼓励技术创新、成果产业化和企业转型升级。强化龙头企业科技创新主体地位，支持龙头企业与研发实力雄厚的科研院所共同组建创新联合体，提高创新平台能级与产学研用科技成果转化能力，为合金材料精深加工提供强大的创新动力，围绕航空航天、电子信息、汽车等高附加值新兴领域的发展需求，打造一批具有较强竞争力的优势产品。

第六节　化工新材料产业链

化工产业是河南工业经济的支柱性产业与传统优势产业，与化工产业密切相关的化工新材料产业则是河南极具增长潜力的领域，也是近年来各个国家与地区竞相发展的高新技术产业与战略性新兴产业。

一、化工新材料产业链简介

化工新材料具有传统化工材料不具备的特殊性能，如质量更轻、高纯净度、高利用率、能源环保等特点，技术含量更高、附加值更高，是化学工业中更具增长活力与发展潜力的新兴领域，代表化学工业未来的发展方向。化学新材料与化工产业一样体系庞杂，品类众多，涉及有机氟、有机硅、节能、环保、电子化学品、油墨等众多新材料领域。产业链上游主要是基础原材料，如原油、煤炭、天然气，并包括各类化学助剂，乙烯、丁二烯等单体中间物。产业链中游是经由各种复杂的工序工艺及化学反应、加工制造等环节，制成各类新材料，如包括氟硅材料、特种橡胶、高性能纤维等在内的新领域高端材料，包括通用塑料高端品种、通用橡胶高端品种、普通化纤高端品种等在内的传统材料高端品种，包括高端涂料、高端胶黏剂、功能性膜材料等在内的二次深加工化工新材料等多项大类。产业链下游是众多产品在电子信息、新能源、汽车、医疗、航空航天、建筑等国民经济各行各业的广泛应用。

二、化工新材料产业链国内外发展简况

中国经济的快速增长有效拉动新材料的开发需求，特别是进入 21 世纪以来，我国在化工新材料方面的研究不断取得突破，如碳纤维复合材料、氟碳防腐涂料、多晶硅材料等，为能源、制造业、建筑等行业带来了福音。

综合来看，我国化工新材料处于全球第二梯队，第一梯队是起步较早的美国、欧洲和日本等发达地区，经过数十年乃至数百年的积累，在技术研发、专利壁垒、销售网络、品牌塑造等方面实力强劲，并拥有全球巨头埃克森美孚、杜邦、陶氏化学、拜耳、巴斯夫、帝斯曼、乐天等一批领军企业；中国、俄罗斯、韩国属于快速发展的第二梯队；巴西、印度、南非等新兴经济体是加速追赶的第三梯队。

目前我国已经初步形成覆盖上下游，从研发、设计到生产制造、设备加工、应用等各个环节在内的化工新材料产业链体系，化工新材料产量规模近年来稳定增长，在全球所占比例越来越重。根据中国石油和化学工业联合会统计，2022年我国化工新材料产能超过 4500 万吨，产量超过 3100 万吨。目前产业链上游基础原材料供应市场较为集中，代表企业一般是中国石油天然气集团有限公司、中国石油化工股份有限公司等国有控股能源巨头。产业链中游细分领域较多，如电子化学品化工新材料、有机硅新材料、氟化工新材料、可降解塑料及改性塑料领域新材料等，拥有万华化学、华峰化学、回天新材等一批龙头企业。产业链下游应用遍布各个领域，代表性企业主要分布在东南沿海地区，以山东、广东、江苏、浙江等省份居多。

中国化工新材料产业已初步形成了较齐全的研发、设计、生产和应用体系，

成为全球化工新材料领域不可忽视的力量和全球重要的市场。从化工新材料总体产量来看，2016~2022 年，中国化工新材料产量规模逐年增长，根据中国石油和化学工业联合会化工新材料专委会数据，2022 年我国化工新材料产能超过 4500 万吨，产量超过 3100 万吨。

三、河南化工新材料产业链的优势

化工新材料行业分类众多，产品品类数目庞大，几乎没有任何一个省份和地区可以全面发展，河南化工新材料在其中若干类上具有优势，主要分布在石油化工资源丰富的濮阳市，以生物基材料、电子化学品、先进高分子材料、绿色涂料等细分领域为代表，形成一定的集群规模与技术领先优势，洛阳、许昌等地在部分领域也各有发展特色。

首先，河南省在生物基材料行业方面拥有实力突出的龙头企业。濮阳培育形成本土中国民营 100 强企业——宏业控股集团，并依托龙头企业产业链的驱动力与掌控力不断做大做强生物基材料集群。该集团荣膺"中国最具自主创新能力企业""农业产业化国家重点龙头企业""河南省创新龙头企业"等美誉，生产经营范围涵盖生物基可降解材料、生态环境新材料、新能源、植物功能性饮料等众多领域，下设有濮阳圣恺环保新材料科技股份有限公司、宏业生物科技股份有限公司、濮阳宏业高新科技发展有限公司、上海励志化工科技有限公司等子公司。集团设有河南省生物基化学品绿色制造重点实验室，并牵头组建生物基材料产业研究院和中试基地，创设河南省生物基材料产业创新中心等，拥有众多高能级创新平台，打通玉米芯/秸秆—半纤维素—糠醛—生物基四氢呋喃及生物基可降解材料产业链产业化技术、玉米芯/秸秆—纤维素—乙酰丙酸—γ-戊内酯—生物基光学材料产业化技术等技术创新链，多项产品打破了国外技术垄断，高强纤维树脂产品占据国内 70% 的下游市场。

其次，电子化学品行业是河南省蓬勃发展、加速崛起的潜力领域。濮阳电子化学品拥有一批行业龙头企业。惠成电子是国家级高新技术企业、国家级绿色工厂、国家级专精特新"小巨人"企业，拥有年产 5 万吨顺酐酸酐衍生物及 1000 吨电子化学品的生产能力，是世界第二大电子封装材料供应商，国内产量最大、品种最全的顺酐酸酐衍生物（用于封装材料）生产企业。迈奇化学在新三板上市，其生产的高纯溶剂 N-甲基吡咯烷酮（用于锂离子电池、导电剂等新能源行业）规模居亚洲第一、世界第二，占据国内 70% 以上的锂电池行业高端市场。蓝星新材料有限公司是河南省唯一生产丁二烯的企业，占有 80% 以上的省内市场。洛阳中硅高科的电子级多晶硅产品在国内验证使用，电子级三氯氢硅达到国际先进水平。焦作多氟多自主研发的电子级氢氟酸用于芯片清洗、蚀刻等环节，打破国外垄断，已进入中芯国际、台积电等国际集成电路龙头企业的供应链。

最后，先进高分子材料与绿色涂料行业方面特色鲜明。河南省依靠沃森超高化工科技、展辰新材料等企业不断拓展产业链。沃森超高化工科技能够生产近四十种牌号的超高分子量聚乙烯树脂，技术水平国内领先、产品品类国内最全，并拥有完全的自主知识产权，具有较高的市场占有率。展辰新材料也是国家高新技术企业，主要研发、生产、销售、经营环保涂料、光固化涂料、粉末涂料、工业涂料、防火涂料（含水性防火涂料）、环保型高分子材料等新材料产品。

四、河南化工新材料产业链存在的不足与应对措施

当前国际贸易保护主义思潮不断抬头，我国化工新材料处于快速发展阶段，与第一梯队发达国家尚有不小差距，为避免短板制约，国家出台了一系列政策，大力推动中国化工新材料行业发展，同时新能源汽车、生物医药、高端装备、新能源、环保节能等新兴行业对化工新材料的消费持续增加，迫切需要以品种众多的功能型化工新材料为支撑，市场空间将进一步扩大。

河南省化工新材料拥有一批相关领域内具有较高技术领先水平和产业竞争实力的优质龙头企业，具有持续扩大产能、做大规模、突破关键核心技术、提高发展竞争力、加速国产替代进程的能力。受产业发展要素和相关配套制约，企业发展能力受阻，影响河南省在快速发展的化工新材料赛道抢占新市场、培育新动能的速率。例如河南省生物基占据绝对的新技术、新工艺优势，但没有充足的产业化应用，未形成更大的集群规模和产业链优势。宏业控股集团目前现有的 2×75t/h 高温高压生物质锅不能满足园区的基本供热需求，需匹配更高的能源指标；君恒实业集团拓展经营业务急需在厂区附近建设 B 型物流保税中心，项目仍未落

地等。

化工新材料作为河南省的新型潜力优势，必须优化顶层设计，加大政策扶持力度，将新型潜力优势转化为强劲支撑动力。建议围绕生物基材料、生物基化学品、电子化学品等优势行业，以龙头企业为主体，加大产学研用深度融合的创新体系建设，组建产业研究院、中试基地等，加快技术创新成果产业化应用，对重点研发平台与示范项目加大资金扶持力度，依托现有优势，构建全省绿色化、循环化、高端化的生物基材料产业链。抓住《河南省禁止和限制不可降解一次性塑料制品规定》出台的时机，尽快制定专项实施办法，率先在政府机关、事业单位、国有企业中进行推广，并加快出台可降解材料制品检测检验标准，推行溯源码管理和可降解塑料标识，以标准化工作推动河南省可降解材料制品市场的快速发展。

第七节　先进钢铁材料产业链

钢铁是工业中最为常见的黑色金属，钢铁行业经过了漫长的发展历程，完成了向现代工业的蜕变，由于产业链条长、创造就业多、带动发展广，钢铁行业与建筑业、汽车业并称为国家工业化的三大支柱。近年来发展较为成熟的钢铁行业迎来新一轮的平台调整期，为河南抓住机遇，布局发展先进钢铁材料，提升钢铁产业链能级创造了机会。

一、先进钢铁材料产业链简介

先进钢铁材料产业链属于钢铁产业链范畴，是对黑色金属矿物进行采选与冶炼加工，完成应用消费的全流程活动。产业链上游是对铁矿石进行采掘分类，得到块矿、粉矿等重要原材料，由于钢铁冶炼需要焦炭、煤粉等重要燃料，通常将焦炭及相关领域也列入钢铁产业链上游。产业链中游是主要的冶炼加工环节，铁矿石经过高炉炼铁得到含碳量大于2%的生铁，通过转炉、电炉等对生铁（铁水）炼化得到粗钢，以粗钢为原料，进一步经过铸、轧、锻、挤等各种工艺工序、添加合金等，制成钢材，钢材可分为普钢和特钢，具体包括板材、管材、条钢、线材、铸件等，其性能由添加的合金元素与制造工艺工序决定。产业链下游是各种钢材根据规格、性能的不同，应用在建筑、装备、基建、机械等不同领域。

二、先进钢铁产业链国内外发展简况

我国是世界第一大钢铁生产、消费国，铁矿石储量丰富，占全球的比重超过10%，但由于铁矿石类型以贫矿居多，仍然需要进口。我国目前钢铁工业主流生产工艺仍是"高炉—转炉"长流程生产，焦炭是高炉炼铁的重要燃料，全球90%的焦炭被用来高炉炼铁，因此焦炭也被称作钢铁工业的基本粮食，我国已基本形成完整的焦化工业体系，有效支撑了钢铁等国民经济各个行业的发展。2022年中国粗钢产量为10.13亿吨，占全球总产量的55.3%，其中转炉炼钢比重约为90%，电炉炼钢比重约为9.7%，电炉炼钢占比远低于世界平均水平。我国成品钢材表观消费量占全球比重超过50%，钢材消费主要分为建筑用钢、工业用钢、能源行业用钢等，建筑领域主要用于铁路、公路、港口码头、矿山和城市基础设施等，工业方面机械工业、汽车工业、船舶工业、家电工业和集装箱工业为主要领域，能源方面主要是石油石化和电力行业用钢。产业链上游有鞍钢股份、宝钢股份、武钢股份等代表性上市公司，产业链中下游有韶钢松山、沙钢股份、新钢股份等，产业链下游有宝钢包装、嘉化能源、冀东水泥等。

目前我国人均产钢和钢材消费也处于较高水平，在"双碳"目标下，我国钢铁行业加速向先进钢铁材料研发、品种质量持续提升的新一轮调整期转变，绿色化、集约化、智能化成为主要方向，钢铁企业加速进行兼并重组与智能化改造，钢铁行业集中度不断提高，2022年钢铁行业产业集中度大幅上升，我国钢产量排名前10的企业产量合计占到全国的42.8%。

三、河南先进钢铁产业链的优势

河南省钢铁工业经过60多年发展，形成包含矿产采选、冶炼、加工制造、钢铁深加工及服务在内的较完整的产业链，是基础性产业。根据河南省工业和信息化厅统计数据，冶金工业增加值占全省规模以上工业增加值的比重约为 9.3%，2022 年全省生铁产能 2734 万吨，粗钢 3187.24 万吨，钢材产量 4158.02 万吨。受到行业整体需求大于供给、全国钢铁行业产能调整、原材料价格上涨等因素影响，河南省主要钢铁产品的产量出现一定程度的下降。

综合来看，河南是中部钢铁强省，也是全国重要的钢铁生产基地，处于国家第二梯队，钢铁产业基础坚实，在培育发展先进钢铁产业链方面具有市场需求与技术创新的双重优势。一方面，河南加快建设先进制造业强省，向工业化后期过渡，智能制造装备、新能源汽车、新能源装备等新兴产业加速发展，对高强钢、耐蚀钢、优特钢等特种钢材的需求不断加大，推动钢铁产业向中高端转型升级。同时，新型城镇化建设也将进一步带动新型基础设施、交通、市政发展，增加本地市场对钢材的需求。另一方面，河南省培育壮大先进钢铁产业链的产业创新体系较为完善，拥有一批领先技术成果。安钢集团依托国家级技术中心、国家级实验室等强化产学研协同，攻破多项关键核心技术，"高效低耗特大型高炉关键技术及应用"攻克特大型高炉世界性重大技术难题，荣获国家科技进步二等奖；济源钢铁设有省级企业技术中心、省级博士后研发基地、省级工程机械用钢工程技术研究中心、中国合格评定国家认可实验室、省级特殊钢材料创新中心 5 家科创平台；舞阳钢铁是我国宽厚钢板生产科研基地。在技术创新引领下，河南在先进钢铁领域形成多个具有国内国际领先水平的特色优势产品。安钢集团中高端产品比例达到 76%，"低合金高强度热轧钢板 AH60C"等产品被认定为"特优质量产品"，"低合金高强度热轧钢板"等产品被认定为"金杯优质产品"；济源钢铁是全国规格最全的优特钢棒线材生产核心骨干企业；凤宝的液压支柱管产品在国内的市场占有率连续多年保持在 40% 以上。

近年来，河南钢铁企业也在加速进行布局调整，加快兼并重组步伐，推动先进钢铁产业链高质量发展。随着河南钢铁集团的成立，以及《河南省加快钢铁产业高质量发展实施方案（2023—2025 年）》发布，河南省先进钢铁产业链经过几年准备，正式进入深度整合重构期，"一中心、三基地、强产业链"蓝图已绘就，全省钢铁行业发展重心不断向南移动。"一中心"是落户郑州的河南钢铁集团，未来将通过增资持股、产能入股、混合所有制改革等多种方式不断整合资源，进一步扩大行业影响力。"三基地"是老牌核心钢铁基地安阳与周口、许昌两个新设基地。新设基地在内河航运、交通区位等方面各具特色。目前产业发展呈现"一超多强"的局面，以安阳钢铁集团为主体成立的河南钢铁集团是链主龙头企业，舞阳钢铁集团、亚新钢铁集团、济源钢铁集团、中国兵器中原特钢、沙钢安阳永兴特钢公司、凤宝特钢等也具有较强实力。全省主要钢铁企业分布在安阳、周口、济源、平顶山、南阳、信阳、郑州、焦作等地，其中安阳市是全省最大的钢铁生产基地，产能占到全省的45%。

四、河南先进钢铁产业链发展存在的不足及应对措施

当前国家整体钢铁行业处在高质量发展转型期，落后钢铁产能加速硬性淘汰，新增产能严格把控，入门门槛显著提高，进入资源整合、优化存量、提升质量的新阶段。新兴产业发展进一步扩大对中高端先进钢铁材料的需求，机遇与挑战并存，在钢铁行业大洗牌的背景下，河南省钢铁行业有良好的产业基础，处于不进则退的关键时期，存在较为明显的短板需要克服。

一是行业集中度偏低，亟待推进大集团整合与大装备改造。河南省现有钢铁冶炼企业20家，除安钢股份产能达到千万吨级别外，其余企业均不足400万吨，平均粗钢产能产量规模远低于其他工业大省，规模效应不足，无序竞争突出，也不利于钢铁企业大装备升级与省内产业链的协同优化。目前全国钢铁重点地区高炉1200立方米、转炉100万吨以上的装备大型化率已经达到90%以上，根据河南省工信厅统计，河南省的33座高炉中，1200立方米以下的占到了66.7%。焦炭是先进钢铁材料的基本粮食，而全省只有安阳钢铁、信阳钢铁、周口钢铁三家配置有联合焦化企业，全省焦化企业产品约2/3产能销往省外地区。河南省培育壮大先进钢铁材料产业链，亟须对现有产业链资源进行进一步整合，提高相关环节的行业集中度，增强上下游关联度。

二是政策规划适配性不足，亟待完善相关顶层设计。废钢回收再利用比例逐步提升是钢铁行业的主流趋势之一，河南省废旧金属回收行业经过多年发展已形成遍布全国的回收体系，现有相关企业1700多家，积极推广"互联网+回收"

模式，建成长葛大周镇这一长江以北最大的再生金属回收加工基地，其中废钢回收与加工量居全国第 10 位，并拥有洛阳中再生、许昌葛天、河南冀物等行业龙头企业，入选工业和信息化部废钢铁加工准入企业 47 家。同时期湖北、安徽、山东等省份为争夺废钢资源，在省级层面给予增值税、城建税分成优惠，市县级层面对再生钢企业给予税收返还等优惠，河南省相关企业实际税率明显偏高；山东、四川、山西等省份也针对废钢铁加工企业难以取得进项发票的行业具体问题，给予了个性化的解决方案，相比较之下，河南省废钢铁加工行业由于税负问题导致原材料外流、废料难收的问题就更为明显，进一步挤压提升产能、扩大规模的空间，亟须出台更加灵活创新的解决方案。

第八节　绿色建筑材料产业链

绿色建筑材料是先进材料在建筑领域的延伸，传统建筑材料上下游污染排放量大，碳排放较高，是贯彻绿色低碳发展理念、加快转型升级的重点领域。近年来，国家对绿色建筑材料这一新兴领域高度重视，也为河南带来立足自身的基础，积极培育壮大绿色建筑材料产业链，扩大新市场，抢占新赛道的机遇。

一、绿色建筑材料产业链简介

绿色建筑材料是指在建筑领域采用清洁生产技术与低能耗制造工艺，多使用城市与工业固体废物，尽可能减少对天然能源与资源的消耗，经过加工成为无公害、无放射性、无污染，能满足传统建筑材料消磁、消声、调光、调温、隔热等性能需求，并在一定程度上性能表现得更加出色的新型功能建筑材料。绿色建筑材料产业链跨度大、链条长、分类多，产业链上游一般是用于生产建筑材料的原材料及相关设备，如铝型材、玻璃、水泥、塑料、橡胶、化工原料、珍珠岩、沥青、可加工的工业固废、建筑垃圾等，以及固废处理装备、节能降碳装备、污染防治装备、深加工设备等。产业链中游分为第三方服务市场与绿色建筑材料产品加工制造两大部分。第三方服务市场为全产业链提供能源体系认证、材料性能检测、清洁生产审核、绿色建筑材料产品认证等服务；绿色建材产品加工制造主要有防水和密封材料、保温材料、围护结构及混凝土类、玻璃和门窗幕墙类、建筑陶瓷和卫生洁具类、装饰装修材料类、设备设施类等。产业链下游是在房地产、基础设施建设、农村建设等领域的应用。

二、绿色建筑材料产业链国内外发展简况

1988 年，国际材料科学研究会首次提出"绿色建材"的概念，1992 年在里约热内卢召开的"世界环境与发展"大会，明确确立建筑材料可持续发展的战略方针，并制定了未来建材工业循环再生、持续自然等发展原则。20 世纪 90 年代后，随着有机挥发物（VOC）散发量试验方法等一系列标准化认证工作的大力推进，各类绿色建材新产品不断问世。中国虽然绿色建材产业起步较晚，但是随着经济的飞速发展，已经成长为世界最大的建筑材料生产与消费国，主要建材产品如水泥、平板玻璃、建筑卫生陶瓷、石材和墙体材料等产量位居世界第一。

党的十八大以来，党中央高度重视绿色化、生态化发展，加快推动发展方式绿色转型。2013 年，《绿色建筑行动方案》出台，随着中国绿色低碳发展不断提速，绿色建筑材料产业迎来风口期与机遇期。为实现"双碳"目标，国家做出一系列战略部署，《中共中央　国务院关于完整准确全面贯彻新发展理念做好碳达峰碳中和工作的意见》《"十四五"原材料工业发展规划》等相关政策明确支持绿色建材推广应用。2023 年 2 月，《质量强国建设纲要》也提出要大力发展绿色建材，完善产品标准和认证评价体系。2023 年 3 月至今，国家大力开展绿色建材下乡活动，出台了《关于开展 2023 年绿色建材下乡活动的通知》等一系列文件，对实施的范围、方式、补贴等予以细化，打开了我国绿色建材产业发展的新市场。

在绿色建材下乡等政策的引导下，我国绿色建材产业发展提速明显。根据中国建筑材料联合会统计数据，2023 年上半年，绿色建材产品营业收入超过 1000 亿元，同比增长 20% 以上，相关电商平台销售同比增长 27%，新发绿色建材产品认证证书 2223 张，同比增长 72.1%。中国建筑材料联合会数据显示，截至 2023

年 9 月底，我国共有 3212 家企业，合计获得 6019 张绿色建材产品认证证书。我国绿色建材企业主要分布在广东、浙江、江苏等沿海地区，这些地区获得的绿色建材认证证书也相应较多。

三、河南绿色建筑材料产业链的优势

建材产业是河南省的传统优势产业与重要支柱产业，拥有从上游能源、原材料开采到中游水泥、墙体材料、建筑卫生陶瓷、非金属矿制品、无机非金属新材料及装饰装修材料，再到下游应用的完整产业链，为河南省进一步培育壮大绿色建材产业链提供了良好的产业基础。

河南在产业链上中游具有较为显著的资源禀赋优势，可以进一步转化为产品优势。河南省铝土矿、石灰岩、石英砂等矿产资源较为丰富，信阳上天梯珍珠岩矿是国内最大的珍珠岩矿，全省拥有石灰岩矿山 50 处、亿吨大矿 23 处，累计总储量超过 50 亿吨。根据各省 2022 年国民经济和社会发展统计公报，2022 年河南水泥产量为 1.14 亿吨；铝型材产量多年来位居全国前列；新型墙体材料产量位居全国第 5 位；智能照明市场规模跻身全国前十。目前河南省建筑围护结构和混凝土产业规模约为 1500 亿元，装饰装修材料 400 亿元左右（含木制品 130 亿元），用于房屋建筑的暖通空调和光伏产业规模 400 亿元左右，保温系统材料、建筑玻璃和门窗、建筑陶瓷和卫生洁具均为 300 亿元左右，防水和密封材料 45 亿元左右，整体绿色建材产业链规模约 2800 亿元。

经过多年发展，河南省绿色建材行业培育了一批龙头企业与优势产业链集群，并拥有较强的自主研发水平。河南省已完成 56 家企业与 112 个绿色建材产品认证，创建国家级绿色工厂 26 家、省级 24 家，创建省级智能工厂 40 家、智能车间 28 个，4 家建材企业入选省级绿色供应链管理企业，认证绿色设计产品 31 个。一批特色建材产业集群加速崛起，如以许昌为主的卫陶产业基地，以洛阳为主的优质浮法玻璃生产及深加工基地，以焦作、新乡、郑州、周口为主的建筑装饰材料、防水材料、密封材料生产基地等。濮阳市绿色涂料产业园被工业和信息化部列为"高端绿色专用涂料"优先发展产业承接地。信阳成功创建建材领域的国家新型工业化产业示范基地，依托国内最大的上天梯珍珠岩矿，在高新

技术产业开发区上天梯园区打造了集珍珠岩研发、生产、销售于一体的非金属矿精深加工产业集群。驻马店平舆县建筑防水产业园打造中国"防水之乡"的业内知名品牌。开封杞县积极承接产业转移，形成以铝型材门窗幕墙为核心的上下游产业链。河南汝阳县产业集聚区成为国家新型工业化产业示范基地，培育发布六七家绿色建材生产综合基地示范单位，25家企业入选国家级"绿色工厂"。许昌长葛成为全国重要的三大卫生陶瓷产业基地之一，相关企业60余家，拥有远东、蓝健、白特、浪迪等一批龙头企业，从业人员4.5万人。全省以行业龙头企业为主体，组建了包括实验室、工程研究中心、企业技术中心、中试基地、制造业创新中心等在内的较为完善的创新平台，其中国家级创新平台4个，分别是浮法玻璃新技术国家重点实验室、国家非金属矿产资源综合利用工程技术研究中心、国家级防水工程技术中心、信阳国家级绿色建筑材料高新技术产业化基地，以及35个省级创新平台。

四、河南绿色建筑材料产业链存在的不足及应对措施

河南省近年来严格落实《产业结构调整指导目录》，淘汰建材行业落后低效产能，推广生产工艺低碳化、产品绿色化与智能化技术，应用卫生陶瓷行业机器人施釉、高压注浆等国际领先技术，基本完成围护结构类墙体材料煤改气工作等，取得了显著成效，但仍存在较为突出的短板。

一是产业协作能力较弱。目前各地对绿色建材产业高度重视，积极招商引资，但缺乏系统性的规划设计，集聚性、规模性、协同性的产业链集群较少，"多、小、散"问题突出，产业集中度偏低，特别是陶瓷、墙体材料、防水等行业尤为突出，缺乏具有产业链驱动力的链主企业，长葛最大的卫生陶瓷企业产值仅2亿元左右。二是产业品牌效应不足。河南省拥有规模较大、知名度较高的卫生陶瓷、建筑防水等产业集群，是卫生陶瓷生产大省，提供了全国70%左右的建筑防水行业从业人员，但缺乏主导型企业与具有较强市场竞争力的知名品牌，产业集群"大而不强"的现象十分明显。三是产业创新能力偏低。大中型企业以及产业集中度低、资源分散等因素，导致河南省绿色建材企业吸纳高端创新人才的能力也十分有限，缺乏人才培育、成长的空间，进一步导致建筑卫生陶瓷等具

有一定基础的行业在高性能、高技术材料研发上表现疲软。

当前国家大力推动绿色建材行业发展，实施绿色建材下乡，以及推动新型城镇化建设，河南省必须找准方向加速延链补链强链。一方面，淘汰落后产能与优化集群分布并行，支持通过兼并重组等各种方式，提高陶瓷、防水等产业的集中度，推动防水、密封等产业集群创新发展，将地域品牌优势转变为产品竞争优势，加快高耐候、冷施工、多功能和自修复型防水材料的研发创新，创新性地构建一批影响力较大的绿色建材"豫军"品牌。对于兰迪玻璃等具备发展潜力与创新实力的优质大中型企业，在研发创新、首次公开募股（IPO）等方面给予政策帮扶，培育链主企业，引领所在行业上下游高质量发展。另一方面，强化推广应用，以需求带动供给端改革。推广"绿色采购、绿色建材、绿色建造、绿色建筑"一体化发展的"四绿模式"，率先从政府采购工程项目着手，应用绿色建材全系列产品，把握国家政策红利，在广阔的农村市场提高绿色建材的应用比例。

第九节　绿色建筑产业链

近年来，在绿色低碳发展大背景下，绿色建筑产业迎来重要的战略机遇期与加速扩展期，特别是装配式建筑，作为绿色建筑的基本载体，随着绿色建筑概念兴起而同步推进快速发展，具有巨大的增长潜力。

一、绿色建筑产业链简介

绿色建筑是完整周期内秉持资源节约、环境友好、减少污染、绿色低碳等原则，为人类生产生活提供高效、健康、适用的空间，最大限度实现人与自然和谐共生的高质量建筑。绿色建筑产业链是比绿色建筑材料产业链内涵更为丰富的概念，上游主要是科技服务业，包含绿色建筑的规划设计、现场勘查检测、相关的认证服务以及新技术、新方法、新设备研发；产业链中游为绿色建筑制造业，包括工业制造、设备制造、绿色施工等；产业链下游主要是配套服务业，多指为绿色建筑载体开展的运营管理和综合服务。

装配式建筑从概念和内涵上来看,属于绿色建筑产业链的一部分,相对完整自成体系,是绿色建筑的重要实现方式。不同于传统建筑将一砖一瓦各种材料运至建造现场,进行室外施工作业的模式,装配式建筑将传统建造方式中大量现场作业进行分解,分项转移到各类工厂内部进行,有各个工厂加工制造专业的建筑用构件和相关配件,运至建筑施工现场,通过可靠的连接方式在现场直接进行装配安装。装配式建筑采用标准化设计、工厂化制造、装配化施工,克服了传统施工现场温度、湿度等天气因素干扰,在绿色建筑框架下进行生产,减少对施工现场的粉尘与污染排放等环境影响,将建造房屋用现代工业技术进行流程重塑,符合现代化工业发展要求。装配式建筑按预制构件的形式和施工方法分类,可分为砌块建筑、板材建筑、盒式建筑、骨架板材建筑及升板升层建筑等类型;按照材料结构分类,可分为装配式混凝土体系(PC)、装配式钢结构体系、装配式木结构体系。

二、绿色建筑产业链国内外发展简况

绿色建筑产业在国外起步较早,以日本、新加坡、美国、澳大利亚、英国、法国等为代表的西方发达国家,产业链已经进入成熟完善阶段,根据河南省工信厅调研公布数据,美国与欧洲住宅产业化的程度超过50%,日本则高达70%以上。

我国在2006年颁布《绿色建筑评价标准》,形成绿色建筑认证体系——"中国绿色建筑三星认证",2008年住房和城乡建设部科技发展促进中心成立绿色建筑评价标识管理办公室,正式开展标识评价,初期市场发展较慢,根据国家住建部统计数据,2008年全国仅有10个项目获得绿色建筑标识,2020年累计达到2.47万个,年平均增长率91.75%。随着绿色建筑概念普及,工业化水平不断提高,劳动力成本不断上升,国家政策开始大力引导装配式建筑,并将装配式建筑作为绿色建筑的重要方式和产业主体大力推进。2015年,住房和城乡建设部发布了《工业化建筑评价标准》,决定2016年全面推广装配式建筑。2016年国务院办公厅出台了《关于大力发展装配式建筑的指导意见》,要求要因地制宜发展装配式混凝土结构、钢结构和现代木结构等装配式建筑，并提出力争用 10 年左右的时间，使装配式建筑占新建建筑面积的比例达到 30% 的目标。随后与此相关的经济政策、标准规范陆续出台，建设试点示范项目，培育装配式建筑示范城市和产业基地等工作有序开展。2020 年 7 月国家发布《绿色建筑创建行动方案》，提出大力发展钢结构等装配式建筑，新建公共建筑原则上采用钢结构。2022 年 3 月住房城乡建设部《"十四五"建筑节能与绿色建筑发展规划》中提出，预计 2025 年全国新开工装配式建筑占城镇当年新建建筑面积比例将达到 30%。

受到政策引领与市场驱动的双重影响，2015 年至今，我国装配式建筑产业快速实现规模集聚化发展，基本形成从研发、装备制造设计到生产、施工、运输物流、装修运维等全流程在内的完整链条。根据住房城乡建设部统计数据，混凝土结构装配式建筑是我国近年来主要的发展形式，在装配式建筑中占比约为 2/3，钢结构约为 1/3，木结构及其他装配式建筑类型占比很小。截至 2022 年底，全国已培育 48 个国家级装配式建筑示范城市，328 个国家级装配式建筑产业基地，以及 908 个省级产业基地。装配式建筑构件生产企业共有 2493 家，其中混凝土预制构件企业 1261 家，钢结构构件企业 1122 家，木结构构件企业 110 家。以上海、北京、浙江、广东等为代表的京津冀、长三角、珠三角地区发展较快，是重点推进地区，常住人口超过 300 万的其他城市为积极推进地区，其余城市为鼓励推进地区。2022 年上半年，全国新开工装配式建筑占新建建筑面积的比例约为 25%，总面积累计达到 24 亿平方米。

三、河南装配式绿色建筑产业链的优势

近年来国家大力发展绿色建筑，鼓励提高装配式建筑占比，河南省也及时出台相关政策，2017 年就曾印发《河南省人民政府办公厅关于大力发展装配式建筑的实施意见》及一系列相关配套政策，有效推动以装配式建筑为代表的绿色建筑产业快速集聚发展，《河南省绿色建筑条例》也从 2022 年 3 月 1 日开始实行，明确提出县级以上人民政府应当加强绿色建筑科技研发、推进装配式建筑等新型建筑工业化发展、绿色建筑优先采用绿色建材等，并对绿色建筑的运行做出具体要求，逐步培育形成从原材料供应，到研发设计、生产施工、建筑服务、运维等

在内的完整绿色建筑产业链，对广泛带动相关产业发展，以及拉动全省经济增长起到了重要作用。

根据河南省工业和信息化厅调查统计数据，截至 2022 年底，在产业链前端设计环节，河南省拥有郑州大学综合设计研究院与机械工业第六设计研究院 2 家专业设计单位以及 5 家科研单位，以及一批装配式设计企业，业务范围涵盖混凝土预制件、钢构件、装饰墙板、装配式施工、设计、辅件等各个领域。15 家骨干设计企业 2022 年完成装配式建筑设计项目 112 个，其中混凝土预制装配式（PC）建筑 84 项，总建筑面积将近 600 万平方米。PC 构件深化设计大多数由河南省本土设计单位承担，小部分由上海天华、天津天友等外省企业承接。在产业链中游生产制造环节，河南省郑州、新乡、洛阳等地广泛分布了一批装配式建筑生产及相关企业，中建七局、河南天丰等 13 家企业获批为"国家装配式建筑产业基地"，拥有郑州中建七局、郑州一建、郑州五建、泰宏集团、省一建（PC）、洛阳中电建（PC）、筑友（PC）、安华（PC）、环升（ALC 墙板）、鸿路钢构（钢结构）、六建（钢结构），新乡新蒲远大、现代建构（PC）、三五绿建科技（轻钢）等核心企业，生产产品涵盖混凝土构件、钢构件、整体厨卫、装饰墙板等各个领域，各种构配件产能满足省内市场建设需求。郑州与新乡是"国家装配式建筑示范城市"，安阳、新乡、商丘和济源是"住房城乡建设部钢结构装配式住宅建设试点城市"。在建筑建设施工环节，政府主导项目起到了重要的引领示范作用，带动装配式建筑的新开工比例不断提高，如省直人才公寓等重大项目，万科、碧桂园等大型房地产商也积极在河南开展装配式建筑项目。

四、河南省绿色建筑产业链存在的不足及应对措施

2022 年河南省城镇化率为 57%，比全国城镇化率低，正处在新型城镇化加速提升期，加之国家大力发展绿色建筑产业，鼓励提高装配式建筑占比，未来将持续释放更大的市场需求，河南省需要找准问题，抓住机遇，尽快培育壮大以装配式建筑为主的绿色建筑产业链。

目前存在的问题主要集中在两点：一是标准化建设不到位，协同发展程度低。河南省各个地区在构配件、建筑等方面缺少全省统一的设计、生产、施工标

准，不同地区与企业之间的产品均存在差异，通用化程度低，致使生产线利用率不高，产业链上下游对接不畅，零散配套现象严重，不能利用全省统一大市场，发挥规模效应。内部重点推进地区与鼓励推进地区之间的执行标准也差异较大，项目施工建设水平参差不齐，装配率等重要指标均未明确确定，随着发展不断深入，将进一步制约协同提升效率。二是规模化程度低，发展要素支撑不足。目前河南省郑州、新乡、洛阳等地区的构配件设计、生产企业较为集中，其他地区相关企业零散分布，规模偏小，创新能力不强，对于前沿性智能化产品、一体化装饰装修、木构件等环节涉足很少甚至存在空白。产业竞争力较弱也进一步加剧高端专业技术人才紧缺局面。与湖南、上海、海南、广东、山东等发展更快、更好的省市相比，河南省缺乏装配式建筑专项财政资金，对产业链设计、生产等重要环节上的企业缺乏相应的奖补资金。

根据河南省绿色建筑产业链发展特点与存在的不足，需要着力从两点发力：一是建立省级层面一体化平台，加强标准化工作指导。完善顶层设计，健全装配式建筑构配件生产、项目立项、规划设计、图纸审查、报批报建、竣工验收等环节的标准化制定与实施，对重点推进地区与鼓励推进地区进行更加全面统一的分类指导。发挥国家开发银行河南省分行、中原银行战略合作伙伴等资源优势，引导第三方社会资本进入绿色建筑行业，依托一体化平台，探索建立政府引导、市场主导的"装配式建筑发展专项资金"等。二是着力补齐短板缺失环节，扩大全产业链规模。绿色建筑装修环节附加值较高，但河南省这一领域仍然基本处于空白，针对装配式建筑的智能家居配套企业也较少，需要充分发挥市场规模优势，坚持本土培育与外地引进并重，深挖本土企业的发展潜能，同时开展精准招商，有的放矢壮大集群规模。

第五章　新能源汽车产业链

　　汽车产业是除房地产业之外，典型的产业链条长、规模体量大、带动能力强的产业，也是制造业最具代表性的产业之一，特别是新能源汽车这一重要分支，跨度范围广，融合领域多，符合绿色低碳背景下全球产业发展的大趋势。2020年国家发布"双碳"战略，同年《新能源汽车产业发展规划（2021—2035年）》指出，新能源汽车是我国从汽车大国迈向汽车强国的必由之路，是应对气候变化，推动绿色发展的战略举措，再掀新能源汽车发展高潮，新能源汽车成为具备一定汽车工业基础的各个地区竞相布局的重点赛道，也是河南着力发展的万亿级产业集群之一。

第一节　新能源汽车产业链简介

　　《国民经济行业分类》（2019修改版）（GB/T 4754-2017）将新能源汽车定义为采用新型动力系统，完全或主要依靠新型能源驱动的汽车。新能源汽车采用非常规的车用燃料作为动力来源，或采用新型车载动力装置，根据驱动方式不同，主要可以分为混合动力汽车、纯电动汽车与燃料电池电动汽车三大类。

　　产业链上游主要是原材料及零部件，电池、电机、电控、底盘等车身相关零部件，以及电子电力元器件。其中动力电池作为新型能量存储与转换装置的基础单元，是新能源电池上游最为核心的零部件，又分为锂电池与氢燃料电池（镍氢电池），原材料复杂，研发难度较高，是核心技术密集环节。例如，锂电池涉及正极材料、负极材料、隔膜材料、电解液等，其中正极材料涉及镍钴锰三元材料、锰酸锂正极材料、磷酸铁锂正极材料等，锂电池负极材料涉及人造石墨、天然石墨、硅碳负极等，每一项原材料都存在进一步的细分空间，锂电池隔膜则是锂电池关键的内层组件。在电机与电控系统上，新能源汽车以电机驱动代替燃油机，而无需自动变速箱，技术相对成熟，目前主要有直流电机、交流异步电机、永磁同步电机以及开关磁阻电机，并对应不同的电控方式。

产业链中游则是纯电动汽车、增程式电动汽车、混合动力汽车、燃料电池电动汽车、氢发动机汽车等各类新能源汽车的整车制造，也可分为商用车、乘用车、专用车的整车制造。

产业链下游主要是充电环节及市场服务环节，充电服务包含建设充电桩、换电站及电池回收等，市场服务包含汽车保险、汽车金融、汽车租赁、维修保养等一般概念上的服务。

第二节　中国新能源汽车产业链发展简况

随着全球不断深入推进节能降碳，新能源汽车驶入高速发展的快车道，中国在政策与市场的双重作用下，新能源汽车快速渗透，多年来产销量稳居世界首位，成为全球最大的新能源汽车市场，并在新能源汽车新赛道上搭建起相对完善领先的产业链。

一、领先全球进入规模扩张爆发期

根据对新能源汽车产业链的分析，新能源汽车所需各种零部件数量与传统汽车相比大为下降，整车环节的重要性也大为降低。传统汽车最重要的环节是发动机，发达国家的传统车企已历经百年发展历程，积累了众多的经验技艺，而新能源汽车最核心的环节是由电池、电机、电控组成的"三电"系统，特别是动力电池所占比重最大，核心环节的重要转换在很大程度上削弱了发达国家传统车企的优势，为我国在汽车工业赛道上弯道超车创造了条件。根据 EV Volume 与智研咨询提供的数据，中国新能源汽车经过蓄力，从 2019 年之后驶入腾飞"快车道"。2020~2022 年，新能源汽车持续呈爆发式增长，2021 年销量同比增长 157%，2022 年产销量分别为 705.8 万辆和 688.7 万辆，产销量同比增速均高于 90%，市场占有率达到 25.6%，提前完成国家在《新能源汽车产业发展规划》中制定的 2025 年的阶段性目标。其中 2022 年全球电动汽车销量达到 1052.2 万辆，同比增长 55.47%，中国新能源汽车销量占全球销量的 65.45%，全球每销售 10 辆新能源汽车，有 6 辆是在中国完成；目前，德国、法国等 6 个具有代表性的国家新能源汽车渗透率刚刚达到 20%，美国仅为 6.9%。中国遥遥领先的新能源汽车产销量，以及较为擅长的大规模制造能力，使全球新能源汽车产业链 60%~80% 留在中国境内，锂电池、电解液、隔膜材料等环节 60%~80% 的市场份额掌握在中国公司手中。截至 2022 年底，全国新能源汽车保有量达 1310 万辆，占汽车保有总量的 4.10%，其中，纯电动汽车保有量为 1045 万辆，占新能源汽车保有总量的 79.78%。

2017~2022 年中国新能源汽车销量与渗透率如图 5-1 所示。

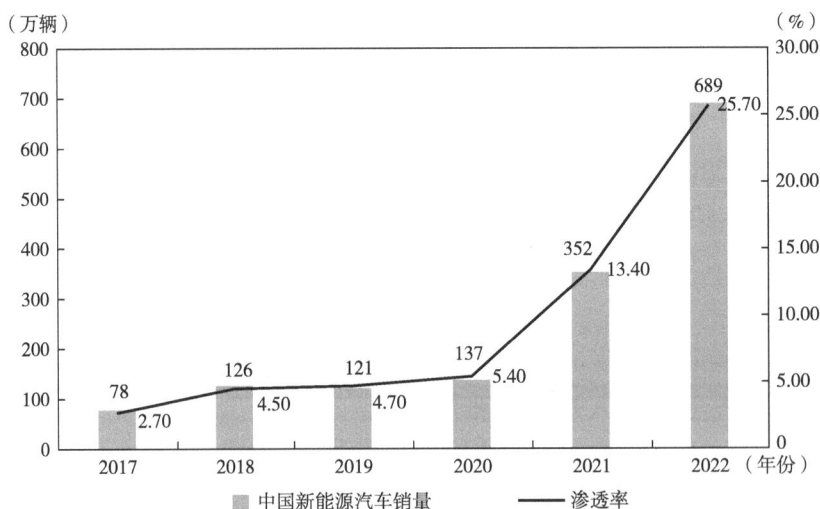

图 5-1 2017~2022 年中国新能源汽车销量与渗透率

资料来源：笔者根据智研咨询数据整理。

二、市场整体自主占有份额较高

新能源汽车产业链的特性决定了中国作为汽车工业后入者具有弯道超车的巨大可能，中国迅速把握住机遇，在绿色低碳发展的时代节点选择切入，充分发挥大规模制造的体量优势与中国广阔的市场空间，迅速培育成长起来一批具有全球竞争力的龙头企业，并在各个关键环节带领中国新能源汽车不断前进。产业链上游需要镍、钴、锰等各种关键原材料，我国有赣锋锂业、华友钴业、江西紫宸、新宙邦等企业，动力电池制造有宁德时代、比亚迪、中创新航、兴发集团、天能股份、欣旺达等企业，电机及电控领域有比亚迪、太钢不锈、金田股份、精达股份、卧龙电驱、大洋电机等企业。产业链中游的整车制造环节，乘用车领域有比亚迪、上汽集团、北汽集团、小鹏汽车、蔚来汽车等；商用车领域主要有宇通客车、中通客车、安源客车等；专用车领域有宇通客车。产业链下游在充换电服务领域有特来电、星星充电、普天新能源、万城万充、粤鼎充、蔚景科技等；汽车维修养护领域有首汽租车、悟空租车、上汽通用、人保车险等。在这些龙头车企的带领下，目前我国新能源汽车市场主要由自主品牌主导，根据中国汽车工业协会公布的数据，我国自主品牌新能源汽车销量占市场总销量的比重较高，2022年销量排名前十位的企业，销量合计占新能源汽车总销量的69.4%，比亚迪、上汽与特斯拉分别占比30.2%、8.5%、8.4%。

三、动力电池关键环节引领发展

由电池、电机和电控组成的"三电"是新能源电动汽车的动力系统，作为关键环节的内部构件，纯电动汽车的动力系统占到全车成本的50%，其中动力电池约占到38%，是新能源电动汽车最大的成本，与整车价格、续航里程、使用安全密切相关，也是新能源汽车产业发展的命脉。近年来全球新能源汽车发展迈上快车道，带动动力电池需求量快速增长。2022年，全球动力电池装车量达到517.9亿瓦时，同比增长71.8%，动力电池领域技术门槛高，产业集中度也较高，全球排名前十位的动力电池企业装车量占比达到了91.5%，中国、韩国、日本分别占据全球前十强中的6家、3家、1家席位。在我国动力电池企业中，宁德时代在国内及全球都占据行业的绝对领先地位。我国的动力电池以三元电池和磷酸铁锂电池为主，2022 年三元电池单体和系统比能量分别达到每千克 300 瓦时和 200 瓦时，磷酸铁锂电池分别达到每千克 200 瓦时和 160 瓦时，新型成组技术、钠离子电池等也实现产业化应用。动力电池产业链条较为完备，动力电池正负极材料、电解液、锂电池隔膜等关键主材全球出货量超 70%，我国已成为全球最主要的锂电池隔膜生产地。我国在动力电池回收利用、材料再生等相关领域也进展迅猛，已累计建设 10165 个动力电池回收服务网点，同时受到新能源汽车快速发展、需求量大增的影响，国际上围绕钴等动力电池矿产资源的竞争也不断升级。近年来，宁德时代、比亚迪、中创新航等龙头企业持续在动力电池上游的矿产资源开发、电池回收利用领域加大投资力度，争取延伸产业链，占据发展新优势。

四、下游服务市场建设不断提速

在新能源电动汽车产业链下游两大部分中，保险、维修等运营服务与传统汽车具有相似性，已经发展得较为完备，充电设备与电动汽车同处于行业成长期，充电桩能够将电网电能转化为电动汽车车载蓄电池电能，相当于传统汽车加油站。毋庸置疑，充电桩作为加油站一样的存在，是新能源电动汽车产业链生态中的关键一环，但充电服务处于新能源汽车产业链下游环节，是随着新能源汽车产业发展而发展的全新市场领域，软硬件涉及的新兴范围较多，经营模式也需要重新探索。2020 年前，由于政策规划、建设标准等不完善、不充分，致使出现一大批"僵尸桩"，行业无序发展、盲目建设现象较为严重，在一定程度上影响了新能源汽车行业的整体进展。近年来随着新能源汽车补贴下降，政策扶持方向转向充电桩，相关标准也逐步清晰，2020 年充电桩被列为新基建的重要一环，政策补贴方向明确指向充电桩建设和运营，《关于进一步提升电动汽车充电基础设施服务保障能力的实施意见》等系列文件陆续发布，为充电市场的健康有序发展打开新局面。充电桩产业上游主要有充电模块、功率器件、线缆接口、充电枪等。产业中游分为充电设备制造、充电站建设、充电站运营，其中直流充电桩、交流充电桩、车载充电机设备制造领域的代表性企业有国电南瑞、许继电气、盛弘股份、科陆电子、森源电气等。充电站建设领域的代表性企业有国电南瑞、许继电气、奥特迅、科陆电子等。充电站运营又分为运营商主导、车企主导、第三方平台主导等方式，有特来电、星星充电、国家电网、蔚来汽车、广汽埃安、云快充等代表性企业。在当前新能源汽车快速发展的背景下，电动汽车充电桩行业吸引了一批具有互联网基因的企业、初创公司等社会资本参与，增加了国内充电基础设施行业的发展活力。根据智研咨询研究数据，2022 年我国新增充电桩259.3 万个，同比增速 97.1%，充电桩保有量达到 521 万个，其中公共充电桩179.7 万个（交流桩"慢充"数量为 103.6 万个、直流桩"快充"数量为 76.1万个），私人充电桩 341.3 万个。

五、新赛道引发各地竞相布局

当前全球汽车工业从燃油时代向新能源时代转型，我国引领全球新能源汽车发展，处于向电动化、智能化转型升级的新时期，全国新能源汽车产业链、价值链正在经历大范围重构。对于每一座万亿级城市而言，汽车动辄千亿体量的产业规模，以及产业链、价值链重构带来的新机遇，都是必须努力去摘取的产业"新果子"，持续吸引各个地区竞相加入新赛道，围绕汽车工业新一轮的产业分工进行战略布局，形成各具特色的发展格局。

首先，新能源汽车第一城的格局不断清晰。新能源汽车发展高峰，产能扩量，使得过去在燃油汽车时代存在感不强的城市闪亮出道，西安就是倚仗比亚迪的强势带动，乘时代东风腾飞的一匹"黑马"，背后是城市发展与车企的互相成就。2022 年，陕西汽车产量达到 133.8 万辆，以 66.9% 的增速排名全国第一，高速增长的核心动力在于新能源汽车，2022 年陕西新能源汽车产量达到 102 万辆，增速 272%，占到全省汽车产量的 76.2%。陕西在新能源汽车产业上的强势出道，主要来自西安比亚迪的贡献，2022 年西安市生产 101.55 万辆新能源汽车，约占全国份额的 1/7，甚至在当年取代上海成为全国新能源汽车第一城，带动汽车产业产值首次突破 2000 亿元。2003 年西安开始与比亚迪合作，推出一系列政策积极拥抱这家正在成长中的中国本土新能源车企，时至今日国内新能源汽车市场销量约 1/3 的份额被比亚迪占据，比亚迪也为西安跨入新晋汽车强市行列提供了强有力的支撑。2022 年西安的新能源汽车产能中，比亚迪占据了 97.9% 的份额，也占到比亚迪自身总销量的半数以上，换言之，高峰时期比亚迪半数以上的产量出自西安，这是西安能够在产量上超过上海的制胜关键。上海是传统的汽车工业强市，在新能源汽车发展上，与特斯拉深度绑定，2023 年依靠特斯拉，以及大众、非凡、智己等车型的综合拉升，截至 10 月，新能源汽车产量已经达到 102.85 万辆，超过同期陕西省的产量，反超 2022 年刚坐上"新能源汽车第一城"宝座的西安，西安在产量上被上海追上，与比亚迪在 2023 年上半年调整布局，增长中心暂时从西安转移关系密切。但在西安与上海围绕第一城火热竞争的同时，深圳低调入场，2023 年前三季度，深圳新能源汽车产量达 123.5 万辆，已经超过同期上海的 91.5 万辆与陕西的 72.3 万辆。深圳是比亚迪发展起步的大本营，此次比亚迪热销车型产地转移，使深圳成为与上海竞争第一城的有力对手。事实上，深圳在新能源汽车崛起的时代当口，具有深厚的发展内功，除比亚迪之外，还拥有腾讯、华为等一批智能网联赛道的链主企业，在新能源汽车产业链上也拥有多个细分龙头，贝特瑞在电池负极材料领域连续 9 年出货量全球第一。根据《2022 胡润中国新能源产业集聚度城市榜》，深圳综合指数超过上海、北京等地。

其次，全国各地多极新增长点日益崛起。比亚迪等新能源汽车企业的强势进击，除造就西安千亿级汽车产业之外，也转化成为常州、长沙等城市汽车工业快速发展的新旧动能转换动力。根据比亚迪已经公布的整体产能规划方案，其正在布局形成深圳、西安、常州、长沙、抚州、合肥、郑州等 10 个生产基地，在这场全国新能源汽车新版图中，更多中西部地区加速崛起。2022 年长沙、常州、合肥新能源汽车产量分别达到 44.72 万辆、34 万辆和 25.5 万辆，长沙拥有比亚迪、上汽大众、北汽福田等龙头车企，合肥有蔚来、比亚迪、大众，常州有理想汽车与比亚迪等。2023 年前三季度，长沙比亚迪生产新能源汽车 54.8 万辆，占全省的 91.3%，合肥产量为 34.5 万辆，占全省的 57%，常州比亚迪新能源汽车生产 13.23 万辆，占全市的 48.66%。除了拥有比亚迪这一共同因素，这三个地区也通过完善新能源汽车产业生态，抓住细分环节深耕布局等举措带动地区新能源汽车产业链能级不断提升。常州抓住新能源汽车产业链上动力电池这一核心环节，筑巢引凤集聚宁德时代、弗迪电池、蜂巢能源、中创新航四大巨头，从上游推动产业链向中下游发展，引入理想、比亚迪等整车企业，逐步实现整车产能占工业强省江苏 50%的辉煌成绩。2023 年上半年，常州新能源汽车与动力电池产业产值分别增长了 170.3%和 25.9%，对全市规模以上工业产值增长率的贡献分别达到 79.4%和 35.0%。长沙则是较早谋划，在 2009 年比亚迪产品线从乘用车向商用车拓展之际，就开启了合作之路，目前比亚迪已经是托举长沙成为中西部新能源汽车之都的绝对龙头企业。合肥通过强大高效的国有资本与一流的科创环境进行招商引资，吸引蔚来、大众安徽、比亚迪、江淮等一批整车制造企业与国轩高科、中创新航等关键配套企业，形成较为完整的产业链。

最后，传统汽车城市加紧入局新分工体系。当一批新兴地区在新能源汽车新版图上异军突起、大放异彩的时候，广州、武汉、郑州等传统汽车工业强市的发展空间则出现缩水，在挣扎中谋求新一轮的转型突破。广州汽车工业基础深厚，2000 年前后，日系"三巨头"本田、日产、丰田齐聚，奠定广州汽车工业的雄厚根基，彼时广州汽车工业产值约占到全市工业总产值的 1/3，传统燃油汽车优势绝对领先，使其在发展新能源汽车上瞻前顾后，在品牌战略上多为"油改电""1+N"，在快速洗牌的新赛道中显得增长乏力。受到新能源汽车冲击等因素影响，2023 年前 10 个月，全市汽车制造业增加值下滑 5.4%，规上工业也为负增长。为弥补短板，广州发布《广州市智能网联与新能源汽车产业链高质量发展三年行动计划（2022—2024 年）》，强化政策保障和带动力，并着力发展小鹏与广汽埃安两大优势品牌。汽车工业同样是武汉的第一大支柱工业，东风汽车则是武汉汽车工业的支柱企业，2022 年东风新能源汽车销量不尽如人意，渗透率比国内新能源乘用车整体低了 10 余个百分点，面对这一情况，东风汽车提出旗下自主乘用车主力品牌新车型到 2024 年实现 100%电动化等一系列战略目标，武汉也在同小鹏汽车、比亚迪等车企积极会面，寻求新的合作机会。新能源汽车比重较小，产能利用率低，也是郑州这一中部车城的突出困扰，在同比亚迪正式合作之后，郑州比亚迪重大项目实现 37 天内开工，17 个月投产的落地速度，显示了郑州转型拥抱新能源汽车的渴望与决心。

六、燃料电池汽车加速萌芽探索

燃料电池汽车主要是指氢燃料电池汽车，氢燃料电池汽车无需充电，氢气经由贮存和供应系统进入燃料电池系统，通过氧化反应产生电子和质子，将氢气与氧气转化为电能，即将燃料所具有的化学能直接转换成电能，从而驱动汽车行驶运行。氢燃料电池汽车是新能源汽车的另一条相对独立的产业链条，燃料电池也是氢能利用的重要形式，具有充氢速度快、排放无污染等优点，发展潜力巨大，但是由于氢气生产和储运环节难度大，价格昂贵，氢燃料电池技术复杂，寿命和稳定性等关键技术环节仍待优化，全球氢能基础设施建设较为缓慢，仍以政策驱动、试点发展为主。日本与韩国等是全球燃料电池汽车发展的先驱者，特别是日本拥有更多的氢能利用技术专利。整体上目前燃料电池汽车在各类新能源汽车中比重较低，占全球新能源汽车的使用量不足1%，在我国也属于各地提前布局的未来产业。根据中国氢能联盟研究院统计数据，2022年底全球燃料电池汽车保有量达到6.7万辆，同比增长36.6%，全球在营加氢站数量为727座，同比增长22.4%，其中我国氢燃料电池汽车保有量为12682辆，累计建设加氢站358座。

燃料电池汽车产业链上游是氢气供应，包括氢气的生产、储存、运输等。目前我国氢气生产以灰氢方式为主，通过化石燃料，采用天然气蒸汽重整、煤气化等工艺制取氢气。蓝氢和绿氢属于清洁制氢，存在较大的发展替代空间，代表未来氢气的生产方向，但是关键核心技术有待进一步突破，在规模与成本上寻求到更优点，这也是全球氢气生产面对的共同课题。中国主要制氢企业有和远气体、潞安环能、中国石化等。

燃料电池汽车产业链中游是制造燃料电池的关键原材料、关键部件以及燃料电池系统的集成制造。燃料电池系统是燃料电池汽车的动力系统与核心环节，根据业内测算，燃料电池系统约占燃料电池汽车成本的60%，比电动新能源汽车电池所占比重更大。燃料电池系统主要由电堆和辅助系统构成，燃料电池电堆是燃料电池系统的核心，占比最高，超过40%。燃料电池电堆由膜电极、电催化剂、气体扩散层、双极板、集流板、密封圈、端板等关键部件组成，最为核心的是膜电极，膜电极是质子交换膜燃料电池发生电化学反应，传递电子和质子的场所，由质子交换膜、催化剂、气体扩散层共同构成；气体扩散层是支撑催化剂，同时为电极反应提供水、电等通道的场所；双极板则均匀分配气体、排水、导热、导电，主要有石墨双极板、金属双极板、复合双极板等。国内质子交换膜制造、膜电极制造企业主要有东岳集团、南都电源、三环集团、鸿基创能、唐锋能源、武汉理工氢电等。辅助系统是氧气循环泵、氧气喷射装置等，国内该领域主要有雪人股份、汉钟精机、南方德尔、济南思明特、浙江恒友等企业。

燃料电池汽车下游则是整车制造销售与加注等服务。已经出现的燃料电池车辆有乘用车、客车、中重卡、物流车、有轨电车、叉车等，但受到目前氢能储运环节技术、材料等方面的限制，燃料电池汽车主要是中重卡、物流车、有轨电车、大型商用等固定用途汽车在特定场景下使用。燃料电池整车销量较高的企业有宇通客车、北汽福田、飞驰汽车、上汽大通等。

综合来看，氢燃料电池汽车续航里程长、加注时间短、能源零排放，且适应极寒地区，与电动汽车特性不同，未来在一定领域内具有较大的发展潜力。氢储运技术和燃料电池技术是限制燃料电池汽车大量推广的瓶颈，高性能且安全稳定的储氢材料、具有良好性价比的催化剂、双极板材料等有待突破。国内燃料电池汽车的关键部件主要依赖进口，随着国家鼓励氢能产业发展，汽车行业的龙头企业也加快研发攻关步伐，北汽新能源、长安汽车、吉利汽车等已推出自主研发的氢燃料电池汽车并小批量生产销售，蔚来、小鹏等除电动汽车主业之外，也在积极布局发展氢燃料电池汽车。

第三节　河南新能源汽车产业链的优势

经过多年发展，我国新能源汽车产业产销量、保有量连续八年居世界首位，正在由政策驱动型向市场驱动型逐步转变，新能源汽车因其独特的动力系统和组织架构，在全国范围内掀起一场新的产业分工变革，新的产业赛道孕育无限新的可能，许多老工业基地依然占有一定优势，在造车行业名不见经传的后发地区也抓住风口弯道超车。河南近年来也积极谋划，力争在新能源汽车领域收获更大进展，推动形成新的强势带动增长点，经过长久的布局与发酵，新能源汽车产业链取得了较为显著的成效。

一、政策体系设计逐步完善

河南较早关注到新能源汽车这一新兴行业并出台政策鼓励发展，近年来随着风口变大，新能源汽车发展驶入快车道，河南密集制定出台实施了一系列政策，为新能源汽车产业发展注入了强劲的政策引领力。早在 2010 年，河南就曾依据自身在动力电池核心零部件、整车集成技术、研发体系等方面的产业基础，出台《河南省电动汽车产业发展规划（暂行）》，提出打造国内有重要影响力的关键零部件生产中心、打造我国重要的电动汽车研发中心等发展目标。之后又根据实际发展情况在 2016 年出台《河南省人民政府办公厅关于加快新能源汽车推广应用及产业化发展的实施意见》。最近几年，越来越多的新政策关注到新能源汽车的全产业链问题，从产业布局、技术升级、协作配套、购买补贴等各个层面着手，建立了良好的政策生态体系。2022 年 5 月，河南省出台《关于进一步加快新能源汽车产业发展的指导意见》，明确提出到 2025 年，河南新能源汽车年产量突破 150 万辆，占全省汽车产量的比例超过 40%，努力建成 3000 亿级新能源汽车产业集群和具有全国影响力的新能源汽车产业基地的目标，并确定了"以郑州为中心发展整车、产业基础较好的地方重点发展配套产业"的总体布局，以及"做大整车、做强配套、做优服务"的三大主攻方向。2022 年 7 月，注册资本 30 亿元的河南省汽车产业投资集团有限公司成立，同期负责统筹推进全省新能源汽车产业发展的河南省新能源汽车产业发展领导小组成立。新能源汽车产业链推进专班研究起草了《河南省培育壮大新能源汽车产业链行动方案（2023—2025年）》和"四图谱六清单"。2023 年 5 月，河南省汽车产业投资集团发起总规模 150 亿元的首只产业基金——河南省中豫新能源汽车产业基金合伙企业（有限合伙）完成备案，将在推动新能源汽车领域重大合作项目落地等方面发挥重要作用。2024 年第一季度经济"开门红"政策中，河南针对新能源汽车发布措施，鼓励汽车生产企业让利促销，支持各地对在省内新购汽车的消费者按照购车价格的 5% 给予补贴（最高不超过 10000 元/台）。

郑州作为河南汽车工业发展的排头兵，在瞄准新能源汽车产业发展前沿，制定相关产业政策上积极行动。《郑州市"十四五"战略性新兴产业发展总体规划（2021—2025 年）》明确提出，鼓励上汽集团、东风集团等龙头企业发挥带头作用，调整产品结构，布局生产畅销新能源车型，加快推进比亚迪乘用车项目建设，支持各个重点企业加强合作提高产能利用率等。2022 年 6 月，郑州重磅出台《关于加快新能源及智能网联汽车产业发展的实施意见》，提出坚持"整车+零部件"产业协同发展，以纯电动汽车、燃料电池汽车和智能网联汽车为重点，积极构建"汽车+"新型汽车产业生态体系，到 2025 年力争全市新能源及智能网联汽车产能超过 100 万辆，动力及燃料电池产能达到 15 万套，驱动电机及控制系统产能达到 10 万套，新能源及智能网联汽车产业产值年均增长 20% 以上的总目标。2023 年出台的《关于金融支持新能源汽车产业链高质量发展的意见》进一步强化保障，政策组合拳密集出击，郑州正朝着"打造全国最大新能源汽车生产基地"的目标奋力前进。

二、汽车产业基础支撑有力

河南传统汽车产业具备一定实力，为发展新能源汽车奠定了良好基础。截至 2022 年底，河南拥有规模以上汽车及零部件企业 600 余家，汽车产业整体规模 2600 亿元左右，根据《道路机动车辆生产企业及产品公告》，省内拥有以郑州宇通、上汽郑州、东风日产、开封奇瑞等为代表的汽车整车生产企业 17 家，专用汽车生产企业 146 家，形成完整的研发制造体系，产品类型涵盖客车、SUV、MPV、轿车、载货车、专用汽车、微型客车等众多品种。郑州、开封、洛阳、焦作、新乡、南阳、许昌、安阳等地集聚了一批优质的整车制造企业和众多零部件骨干生产企业，其中减振器、传动轴、水泵、气缸套、凸轮轴、线束、动力电池等 10 多种零部件产品产量位居全国前列。

郑州是河南汽车产业的核心集聚区，也是发展新能源汽车的重要引领区。郑州汽车工业在全省起步较早，2004 年就汇集宇通客车、郑州日产、少林客车三大品牌，汽车产业销售收入首次突破百亿大关，2007 年又引入海马汽车，对轿车、发动机的空白领域进行补链，2000~2008 年，郑州市汽车产量年均增速超30%，高出全国平均水平 10 个百分点以上。2017 年，郑州继续引进上汽相关企业，上汽一期整车工厂、二期整车工厂、发动机工厂，以及上汽（郑州）数据中心、上汽软件中心等相继落地，上汽在郑州发展得也越来越好，2023 年上半年，上汽乘用车郑州基地的产量已经近 20 万台。从郑州客车厂发展而来的宇通客车是河南本土汽车厂商，也是世界最大的客车生产企业，占全国 30% 的份额，一直是河南汽车工业的一张闪亮名片。面对新能源汽车新赛道，郑州在"双龙头"带领下积极寻求转型突破，并成功连线新能源汽车链主企业比亚迪，为新赛道"弯道超车"注入强劲动力。

开封、洛阳、驻马店等地区呈现错位布局、协同发展的良好态势。奇瑞河南自 2010 年在开封注册成立以来，已经具备年产 30 万台的整车制造能力，是开封工业龙头企业的第一纳税大户，有效带动亚普汽车部件（开封）有限公司、开封武秀汽车配件有限公司等 30 多家上下游、零部件企业落户开封，并在省内进行产业链配套协作，目前奇瑞河南有将近 20% 的配套企业出自河南本土，如洛阳的中航锂电、鹤壁的天海集团等。洛阳作为制造业基础较为雄厚的工业城市，汽车工业也具备一定的特色优势。中国一拖集团有限公司诞生过新中国第一台拖拉机、第一辆军用越野载重汽车，目前已形成以农业机械为核心，同时涵盖动力机械、零部件、商用车等多元产品在内的大型装备制造企业集团，累计向社会提供了 340 余万台拖拉机和 260 余万台动力机械。洛阳中集凌宇汽车有限公司是一家有 60 多年发展历史，具有较高技术研发水平和较强领域内话语权的专用车制造企业，具备年产 2 万台汽车的产能。驻马店中集华骏车辆有限公司也是中集集团的成员单位，作为著名的改装车生产基地，公司主要生产半挂车、自卸车、厢式车、车辆运输车、特种作业车等产品，具备年产 5 万辆的产能。

三、新能源汽车产业链加速集聚

近年来河南依托自身的汽车工业基础，鼓励支持以宇通客车、郑州日产、奇瑞河南、上汽郑州、东风日产为代表的整车制造企业进行新能源汽车相关技术研发与产能布局，积极引进行业龙头企业、链主企业，并联合各个地区协同发展关键配套与零部件，取得了较为显著的成效。河南新能源汽车产业加速集聚，构建形成"原材料—核心零部件—配套—整车"的完整产业链，除以宇通客车为代表的新能源整车生产企业外，以多氟多为代表的电池原材料生产企业，以许继电气为代表的配套设备制造商，均在全国各自领域中具有较为突出的领先优势。2022 年，河南新能源汽车整车产量已经达到 8.7 万辆，同比增长 32.2%，占到全省汽车总产量的 14.8%，其中新能源乘用汽车 5.2 万辆，同比增长 32.8%，出口 1.5 万辆，同比增长 343.1%。宇通重工新能源环卫车的国内市场占有率为 28.5%，位居行业第一位。

支撑河南新能源汽车产业链加速集聚，并有望实现整体快速腾飞的背后，是一个个龙头企业、重点项目相继落地。2022 年计划总投资 85 亿元的宇通集团新能源商用车基地开工，预计到 2031 年可实现产值 300 亿元；2022 年上半年，规划年产能 40 万辆的比亚迪郑州基地一期项目首车下线，同时规划年产能 60 万辆的二期项目已正式开建，在郑州新能源汽车产业基地，围绕打造以比亚迪为龙头的千亿级新能源汽车产业集群目标，航空港汽车城先后引进了中德隐形冠军企业示范园、日能集团、鑫鹏集团汽车配件产业园等重要项目。随着具备全产业链优势的比亚迪整车基地在郑州落户，也为酝酿多年起色较慢的"郑开汽车产业带"注入新的发展动力。2023 年开封市尉氏县在政府工作报告中明确提出将汽车零部件制造确定为主导产业，锚定整车+车身系统、底盘系统、内外饰+配套服务的"1+3+1"产业发展方向。尉氏县组建 4 个汽车零部件招商专班，围绕比亚迪配套企业大力开展招商活动，分赴西安、宁波、上海、芜湖四地，长期驻地招商，2023 年上半年签约了 16 个汽车零部件项目，其中宁波拓普、上海延鑫等 13 个项目已经落地。

四、动力电池关键环节突飞猛进

河南动力电池产业起步较早，具备较为扎实的产业基础和较为雄厚的研发实力，基本构建起从上游矿产资源开发、隔膜、电解液、正负极材料、电池芯等关键原材料的研发制造，到中游电池配套零部件、专用设备制造，再到下游应用以及电池检测、回收的完整产业链。产业主要分布在新乡、焦作、洛阳、郑州等地，集聚了一批动力电池领域的优势龙头企业，如中航锂电、多氟多、天力锂能、龙佰集团、易成新能、科隆新能、洛阳大生等，其余各地市也多有配套布局，一大批重大项目加速落地或在建，预计未来将持续释放更大产能与增长动力，带动河南动力电池产业迈上新台阶。2022 年 9 月，宁德时代参与投资，与洛阳市政府共建的中州时代新能源生产基地项目开工，项目首期总投资 140 亿元，预计三年建成投产，将在洛阳打造具有全国竞争力的 1000 亿产值新能源电池基地。2023 年 7 月，上汽集团郑州新能源动力生产基地动力电池项目在郑州正式启动，预计年产值将超过 100 亿元。2023 年 10 月，由中国平煤神马集团、河南省汽车产业投资集团、英诺贝森储能科技（河南）有限公司、平高电气、平顶山发展投资控股集团五方共同投建，总投资 100 亿元，年产 60GWh 储能及动力电池项目在郑州签约，预计达产后年产值可达 400 亿元。

焦作在锂电池新材料产业上具有明显优势，依托多氟多、和兴化学等多个龙头企业，形成正极、负极、电解液和导电炭黑 4 大板块，打通从基础化工原材料到动力电池制造的全产业链，特别在电解液、正负极材料多个细分行业上占据国内外主导优势。多氟多新材料自主研发创新突破六氟磷酸锂，在国内市场占有率超 30%，国际市场占有率超 20%，产销量位居全球第一；和兴化学生产的锂离子电池专用导电炭黑，在国内市场占有率为 40%，国际市场占有率为 18%，产销量居全球第二，全国第一。依托上游优势，焦作市不断向中下游延伸，多氟多新能源、河南凯瑞等加速布局新能源汽车三电系统，多氟多新能源三元软包锂离子电池装机量国内第二，全省第一。目前，焦作市锂电子电池新材料产业集群规模已达到 300 亿级，亿元以上龙头企业 20 余家，并提出"十四五"时期打造千亿级锂电新材料产业集群的目标。除焦作市之外，新乡、洛阳等地也在加速布局动力电池产业。新乡电池产业历史悠久，企业众多、配套完整，有"中国电池之都"的称号，近年来积极推动电池行业转型升级，锂电池产业呈现勃勃生机，拥有科隆新能、天力锂能、中科科技、科隆电源等优质企业与生产基地，2022 年 8 月本土企业天力锂能在深交所创业板上市，也是河南首家锂电正极材料上市企业。洛阳近年来先后引入宁德时代、深圳新星等企业加持实力，宁德时代重磅落户发展后，不仅能够打造千亿级新能源电池基地，还将带动上下游配套产业及相关服务业年产值近 2000 亿元，实现以宁德时代、洛阳钼业、中航锂电等为龙头的洛阳新能源电池产业集群能级的整体跃升。

五、智能网联、汽车电子等领域发展提速

新能源汽车作为新时代制造业的代表性产业链之一，从汽车机械到汽车电子、从传统制造到智能网联，跨界融合趋势明显，河南在智能网联、汽车电子等领域积极跟进汽车产业发展趋势，布局参与新产业链分工。智能网联汽车打破了汽车作为传统移动交通工具的概念，广泛利用人工智能、5G 通信、大数据、云计算等新一代信息技术，将汽车改造为功能强大的智能移动终端，代表未来汽车的发展动向。河南智能网联汽车产业基础良好，不仅拥有宇通客车、宇通重工、上汽郑州、文远知行、河南百度等智能网联行业骨干企业，具备智能网联客车、货车、乘用车研发、生产及测试服务能力，还拥有汉威、威科姆、华骏、拓普等 22 家知名物联网骨干企业，智能网联汽车基础平台较为扎实。2021 年河南省工业和信息化厅、公安厅、交通运输厅联合成立河南省智能网联汽车道路测试与示范推进工作小组，并修订完善《河南省智能网联汽车道路测试与示范管理办法（试行）》，科学规范并引领推动河南省智能网联汽车道路测试与示范应用工作开展。

郑州是全国建成首条商业化运营自动驾驶公交线的城市，率先实现无方向盘自动驾驶巴士开放道路运营，目前已在金融岛、东三环、天健湖等区域探索开展智能网联车辆的商业化运营，推动智能网联汽车由研发测试进入示范应用新阶段。2023 年 6 月，中国（郑州）国际智能网联汽车大赛举办，以"豫见智能驾驶，开创美好未来"为主题，搭建了一个全球智能网联汽车前沿展示、深入交流先进技术和创新应用成果的平台，也成为河南省智能网联汽车产业发展的新名片。2023 年 9 月，我国智能网联汽车领域首家国家级制造业中心——国家智能网联汽车创新中心项目签约仪式在郑东新区举行，将围绕信息物理系统、新一代自动驾驶平台、电子电器架构、算法、操作系统、功能安全、预期功能安全等前沿技术，以及计算、云控、信息安全等基础平台技术，系统部署建设国家智库、研发共性技术、搭建服务平台、营造创新生态、研发成果转化"五大战略任务"，

带领河南智能网联汽车产业进入新发展阶段。

汽车电子与智能网联汽车都拥有"数字基因",具有密不可分的联系。河南汽车电子产业集中分布在郑州、鹤壁等地,拥有天海集团、鹤壁航盛、海能达、中航光电、信大捷安等骨干企业。信大捷安在车规级安全芯片领域技术领先,市场占有率位居行业第一,其自主研发的 XDSM3276、XDSM3275、XDSM1505 等车规级安全芯片,为 5G-V2X 应用场景下车路协同提供了基础安全服务。中航光电的新能源汽车高压连接器业务连续两年实现翻倍式增长,2022 年营业收入达到158.38 亿元。鹤壁是河南省汽车电子产业高地,历经多年发展已形成了具有一定影响力的汽车电子电器核心产业集群,拥有规模以上企业 40 余家,培育出天海集团、航盛电子、天鹤模具、海昌智能等大批优秀企业,拥有 6 大类 1 万多个汽车电子电器品种,产业整体规模 150 多亿元,其中新能源产品占比提升至35%。天海电子作为行业龙头企业,主要产品是车用连接器、高低压线束、汽车电子等,尤其是连接器系列产品填补了国内多项空白。2022 年河南依托天海电子组建河南省新能源及智能网联汽车电子电器产业研究院,整合利用西安电子科技大学、北京理工大学等通信和汽车领域内顶级的高校专家智力资源,发明拥有自主知识产权的智能汽车数字钥匙系统等一系列创新产品。

六、氢燃料电池汽车初见成效

氢燃料电池汽车虽然目前在新能源汽车中占比较低,但是极具发展潜力,是全球各个国家和地区竞相布局的未来产业,符合新质生产力前进方向,目前全国已有 20 多个省份制定发布有关氢燃料电池汽车的政策规划。河南积极抢抓国家燃料电池示范应用机遇,近年来在氢燃料电池汽车领域取得了一定的发展成效,部分中高端与关键环节成功抢占发展先机。

首先,产业链逐步呈现集聚发展态势。河南近年来以郑汴洛濮"氢走廊"为重点,积极发展氢能产业,逐步构建起从上游氢气制备、储运到中游氢燃料电池制造和下游整车生产应用、氢气加注的完整产业链,初步形成以郑州、开封、洛阳、濮阳、新乡等地为支撑的产业格局。郑州市在整车生产、氢气储运和加注设备等方面具有一定优势,宇通客车作为龙头企业,已拥有生产制造氢燃料公交车、牵引车、渣土车、搅拌车等全系列产品的能力，在相关领域参与、引领制定标准45项，取得国家专利162项。正星科技在承建加氢站和提供运维保障服务方面优势明显，累计加氢服务车突破10万车次、加氢量突破1000吨。洛阳市积极布局双极板、电堆等环节，加快储氢瓶、氢燃料电池重卡、客车、专用车自主化、规模化生产。2022年9月，洛阳第一辆氢能源汽车下线，双瑞特装成功研发20兆帕运输用储氢瓶等产品。2023年5月，洛阳氢沄（河南）新能源科技有限公司发货40台氢燃料电池系统，与郑州宇通氢能源汽车协作配套。濮阳市围绕打造"中原氢城"，建成投产河南宗惠氢气高纯氢、国鸿氢能大功率燃料电池动力系统、中沁泰康氢燃料电池系统等项目，推动上下游集聚发展。2022年6月，首批"濮阳造"18吨氢燃料电池洗扫车完成交付。新乡市是省内最早提出发展氢能与燃料电池产业的城市之一，近年来围绕氢燃料电池核心产业链精准发力，打造氢燃料电池汽车产业生态圈，引进培育氢璞创能、豫氢动力、豫氢装备等企业，生产经营范围涵盖"制—储—运—加—燃料电池"等环节，实现了从无到有的突破。豫氢装备的加氢站和车载供氢系统关键部件90%实现进口替代，同时在全省率先成立高规格的氢能与燃料电池产业发展指挥部，设立了总规模达25亿元的氢能专项基金。开封市积极开展车载氢系统阀门、仪表和储氢瓶、石墨双极板氢燃料电堆等关键零部件的研发生产，亚普汽车车载氢系统高压阀门实现1.5万套/年的产能，奇瑞汽车交付多种氢燃料电池汽车65台。

其次，技术创新能力不断提升。河南依托龙头企业与行业优势，积极设立氢燃料电池相关创新平台，自主研发与引进吸收并重，在车载供氢系统、燃料电池整车等领域突破一批核心关键技术，处于国内领先地位。车载供氢系统方面，2021年豫氢装备河南省氢能装备工程研究中心获批，此后相继突破氢能装备重大关键技术。氢气加注系统预冷换热技术、70兆帕车载储氢系统集成技术等的开发及产业化，打破关键装备依赖进口的局面。燃料电池整车方面，宇通客车建成客车安全控制技术国家地方联合工程实验室，成立河南省氢能与燃料电池汽车产业研究院，研发的第三代氢燃料电池客车加氢时间为8~10分钟，续驶里程超过500千米，工况氢耗达4.3千克/100千米，经济性达到国际领先水平。2023年1月，华北水利水电大学机械学院与宇通客车股份有限公司、中钢集团郑州金属制品研究院股份有限公司合作成立的河南省氢燃料新能源汽车工程研究中心获批建设，有望在氢燃料电池、新能源车/船用动力、港航用重型新能源商用车/新能源船舶等方面取得新的技术突破。

最后，示范应用稳步推进。在技术创新能力不断提升、技术创新成果不断突破的基础上，河南持续推动客车、卡车、环卫等各类氢燃料商用车应用推广。2021年郑州牵头省内新乡、洛阳、开封、安阳、焦作5市和省外11市联合申报的郑州燃料电池汽车示范城市群获得国家批复，河南围绕示范城市群积极探索燃料电池汽车应用，形成带动示范效应。第一示范年度推广车辆675辆，建设加氢站25座，2023年1~5月，郑州城市群燃料电池汽车累计上牌76辆；在建加氢站19座。此外，宇通客车持续扩大示范规模，已在北京冬奥会、河南郑州、河北张家口、江苏张家港、山东潍坊等地累计推广610辆燃料电池客车，安全运行超4000万千米，宇通氢燃料重卡、环卫车相继投入使用。新乡为北京冬奥会氢能源车提供加氢保障，不仅建成华中地区第一条智能化氢燃料电池电堆生产线并实现规模化生产，还建成国内第一条镁基固态储氢装置生产线。

第四节　河南新能源汽车产业链面临的问题与挑战

河南新能源汽车起步并不算晚，但初期由于相关政策对于培育壮大新兴产业的引领力与创新力不足等因素，与已经在新能源汽车赛道上实现弯道超车的地区相比，在产业链规模性、集聚性、关键环节掌控性等方面都存在较大差距。但作为制造业领域最具代表性的产业之一，新能源汽车发展进程仍在持续纵深推进，产业链条洗牌不断加剧，河南入局并提升新能源汽车产业链能级的机遇和广阔空间仍然存在。

一、产业规模总体偏小

从整体产量上看，同国内汽车产业强省强市相比，河南省新能源汽车产量较低。广东、上海、吉林等是传统的汽车工业强省、强市，安徽、湖南、陕西也已经牵手龙头落地投产，进入产能集中爆发阶段。2022 年广东、上海、吉林、重庆、湖北、广西、安徽、陕西、浙江、山东的汽车产量位居全国前十。广东、上海、吉林、重庆前四位省、市超过 200 万辆，湖北、广西、安徽、陕西、浙江、山东均超过 100 万辆。2022 年河南省汽车产量为 55.31 万辆，但整车产量仅占全国的 2.2%，新能源汽车产量仅占全国总产量的 1.2%，虽已建成产线具有整车产能 159.4 万辆，其中乘用车 119.5 万辆，客车 7.7 万辆，载货车 32.2 万辆，但产能利用率偏低。从产业配套来看，一些核心零部件受限于技术或量产能力不足的影响，如变速箱、车桥、动力电池、驱动电机及控制器、电子控制系统、燃料电池电堆、车规级芯片、传感器系统等，多以省外采购为主。上汽郑州分公司等整车企业缺乏独立零部件采购权，零部件采购也多由省外供应，本省零部件企业难以进入其采购目录，省内汽车行业龙头企业中，宇通汽车零部件采购额省内占比最高，约为 43%，郑州日产为 39%，上汽郑州分公司为 13%。

二、行业竞争优势偏弱

依托宇通强大的专业实力，宇通客车全国市场占有率达到 30% 左右，郑州也是全球最大的商用客车生产基地，细分产业链条在国内国外都具有话语权，新能源客车、专用车等领域一直走在全国第一方阵，但乘用车与客车属于两个完全不同的领域，很难实现从容跨界，河南省在乘用车、商用车等新能源汽车主战场上存在技术创新、产品研发和市场开拓等方面的突出短板，距离产业提速扩能发展的目标和要求具有较大差距。一方面乘用车增长乏力。上汽郑州、东风日产、奇瑞汽车等河南老牌支柱企业受集团公司总部制约，在产品研发、车型调整、零部件采购、整车销售等方面缺少独立自主权，发展后劲不足。另一方面商用车需求不足。受经济形势影响，当前全球客车市场需求萎缩，宇通集团正在拓展新的增量市场，其新能源载货车具有较大增长潜力，但目前业务仍处于成长期，对本地市场的政策依赖性较强，转型发展能力和整体竞争实力需要一定周期才可以充分显现。同时其他部分企业面临生存危机，海马新能源生产经营面临困难，亟须寻找合作伙伴转向新车型。森源汽车、速达汽车等省内新能源汽车品牌也正处于探索成长期，缺乏持续的资金投入和专业的经营团队，在新能源新领域的长远规划与项目经营能力有待提升。

三、产业链关键环节缺失

过去几年中，河南省一直没有成功招引新能源汽车行业龙头型企业，缺乏大型龙头企业的强势带动，本土新能源汽车产业链集群发展不足，电子类、总成类、软件类相关环节缺失，也尚未培育出动力电池、电机、电控等领域的行业龙头企业，缺少具有竞争力的产品，无论是驱动电机总成，还是新能源汽车上急剧增长的小微型电机及电控，都是薄弱环节。车规级芯片方面，国产芯片应用比例普遍偏低，不同类别芯片应用占比普遍在 3%~20%，特别是大算力芯片自给率不足 10%、国产化率不足 5%，汽车产业链供应链的安全稳定性存在隐患。在燃料电池行业上，虽有重塑、亿华通等国内知名、技术领先的燃料电池电堆和系统生产企业，但在质子交换膜、催化剂以及氢气瓶所用的超强纤维等方面还存在尚未突破的"卡脖子"技术。

第五节　河南省培育壮大新能源汽车产业链的对策建议

新能源汽车产业链长，带动性强，涉及行业多，融合领域广，如今已经来到技术不断成熟、产业化应用迅速推进的风口期，目前全国各地围绕新能源汽车新赛道的竞争进入白热化阶段。纵观已经取得一定先发优势的地区，西安、长沙、合肥、常州等地都在主力车企或核心配套链主企业的带领下突出重围，为经济增长注入强劲动力。在这场围绕新能源汽车展开的区域竞争中，河南有基础有优势，亟待学习先发地区经验，克服短板实现弯道超车。

一、坚持招大引强，做优做大增量

一是要加快已落地重大项目建设投产，释放增长新动能。推动比亚迪郑州新能源汽车生产基地、比亚迪 40GWh 动力电池、上汽新能源二期、宁德时代 60GWh 动力电池等项目投产达产，迅速扩大产业规模，形成项目建设投资的示范带动效应。二是加强对接合作，招引行业龙头企业。发挥河南省市场规模优势与配套优势，积极与比亚迪、上汽、广州风神、奇瑞汽车等企业对接，争取增加畅销车型、中高端车型在河南省的生产投放力度。瞄准一线品牌、畅销车型、新兴车企等整车生产制造需求，与特斯拉、蔚来等龙头车企加强交流互动，推动与省内地市和车企在车型研发、股权投资、生产制造等领域寻求合作机会。三是扩大龙头效应，布局上下游配套企业链式集群发展。围绕已落地在建或已投产的重大项目，如比亚迪郑州新能源汽车生产基地、比亚迪动力电池项目、宁德时代洛阳新能源电池生产基地等，引导周边地区抓好上下游相关行业、关键零部件发展机遇，发挥龙头企业链主效应，积极对外开展以配套协作为目标的招商引资活动，在细分行业招引一批"专精特新"企业，稳步提高本地零部件配套比率。四是加速场景培育，挖掘潜在增量需求。用好河南省庞大的市场优势，以公共领域车辆全面电动化试点为抓手，积极拓展 B 端出行、城市物流配送、环卫、工程建设等应用场景，引导各地加快推广德力汽车、宇通商用车等企业优势车型，快速实现规模应用和示范效应。

二、盘活现有资源，释放存量价值

充分发挥河南省新能源汽车产业发展领导小组作用，统筹指导全省新能源汽车产业发展规划布局，引导各地立足现有的产业基础发展新能源汽车，推动形成优势互补、错位竞争、各具特色的产业发展新格局。一是充分利用现有产能，扩大产量规模。支持省内产能利用率偏低的企业加强开放合作，通过战略合作、兼并重组或联合研发、引入新技术、导入新车型等各种方式，尽快实现企业稳健经营和可持续发展。引导上汽郑州、郑州日产、奇瑞汽车、东风日产、宇通集团等生产经营良好的企业加速产品投放，进一步释放产能，稳步扩大市场份额。同时以国家进一步加强低速电动车管理为契机，鼓励德力汽车、森源汽车等省内新能源汽车企业积极研发生产新能源厢式物流车、微型乘用车等，瞄准车辆淘汰更新空档迅速占领中低端市场。二是用好政策工具，加大政策引导扶持力度。建议在用好用活国家、省、市层面现有政策和资金的基础上，研究设立省级新能源汽车产业发展专项资金，出台专项支持政策，鼓励企业加大研发投入、扩大整车销售、提高省内配套、支持关键零部件发展等，以真金白银支撑企业做大做强做优。

三、坚持创新驱动，注入攀升动能

一是要加强核心环节技术攻关。支持整车及零部件企业在整车集成、动力电池与燃料电池系统、关键零部件、智能化系统等领域加大研发投入，聚焦细分领域做精做强。依托多氟多、科隆新能源、平煤神马集团等省内骨干企业、重点企业开展高性能正极材料、高电压多离子正极材料、高能量硅碳负极材料等技术攻关，加快多氟多六氟磷酸钾电解质材料等项目建设，扩大关键原材料产量及市场占有率。二是要持续打造高能级创新平台。依托宇通客车实施高端电动客车技术平台及关键零部件研发制造能力提升等重大技术装备攻关工程。鼓励河南省汽车产业投资集团联合行业龙头、国内外一流产业智库、高校、科研院所等打造省内新能源汽车和智能网联汽车政策研究、共性技术开发及公共服务平台，围绕高科技概念车、智能座舱、智能线控等前沿技术开展产学研合作。三是要创新思路大胆施策。学习借鉴广东、上海等先发地区的先进经验以及陕西、安徽、湖南等中西部地区的后发赶超经验，在招商引资、沿链聚合、政策支持等方面谋求创新，进一步优化营商环境，完善河南新能源汽车产业创新生态。

四、保持前沿跟进，超前布局未来

一是加快发展氢燃料电池核心零部件，提高系统集成水平。依托河南现有基础优势与宇通客车、氢沄（河南）新能源科技有限公司、河南豫氢动力有限公司、河南氢璞创能科技有限公司、新乡骥翀氢能科技有限公司、中原内配集团股份有限公司、国鸿氢能、氢璞创能等一批骨干龙头企业，加快布局燃料电池电堆、膜电极、双极板、空压机、质子交换膜、催化剂、氢气循环系统等核心环节，推动石墨双极板、金属双极板、高性能膜电极等关键零部件本土产业化、规模化发展。力争突破100kW级别燃料电池系统，研发生产80~120kW系统集成，布局大功率氢燃料电池动力总成制造等，扩大氢燃料电池电堆产能，规模化量产氢燃料电池动力系统。二是扩大氢燃料电池汽车产能，建设燃料电池汽车应用示范高地。支持宇通加快研发量产氢燃料重卡、轻卡、皮卡等车型产品，推动一拖集团引入战略合作方建立智能氢燃料重卡生产线，加速实现氢燃料电池卡车自主化、规模化生产。推动省内上汽集团、奇瑞汽车等车企设计、开发、量产氢能轿车、氢能乘用车，提早扩大试产份额。围绕郑州燃料电池汽车应用示范城市群建设，拓展燃料电池汽车应用场景与应用规模。加快城际客运、旅游班车、接驳车等示范应用，推进燃料电池汽车在冷链物流、重型货车等相对成熟领域进行有序替代，打造氢能高速物流综合示范线。三是新建布局加氢站，完善燃料电池汽车基础设施。根据郑州示范城市群重点区域与重点线路燃料电池汽车推广应用需求，布局建设加氢站等基础设施。支持现有天然气加气站、加油站等进行扩容升级，探索建设一批集加油、加气、加氢、充换电功能于一体的综合加氢站。

第六章 电子信息产业链集群

电子信息产业是河南五大主导产业之一，历年来河南省委、省政府高度重视电子信息产业发展，2022年全省规模以上电子信息产业主营业务收入增长至7935亿元，五年复合增长率超过12%，规模位居全国第七，规模以上电子信息产业增加值占规模以上工业增加值比重达到8.5%，高于规模以上工业增加值增速11.6个百分点，对规模以上工业增长贡献率达到25.3%，集聚效应逐步显现，产业特色日益凸显，产品结构不断优化。为进一步突出重点强化主导作用，河南提出培育壮大新型显示和智能终端、智能传感器和半导体、光电、先进计算四条产业链，建设全国专用芯片和封装测试基地，打造中国（郑州）智能传感谷等一批特色产业园等目标，为确保河南到2025年建成全国新兴的万亿级新一代信息技术产业高地提供有力支撑。

第一节 新型显示和智能终端产业链

新型显示是基础性、战略性、先导性产业，与智能终端产业链连接紧密，两者在河南电子信息产业集群中规模占比最大。近年来随着新一代信息技术迭代更新，广泛应用于各种智能终端的新型显示技术快速演进，智能终端类型也更加多样化。

一、新型显示与智能终端产业链简介

从大众最为熟知的智能终端开始说起，日常生活中随处可见的智能手机、平板电脑、智能手表等都是智能终端，简而言之，智能终端是具有智能操作系统的嵌入式计算机设备，可自由连接外界互联网，能够下载、执行各种应用程序，拥有丰富的多媒体处理能力和人机交互能力。智能终端产业链上游包括芯片、显示屏/面板、传感器、摄像头、电池等硬件，以及大数据平台、操作系统、无线通信与充电技术等软件。产业链中游是智能手机、平板电脑、VR/AR 设备、智能手表、智能家居、车载智能终端、无人机等产品制造。产业链下游是线上、线下销售等市场环节。新型显示技术是指基于芯片及器件控制、使用新型光电子材料的图像高清再现技术，泛指 LCD（液晶显示器）、高世代 OLED（有机发光二极管）、AMOLED（主动矩阵有机发光二极管）、Mini/Micro-LED（微发光二极管）、QLED（电致发光量子点）、印刷显示、激光显示、3D（三维）显示、全息显示、电子纸柔性显示、石墨烯显示等技术。新型显示产业是典型的复合型高技术产业，覆盖化工、材料、半导体、光电子、精密仪器设备等多个行业，涉及液晶技术、薄膜半导体技术、电子技术、材料技术等多领域的上百种产品。新型显示上游包括清晰/镀膜、光刻/刻蚀、封装/检测等制造设备，液晶材料、玻璃基板、封装材料等核心材料，以及驱动 IC、电路板等关键配件；产业链中游包括 LED 面板、LCD 面板、OLED 面板等面板制造，以及背光模组、背光源、触控模组等模组组装；下游是手机、VR/AR 设备、智能家居、智能可穿戴设备等各类智能终端，可以这样理解，新型显示技术下游的主要应用就是智能终端。

从技术发展变革来看，新型显示与智能终端技术一直在快速更新迭代，最初是 CRT（阴极射线显像管）技术一统天下，CRT 技术广泛应用于 20 世纪八九十年代的主要电子消费品——彩电中，液晶技术的出现是对彩色显像技术的革新，也是新型显示技术演进历史上的颠覆性变革。世纪之交的时候，全球大多数国家都在进行 LCD（液晶显示）以及目前技术较为成熟且广泛应用于消费电子的 TFT-LCD（薄膜晶体管液晶显示）的技术研究与应用。LCD 的构造是在两片平行的玻璃基板当中放置液晶盒，下基板玻璃上设置 TFT（薄膜晶体管），上基板玻璃上设置彩色滤光片，通过 TFT 上的信号与电压改变来控制液晶分子的转动方向，通过控制每个像素点偏振光出射与否而达到显示目的。LCD 与传统 CRT 相比最大的优点在于耗电量和体积，对于传统 17 英寸 CRT 来讲，其功耗几乎都在80W 以上，而 17 英寸液晶的功耗大多数都在 40W 上下，在节能方面优势明显。

近年来，随着第五代移动通信、大数据、人工智能等新一代信息技术的出现，新型显示与超高清视频、柔性、传感、印刷电子等技术交叉融合，为满足数字时代和信息社会，多样化、智能化呈现信息以及进行人机交互的需求，各类新型智能终端大量出现，极大丰富了新型显示产品体系，也倒逼新型显示技术不断以柔性化、薄膜化、微小化、阵列化为发展方向，追求高亮度、低功耗、广色域、可柔性等优点。在这个大背景下，OLED（有机发光二极管）、印刷显示、激光显示、AMOLED（主动矩阵有机发光二极管）、Mini/Micro-LED（微发光二极管）显示等成为新型显示技术发展的未来趋势。OLED 是一种利用多层有机薄膜结构产生电致发光的器件，发光强度与注入的电流成正比。相较于 LED 或 LCD的晶体层与使用玻璃基层的发光层，OLED 采用更轻薄的有机塑料层，富于柔韧性可实现软屏设计。OLED 不需要逆光系统可自发光，故耗电量小于 LCD 技术，广泛适用于手机、平板屏幕等领域。

二、国内外新型显示与智能终端产业链发展简况

从产业规模来看，中国新型显示产业在过去十多年内，从跟随模仿到主动创新，产业规模持续增长，已经是全球最大的面板生产制造基地和研发应用地区，成为全球显示产业发展的重要引擎。根据工业和信息化部在 2023 世界显示产业大会（成都）上公布的数据，2022 年我国新型显示产业全行业产值超过 4900 亿元，全球占比 36%，继续居于首位，其中显示器件产值 3671 亿元，全球占比48%，其出货面积达 1.6 亿平方米，同比增长 5 个百分点。目前虽然电视机、显示器、智能手机、笔记本电脑、平板电脑各类消费电子增速趋于放缓，但随着新一代信息技术的深度融合和广泛普及，新型显示应用场景正在从日常消费向工业控制、安全防护、医疗健康、教育培训、公共交通等生产与服务业领域拓展，未来几年全球新型显示面板产业将继续保持稳定增长。

从产业链来看，新型显示与智能终端产业上游核心材料与元器件类型众多，行业跨度广，技术壁垒高，如玻璃基板、柔性 PI 膜、偏光片、OLED 发光材料、彩色滤光片、反射膜、UTG、OCA 光学胶、ACF、光刻胶、光掩膜版、湿电子化学品、电子特气、PI 取向剂等，这些材料与技术大多被日、韩少数国家掌握，我国近年来在部分领域呈现赶超态势，国产化程度成为关注焦点。玻璃基板领域，全球高世代玻璃行业主要被美国康宁、日本旭硝子、电气硝子等世界级著名厂商垄断，国内正处在奋起直追阶段。2019 年 6 月，蚌埠玻璃首次实现 8.5 代 TFT-LCD 超薄浮法玻璃基板国产化；2020 年，彩虹股份实现国产首条自主知识产权溢流法 G8.5+ 基板玻璃的量产，但国内 G10.5 玻璃基板仍无法量产。OLED 的制造工艺是通过真空蒸镀的方式，将各类有机材料和阴极材料（金属材料）沉积到玻璃基板（阳极）上，其中 OLED 有机材料为 OLED 的核心材料，也是 OLED 产业链中技术壁垒最高的环节之一，我国企业目前国产占比相对较低，通用辅助材料（电子功能、空穴功能等材料）的国内市场占比为 12% 左右，发光层材料占比不足 5%，基本被国外垄断，万润股份、瑞联新材、阿格蕾雅等企业实现了前端材料和中间体的量产，并成功进入终端材料环节。显示设备中的蒸镀设备、沉积设备等主要被日、韩掌握，代表企业有佳能特机株式会社（Canon Tokki）、周星工程（Jusung Engineering），尤其是生产 OLED 面板用的真空蒸镀机被日本 Canon Tokki 垄断全球 95% 的市场份额，因其每年产量有限，售价更是超过光刻机。OCA 光学胶企业的第一梯队是美国的 3M 公司和日本的 MPI 三菱，国内的厂商基本处于第三梯队，斯迪克、凡赛特、中山皇冠等企业近年来通过引进技术团队、对外并购等方式进入 OCA 行业，但核心胶水原材料尚需进口。光刻胶是面板图案化、平坦层、彩膜等各个工艺段不可或缺的重要耗材，国内起步较晚，光刻胶研发、生产及应用的主动权掌握在日本、美国等国家的企业手中，全球市场由美日合资的 HDM 公司、日本东丽公司掌控。产业链中下游显示面板制造环节，我国近年来通过自主研发或海外收购等方式，在显示面板的制造工艺、器件结构等领域已经拥有关键技术，液晶面板产能产量目前均位居全球首位，近年来以京东方、华星光电等为代表的本土企业快速崛起，全球产业链呈现由中、韩引领的格局。韩国正在逐渐退出 TFT-LCD 领域，将重心放到技术更为前沿的

OLED 和 AMOLED（主动矩阵有机发光二极管）领域，代表企业有三星、LG 等。

从全球产业格局看，新型显示与智能终端产业链上游涉及的高精尖制造以及精细化工关键材料、器件主要分布在美国、德国、法国、日本、韩国，具有极高的技术壁垒与资金壁垒，需要较长时期的工业发展积累，我国正在集中力量进行核心关键技术攻关，存在较为广阔的国产替代空间。例如，半导体行业第二大原材料电子特气，根据中国工业气体工业协会统计，我国仅能生产约 20% 的集成电路生产用电子特气品种，虽然目前我国部分电子特气已经逐渐实现国产化，以中船特气、昊华科技等为代表的专业特气公司，以雅克科技为代表的电子材料平台型公司等，部分品类已形成了独特的竞争力，发展潜力大，但仍需依赖进口。产业链中游显示面板制造上，中国经过近些年全力赶超，已经从跟跑变成领跑，与韩国、日本呈现特色分化、错位发展的竞争态势。日本依靠上游雄厚的基础研发力量与关键设备、显示材料方面领先的竞争实力，在产业链上游占据优势；韩国龙头企业采取激进式技术投资路线，抢先布局 OLED 相关前沿技术，三星、LG 等企业在全球率先布局 OLED 产线，目前已占据全球 OLED 显示面板 80% 的市场份额；我国在产业政策和招商引资上精准发力，积极引入大尺寸显示面板生产线，京东方、华星光电、深天马等本土企业也抓住机遇快速发展，近年来新型显示产业取得快速发展，年均复合增长率超过 25%，截至 2022 年底，我国显示面板年产能达到 2 亿平方米，占全球的 60% 左右。

从我国产业格局来看，目前新型显示产业初步形成京津冀、长三角、珠三角和中西部四大集聚区，根据中国光学光电子行业协会统计数据，2022 年珠三角地区产能最大，已经达到 10746 万平方米，其次是中西部地区，产能为 7069 万平方米，长三角地区与京津冀地区产能分别达到 5145 万平方米与 1052 万平方米（见图 6-1）。TFT-LCD 显示面板由于工作电压低、功耗小、分辨率高、抗干扰性好、技术成熟等一系列优点，目前仍为全球最主流的显示面板，中国各厂商持续扩大 TFT-LCD 产线的产能。其中，大尺寸面板的产能增速高于中小尺寸的产能增速。现阶段 TFT-LCD 市场的参与企业有京东方、惠科、华星光电、群创、中电彩虹等，其中京东方、华星光电、群创、友达等企业因为具有一定的产能优势而领先于中国的 TFT-LCD 市场。2022 年世界显示大会发布的《中国新型显示产业发展现状与趋势洞察》显示，中国 OLED 行业的重点企业为三星、京东方、LG、深天马、华星光电、和辉光电、维信诺，中国本土企业中京东方占比最重。

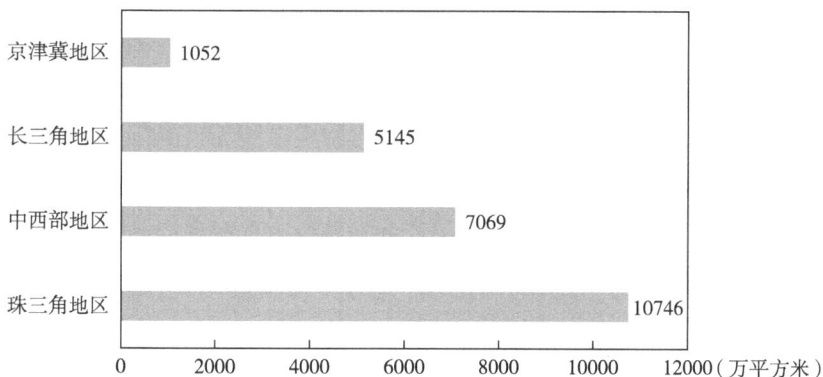

图 6-1　2022 年我国新型显示产能地区分布

资料来源：中国光学光电子行业协会、华经产业研究院。

智能终端产业链主要分布在美国、部分欧洲国家、韩国、日本、中国等国家和地区，其中美国及部分欧洲国家以品牌和芯片设计研发为核心，如 CPU/GPU、基带芯片、Wifi/蓝牙芯片、内存、射频芯片等。产业链上游半导体器件主要由欧美掌握，代表企业有高通、英伟达、AMD、博通等，美国、韩国、日本以核心零部件为优势，如存储器、CIS（接触式图像感应装置）、MLCC（贴片电容）等，代表企业有美光、TDK、索尼、三星、SK 海力士等。国内主要聚焦整机代工、精密结构件、连接器件等环节，代表企业有富士康、立讯精密、长盈精密、和硕、仁宝等。近年来，受到劳动力成本要素与市场需求等多重因素影响，全球智能终端产业链中下游从美国、韩国、日本等发达国家向我国及东南亚国家转移，形成了"亚欧美研发+东亚/东南亚/南亚制造+全球销售"的布局，中国是全球智能手机产业链最为完善的市场。目前，全球智能终端下游经过高速增长，增量市场已经趋近饱和，中高端细分市场产品升级不足，消费者换机意愿降低，全球手机出货量和销量均出现下降，2022 年全球智能手机出货量为 12.1 亿部，是自 2013 年以来的最低点。在市场份额方面，三星位居第一，占比为 21.6%；

苹果位居第二，占比为 18.8%；小米位居第三，占比为 12.7%；第四~第六位分别是 OPPO、vivo 和传音。

三、河南新型显示与智能终端产业链的优势

河南数字经济发轫于智能终端产业，从引入富士康开始，智能终端逐步成长壮大为河南的优势产业，近年来河南手机产量稳定占到全国总产量的 1/10 左右，已建成全国重要的智能终端生产基地，并不断将产业链向上下游延伸，高度重视新型显示与智能终端产业发展，印发了产业发展行动方案和产业链提升方案，大力推动集群培育和配套产业发展，目前产业总体规模超 5500 亿元，其中智能手机整机制造约为 4000 亿元。

首先，新型显示材料加速突破，面板制造环节积极布局。一方面围绕新型显示行业上游关键材料核心部件持续发力。玻璃基板、玻璃盖板、OLED（有机发光二极管）材料中间体、靶材、电子特气等领域以企业为主体深化开放合作，加强研发攻关，推动技术创新，有效实施了一批重点科技攻关研发项目，推动郑州、洛阳、安阳、濮阳等地相关产业集聚发展，培育成长丰联科光电、旭飞光电、旭阳光电、惠成电子等重点企业，一些核心技术及产品迅速发展。其中丰联科光电从最初为外资进行靶材代加工开始，在国家相关产业发展政策的支持下，聚焦半导体新型显示等重点领域，进行一系列高端靶材及相关配套材料的研发，突破了国外技术壁垒，建立了具有完全自主知识产权的靶材绑定生产线，钼靶材、ITO（氧化铟锡）靶材率先在国内实现高世代面板材料国产化替代，稳定供货于京东方、华星光电等龙头企业。旭飞光电、旭阳光电的玻璃基板、玻璃盖板制造技术达到国际领先水平，并能够规模化量产，供货于 LG、小米、OPPO、联想等知名品牌。濮阳惠成电子在功能材料中间体领域已成为国内少数能够实现 OLED 材料中间体规模化生产的企业之一，主要为有机光电材料提供中间体，并向欧美等国家和地区的国际一线 OLED 材料厂商供货。另一方面在面板和模组方面积极招商引资形成一定基础。航空港区引入华锐光电，也是河南省首家液晶显示面板生产制造企业，填补了河南在新型显示产业领域的空白环节，其产品广泛应用于手机、工控医疗设备、车载电子产品、电子纸等中小尺寸显示领域；2023

年1月与惠科合作，建设RGB OLED（红绿蓝有机发光二极管）显示模组项目，未来有望在OLED显示领域实现突破。

其次，智能手机制造优势明显，多类智能终端不断发展。一方面河南省以航空港区富士康苹果手机生产基地为中心，不断巩固、扩大智能手机生产优势，凸显集聚效应，多年来全省手机产量一直位居全国第二，仅次于排名第一的电子信息制造大省广东，已发展成为全国重要的智能手机生产基地，拥有鸿富锦、联创电子、华盟云鼎等代表性企业。其中郑州鸿富锦2022年生产苹果手机9509万部，自2011年投产以来已累计生产苹果手机超11.6亿部；信阳市创伟达也生产少量手机，2022年产量约200万部。另一方面河南省跟随新一代信息技术发展趋势，积极布局各类新型智能终端。以郑州航空港区、鹤壁、安阳等地的优质企业和重大项目为引领，河南在北斗定位、商用显示、智慧康养等新型终端产品方面呈现较快的发展态势。合众智造作为航空港投资集团旗下北京合众思壮科技股份有限公司落地航空港区唯一的高精度智能制造工厂，北斗车规级定位芯片及终端项目获得国家重大专项支持；鹤壁梦之源智能显示终端制造基地积极开展中大尺寸多场景交互商用显示屏研发生产，一期项目已经于2022年6月投产；翔宇医疗、优德医疗积极发展智慧康养终端，已经实现物联网技术在康复设备中的应用，其中翔宇医疗牵头建设的智能康复设备产业园是工业和信息化部认定的全国仅有的两个智慧健康养老示范园区之一。

最后，配套体系不断完善，核心环节取得进展。一方面基础配套格局初步形成。在郑州航空港区智能终端制造产业的核心牵引下，河南各地积极发展上下游细分环节协同配套行业，主要分布在鹤壁、焦作、商丘、信阳、周口、济源、兰考等地，产业总规模已达千亿级，除富联裕展、富联科技等富士康体系企业之外，还有鹤壁耕德、商丘金振源、圆创磁电等近年引进培育的企业，产品覆盖机构件、外壳、连接器、磁性材料等相关环节。另一方面核心配套实力不断提升。近年来河南省在摄像头马达、安全芯片等关键元器件上崛起了一批具备自主研发实力、占据稳定市场份额的优质企业。河南皓泽电子股份有限公司是国内行业排名前三的国家高新技术企业，致力于智能手机摄像头AF驱动马达（VCM）的研发、生产及销售，核心产品在全球市场的占有率超过10%，已经逐渐融入小米、

OPPO、三星等头部企业供应链。信大捷安的安通 ACE 智能手机是第一款实现国家安全芯片与安全服务体系、采用硬件级加密的智能手机，自主设计的安全芯片能够满足智能手机、智能家电等领域的安全需求。技术研发方面，河南省科学院集成电路研究所拟建设集成电路公共研发平台，开展新型存储器的量产技术攻关，有望为智能终端产业发展提供核心配套支撑。

四、河南新型显示与智能终端产业链存在的不足及应对措施

河南在新型显示与智能终端产业链上积累了一定的发展基础，具有较为鲜明的产业特色优势，但是同先发地区相比，在产业集聚、技术研发、创新生态等方面仍然存在不小差距。

首先，新型显示行业起步较晚，技术壁垒制约明显。河南省新型显示行业的代表性企业是河南省华锐光电产业有限公司，成立于 2017 年，2020 年投建第五代薄膜晶体管液晶显示器件项目，2021 年初投产，填补了河南省在新型显示产业领域的空白。同期中西部地区安徽、四川、重庆等地，TFT-LCD 产业已经培育出较为成熟、具备多条高世代线的生产能力，并着手加快向 OLED、Micro-LED（微发光二极管）等更加先进的显示技术领域寻求突破。合肥 2007 年开始布局面板制造，现成长为国际重要的显示产业集聚地，产值已超千亿元，成为支撑合肥进出口贸易增长的重点产业能级之一。核心板块的缺失和起步晚，也导致河南省相关基础配套、核心配套体系培育滞后，目前我国新型显示产业已基本实现 50% 以上的本土配套，但河南省在彩色滤光片、偏光片、液晶材料、光学薄膜、驱动芯片等核心环节仍为空白。

其次，智能手机技术含量低，缺乏高端环节配套。河南省手机产量虽然占到全国的 1/10，但是经过二十余年的发展，参与产业分工的模式仍然以代工整机制造为主，这种模式缺乏自主研发能力和主动向产业链上下游延伸的能力，目前河南省手机生产制造规模占到全省电子信息产业的 60%，深刻影响着电子信息产业的整体技术含量与发展态势。近年来随着全球智能手机销量趋近饱和，消费电子市场低迷，手机增量明显下滑，对河南省电子信息产业以及进出口贸易都产生较为明显的负面影响。长期以来对中低端加工制造的过度依赖，也使得河南省电

子信息产业链的黏性、韧性不足，处理器、存储器、图像传感器等高端配套基本空白，仅有结构件、外壳、连接器等中低端配套。同时期重庆等先发地区在研发创新、补链成群上已经取得实质进展，构建起相对完整的"整机＋配套"垂直型全产业链，集聚了内存芯片、存储器、控制主板、镜头、精密结构件以及背光源、液晶模组等配套企业，本地化配套率超85%。

最后，多品类智能终端开发不足，新型增长极有待发掘。近年来河南省跟随数字经济发展形势，积极探索除智能手机之外的各类智能终端产业，在智慧康养等领域也有所突破，但相关终端产品没有在市场上形成较为强劲的品牌影响力，尚不能有效带动产业规模化、集聚化发展。近年来，江西、湖南等地已经在VR/AR（虚拟现实/增强现实）、智能可穿戴等市场空间潜力大的新型终端领域聚点成链，树立了具有地方标识的特色产业品牌，并形成较为广泛的带动效应。江西南昌在引进传音等中低端智能手机外，积极培育VR产业，根据江西省工业和信息化厅数据，2022年江西省VR及相关产业的营业收入突破800亿元，2023年有望达到1000亿元，并吸引包括华为、阿里巴巴、HTC、网龙、科大讯飞、微软、SAP（思爱普）、海康威视在内的众多知名VR企业落户，聚集350多家相关企业。

综合来看，当前国内外新型显示产业链中游面板制造环节的市场相对较为成熟，稳定掌握在国外的三星、TCL，国内的京东方、华星光电等企业手中，寻求新的增长极较为困难，仅有可能通过承接产业转移寻求突破。但新型显示上游众多关键原材料核心技术存在广阔的国产替代空间，随着我国半导体行业深入发展，这些关键原材料核心技术的突破显得更为重要，产业链下游智能终端产业也酝酿各种新机遇和新赛道，是河南需要立足基础高度关注的领域，具体来说需要从三个方面着重发力。

第一，从突破关键原材料入手，提高新型显示行业竞争实力。河南在部分细分行业和产品上拥有领先优势，是推动河南从中高端环节切入新型显示分工的关键点。需要围绕OLED（有机发光二极管）、印刷显示、激光显示、AMOLED（主动矩阵有机发光二极管）、Mini/Micro-LED（微发光二极管）等新型显示技术前沿方向，在电子玻璃、靶材、湿电子化学品、电子特气等领域加强技术研发，提高市场份额。加快建设惠科 RGB OLED 显示模组项目，同步布局 Micro-LED 试验线，开展产业化技术攻关。依托旭阳光电、曲显光电、旭飞光电、凯盛信息等企业，巩固提升玻璃基板、超薄电子玻璃、曲面玻璃等新兴电子玻璃市场优势。支持丰联科光电、晶联光电等企业拓展靶材产品种类；依托中硅高科、昊华气体等重点企业，稳步提升硅基气体、氟基气体产能，以新技术带动新产品的应用推广。

第二，从巩固重要生产基地入手，完善手机配套产业链建设。对冲全球手机市场增速放缓，深耕存量市场的大趋势，积极发展非苹果手机中高端机型，引进非苹果中高端手机制造产线，加强同小米、OPPO、VIVO、荣耀等国内知名终端品牌商，以及龙旗、闻泰等研发设计企业的合作力度，推动智能手机产业加快向高端化、多元化发展。同时加强从基础到核心配套的体系建设，依托舜宇光学、皓泽电子、中瓷科技、信大捷安等骨干企业，在摄像模组、驱动马达、陶瓷基板、安全芯片等具备一定基础的技术和产品上持续取得突破。推动河南省智能传感器 MEMS（微机电系统）研发中试平台、河南省科学院集成电路研究所等加快发展压力传感器、新型存储芯片，实现量产技术攻关。

第三，从挖掘场景释放潜能入手，引培多品类智能终端产品。把握住智能终端产品向工业领域、服务领域深度拓展的机遇，围绕 VR/AR 产业、新商用显示屏、智能交互平板、元宇宙、医疗健康等领域，发挥智能终端产业配套体系优势与场景应用空间广阔的市场优势，依托河南省梦之源、中光学集团、翔宇医疗、优德医疗等重点企业，加强重点产品研发制造，招引上下游企业集聚发展，扩大产业集群规模与地区影响力。

第二节　智能传感器和半导体产业链

集成电路是数字经济的核心产业，传感器是数字经济的"五官"和皮肤，集成电路与智能传感器行业作为信息产业的基础，属于典型的资本、技术、人才密集型行业，已成为衡量一个国家或地区数字经济技术水平和综合竞争实力的重要标志。

一、智能传感器和半导体产业链简介

集成电路（Integrated Circuit，IC），本质是一种微型电子元器件。集成电路产业包括集成电路设计业、制造业、封装测试等细分子行业，是采用一定的工艺将电路中所需的晶体管、二极管、电容、电阻等基本元器件进行布线互连，集成在一小块或几小块半导体晶粒或介质基片上，并封装在一个管壳内，成为具有所需电路功能的微型结构，封装完成的集成电路也被称为芯片。产业链通常由三部分组成，产业链上游是硅片、光刻胶、靶材、电子特种气体、湿电子化学品等半导体材料以及对半导体材料加工所用到的光刻机、刻蚀机、抛光机、离子注入设备、检测设备等；产业链中游是集成电路设计、制造、封装、测试环节；产业链下游则是在通信、消费电子、计算机、汽车电子、医疗器械、新能源、工业生产、航空航天等领域的应用。

传感器本质上是由敏感元件和转换元件组成的检测装置，能够测量并感知信息，通过转换使收集到的数据或信息转换成电信号或其他所需形式的输出，以满足信息的传输、处理、存储、显示、记录和控制等要求。随着数字经济的发展，传感器行业由传统型向智能型发展，智能传感器通常搭载芯片，微型计算机技术与检测技术相结合，具有一定的人工智能特性，是智能装备感知外部环境信息的关键，对智能装备的应用起着技术牵引和场景升级的作用，在物联网等行业中具有重要作用。智能传感器上游主要包括制造各类传感器所需的原材料、生产设备，包括半导体材料、陶瓷材料、金属材料、高分子材料以及各类半导体工艺设备、封装测试设备等。产业链中游主要是各类传感器的设计、加工制造和封装测试等，不同传感器对应的工艺不同，但通常都包括敏感元件本体的加工、信号输出电路的连接、整体传感器系统的封装以及后续的标定和测试。产业链下游是将具备不同属性的智能传感器加载到对应的终端设备上进行应用。

二、国内外集成电路与智能传感器产业链发展简况

从产业规模来看，根据世界半导体贸易统计组织（WSTS）的统计数据，2022 年全球集成电路市场总规模约为 4799.9 亿美元，中国是全球重要的集成电路市场。近年来，随着经济的不断发展，在国家政策支持等因素的影响下，中国集成电路产业规模不断壮大。2021 年中国集成电路市场销售额达到了 10458.3 亿元；2022 年中国集成电路市场销售额达到 12006.1 亿元，同比增长 14.8%。我国是半导体芯片需求大国，但所需芯片特别是中高端芯片高度依赖进口，仅 2022 年我国就进口集成电路 5384 亿块，2015 年以来累计进口数量总额达到 36233 亿块，2022 年累计出口集成电路 2733.6 亿块，较 2021 年减少 373.4 亿块。

从产业链上游来看，半导体材料是集成电路的重要支撑，主要有前端晶圆制造材料和后端封装材料两大类。根据国际半导体产业协会（SEMI）的数据，随着半导体需求的持续增长，2016~2022 年我国半导体材料市场规模逐年增长，从 67.99 亿美元上升至 129.78 亿美元，复合年增长率为 11.38%。光刻胶及配套试剂、光掩膜、电子特气、湿电子化学品等半导体材料存在较高技术壁垒，国际市场主要由美国、日本、欧洲、韩国等国家和地区主导，市场集中度较高，国内大部分产品的自给率较低。硅片行业，日本信越化学、日本胜高、中国台湾环球晶圆、德国世创、韩国鲜京矽特隆五大厂商垄断全球 90% 的市场；光刻胶生产制造主要被日本 JSR、东京应化、信越化学、住友化学等垄断，陶氏化学公司垄断中国将近 90% 的 CMP 抛光垫市场，中国 80% 的抛光液市场也被国外垄断。国内部分半导体材料企业在靶材、电子特气、CMP 抛光材料等领域实现突破，能够实现自产自销。半导体设备同样是先导性基础产业，研发难度大，技术壁垒高。中国半导体设备行业发展速度快，2022 年市场规模约为 2745.15 亿元，同比增长 58.1%，但国内半导体设备厂商的技术实力与海外企业相比仍有不小的差距，国内半导体设备的国产化率普遍在 20% 以下，特别是光刻机、薄膜沉积等设备的国产化率不足 10%，北方华创、中微公司、盛美上海、至纯科技、拓荆科技等企业近年来发展较快。EDA 软件是辅助完成集成电路设计、制造、封装、测试的重要工具，2022 年市场规模超过 140 亿美元，其中 80% 的市场份额被美国楷登电

子、德国西门子、美国新思科技三大巨头占据。集成电路设计行业同样由国外少数巨头企业占据主导地位，高通、博通、辉达、超威、联发科五大厂商占据全球将近90%的市场份额。

从产业链中下游来看，我国抓住了芯片设计公司对晶圆代工服务需求大幅提升的机遇，晶圆代工制造得到了充分发展，2017~2022年中国大陆晶圆代工市场规模从355亿元增长至771亿元，年均复合增长率为16.78%，台积电、联华电子、格罗方德、中芯国际、华虹半导体、世界先进等企业的全球市场份额排名靠前。封测环节上，随着高通、华为海思、联发科、联咏科技等知名芯片设计公司逐步将封装测试订单转向中国大陆企业，国内封装测试行业迈入快速发展阶段。2022年，我国封装测试行业市场规模达到2819.6亿元，2017~2022年的年均复合增长率达8.33%，国外厂商占据半壁江山，我国长电科技、通富微电、华天科技等排名靠前。产业链下游集成电路产品销售主要集中在消费类和通信领域，占比分别为32.2%和20.9%，模拟、计算机、功率领域占比分别为14.7%、14.0%、9.2%。

智能传感器领域表现出类似的产业链竞争格局，美国一直是全球集成电路与智能传感器行业的领导者，2021年美国企业贡献了全球智能传感器产值的43.3%，居世界首位，在设备、EDA软件、设计、制造等环节均具有明显优势。日本在材料产业上拥有绝对优势，占有全球50%以上的市场份额；设备领域占全球30%以上的市场份额；智能传感器行业竞争力较强，全球市场占比达到19.8%。得益于5G、物联网和人工智能技术的快速推进，中国智能传感器行业正处在快速发展时期，2022年中国传感器市场规模为3096.9亿元，2019~2022年的年均复合增长率为12.26%，其中CIS和MEMS传感器合计占到半数以上的市场规模。在全球市场中，中国智能传感器的产量占比约为10%，与美国、德国和日本等国家相比，在研发技术、市场占有率方面还存在不小差距，特别是中高端智能传感器领域90%以上的产品依赖进口。

三、河南集成电路与传感器产业链的优势

近年来，河南省先后印发《河南省加快推进智能传感器产业发展行动计

划》、智能传感器产业链现代化提升方案、集成电路行动方案等文件，持续优化顶层设计，河南省科学院集成电路研究所、河南省微电子中试基地、光子集成芯片中试基地和智能传感器制造业创新中心、产业研究院、中试基地、MEMS（微机电系统）研发中试平台等创新平台相继建成，连续五年举办世界传感器大会，产业创新生态不断完善，集成电路与智能传感器及关联产业规模达到 300 亿元。

首先，半导体关键材料优势不断提升。依托郑州、洛阳、焦作、平顶山等地的一批重点企业，如洛阳麦斯克、郑州合晶、洛阳昊华气体、焦作多氟多、洛阳中硅高科、平顶山国玺超纯等，河南省在硅片、湿电子化学品、电子特气、超纯铜等半导体关键材料上拥有一定的技术积累和产业基础并不断取得新的突破。洛阳麦斯克的主要产品——4~6 英寸硅片在国内市场的占有率达到 30%，8 英寸硅片已拥有规模化量产能力，12 英寸硅片也即将实现规模化量产。焦作多氟多在氟基功能新材料上具有国内外领先优势，能够用于芯片清洗剂、刻蚀剂的优势产品——六氟磷酸钾打破国外技术垄断，已进入中芯国际、台积电等国际集成电路龙头企业的供应链，并即将建设年产 3 万吨超净高纯电子级氢氟酸项目。中硅高科在硅基材料上具有领先优势，拥有硅基材料制备技术国家工程研究中心，是河南省推动硅基电子特气产业化的重点企业，区熔级多晶硅产品实现进口替代，电子级多晶硅产品已完成关键制备技术和试验并通过下游验证。昊华气体牵头实施的国家科技重大专项，带领极大规模集成电路行业用高纯度四氟化碳和六氟化硫电子气体实现国产化，目前含氟电子气体产能在国内排名第三。

其次，专用设备部分领域有所突破。面对集成电路设备的高技术门槛与长验证周期，河南省近年来从加大招商引资力度等方式入手寻求突破，取得了较好的效果。光力科技旗下光力瑞弘 2019 年成功收购全球第三大半导体切割划片设备制造商以色列 ADT 公司，引入半导体精密切割设备制造技术并实现国产化量产，助力中国实现半导体高端切割系统的国产化替代，2022 年销售收入达到 3.23 亿元。总投资 48 亿元的航空港区半导体智能制造产业基地一期投产后，预计年产先进晶圆切割机 300 套，二期产能扩充至 1500 套。许昌市通过招商引资，与国内集成电路测试设备头部企业合肥悦芯科技共同成立河南悦芯，建设高端集成电路自动化生产测试设备研产基地项目。

再次，专用芯片设计产业基础不断夯实。依托汉威科技、日立信、森霸传感、光力科技、仕佳光子、信大捷安等一批优质骨干企业，河南省在传感、信息安全、光通信等专用领域拥有一定的设计基础。2022年，郑州高新区在全国十大智能传感器园区中排名第四，郑州高新区智能传感器产业集群也成功入选2023中国百强产业集群，其中汉威科技牵头建设河南省智能传感器制造业创新中心和产业研究院，其主要产品之一气体传感器的国内市场占有率为75%，产销量居全球第二位。南阳森霸传感是国家级专精特新"小巨人"企业，主要产品热释电红外传感器、微差压传感器、可见光传感器等，广泛应用于智能家居、智慧交通、智慧医疗等领域。信大捷安设计的信息安全芯片广泛适用于智能网联汽车、智能家电、移动终端等5G核心领域，处于国际先进、国内领先水平，车规级安全芯片已进入奥迪、大众、本田等头部企业的供应链。仕佳光子是全球最大的光分路器芯片生产企业，与中国科学院半导体研究所合作研发生产的PLC（平面波导型）光分路器芯片、AWG（阵列波导光栅）、DFB（分布式反馈）激光器芯片打破国外垄断，目前PLC光分路器芯片的国内市场占有率已超过60%，有源激光器芯片进入试生产阶段。

最后，封测行业呈现良好发展态势。近年来河南省通过推动技术创新、加大招商引资力度等方式，在封装与测试行业上保持了较快的发展势头。河南省传感器行业龙头企业汉威科技投资约1.4亿元建设MEMS传感器封测产线，将为MEMS气体、湿度、压力、流量等传感器提供封测。郑州锐杰微是河南省高新技术企业、郑州市电子信息50强企业，拥有SiP芯片研发及封装测试生产技术及量化生产能力，2023年投资新建FC产线，已建设6条芯片封装生产线，填补了河南在高端芯片封测领域的空白。三门峡中科微测依托中国科学院微电子研究所强大的科研力量，一期高可靠封装测试项目已建成投产，具备年产300万只陶瓷封装能力的二期项目正在建设中。河南辰芯2022年测试芯片超1000万颗，产值超过1.2亿元，并拓展晶圆测试业务。

四、河南集成电路与智能传感器行业存在的不足与应对措施

集成电路与智能传感器行业发展关联密切，河南在这一产业链条上仍处于起

步蓄力阶段，形成了一定的发展特色，但相较于其他地区，存在明显短板。

一方面，集成电路行业起步较晚，产业基础薄弱。集成电路行业前期投资大，回报周期长，技术壁垒高，需要前瞻性布局，久久为功才能实现量变到质变的大幅显性增长。除长三角、珠三角、环渤海地区之外，中西部地区的西安、成都、武汉、合肥等地经过前瞻性布局，在招大引强的同时积极培育创新型成长企业，经过较长时期的积蓄，已具备较强的发展实力和突出的产业特色。湖北2006年已经成立武汉新芯，涉足存储器芯片设计、制造领域，企业发展期间虽曾遭遇行业周期性下行和金融危机冲击等困境，但政府大力扶持，支持企业创新驱动发展，2015年武汉新芯联合其他企业成立长江存储，获得国家集成电路基金支持，目前已成长为国内闪存行业的龙头企业。合肥拥有长鑫存储等制造龙头，全市产值近400亿元；四川成都集聚集成电路企业200余家，2021年设计、制造和封装测试产业规模达到1464亿元。然而，河南在集成电路设备、封测等各个环节尚处在刚有起色的初步发展阶段。

另一方面，传感器行业同质化现象明显，高端领域发展不足。郑州智能传感器产业在全省及全国具有一定的影响力，集聚传感器相关企业超4000家，有7家上市公司，但企业规模偏小，本土没有百亿级规模的链主企业。郑州智能传感器产业集群虽成功入选2023中国百强产业集群，但智能传感器芯片设计领域以气体传感器、热释电传感器为主，高端图像传感器、加速度传感器等芯片缺失，产品主要集中在燃气、水务等传统业务方面，在MEMS传感器、车用传感器等高端智能领域则布局较少，同质化竞争明显。同时期国内应用于消费电子、智能汽车等领域的中高端传感器制造企业的规模快速提升，如山东歌尔声学的声学芯片进入苹果的供应链，年营业收入已接近千亿元。

根据现有的产业基础，把握集成电路和智能传感器产业链发展趋势，河南虽然起步较晚，但具有取得突破性进展，进一步提升产业竞争力，形成新质生产力的禀赋。

第一，在集成电路行业要立足自身特色，稳步扩大优势。半导体关键材料是集成电路行业发展的基础支撑，目前正处在国产替代加速的重要时期，河南半导体关键材料行业拥有一批具备自主研发实力和技术专利的优质企业，下一步要在持续加大研发力度保持技术领先优势的基础上，从开拓市场与扩大产能，提升产业化水平，做大产业规模上下功夫。依托郑州、洛阳、新乡、南阳等地区的一批骨干企业，如中硅高科、麦斯克电子、郑州合晶、焦作多氟多等，加速壮大大尺寸硅片、半导体靶材、电子特气、湿电子化学品等关键材料产业。

第二，在智能传感器行业要进击高端领域，抢占高端赛道。传感器是河南省电子信息产业的本土优势行业，并已经呈现创新集聚发展态势，未来随着新能源汽车发展下半场智能网联方向突起，产业互联网深度构建，智能传感器将呈现爆发式增长，河南需要加快建设省智能传感器 MEMS 研发中试平台，打造智能传感器中试基地等，进一步完善产业创新生态体系。从政策端精准发力，支持汉威科技、日立信、凯迈测控、森霸传感等重点企业，加大在激光雷达、加速度、红外、压力、光学气体等领域的高端智能传感器的研发和生产力度，摆脱传统领域的同质化低端竞争。

第三节　光电产业链

光电产业是在 21 世纪初，随着光电技术兴起而形成的一门高新技术产业，发展历程较短，但由于光学所具备的特殊优良属性，光电交叉形成无限多的新可能与新应用，光电产业在极短时间内受到广泛关注而快速发展，是各国各地区竞相布局的新兴产业。

一、光电产业链简介

美国光电产业发展协会（OIDA）较早对光电技术进行了定义，指出光电技术（Optoelectronics）是光子学和电子学交集领域产生的技术。光电产业就是以几何光学、波动光学、量子光学的光学三大理论为基础衍生的相关产业与电科学相结合，以光电技术为基础，包括制造光电元件，或以光电元件为关键零部件设备、系统开展商业行为的一切产业。

光电产业涵盖众多高技术行业，包括光电材料与组件，如光电晶体、光电陶瓷、光电玻璃等的研发、制造和应用；光电显示器，如液晶显示器件、等离子显示器件、电子纸显示器件等各类显示器件的制造和应用；光学组件与器材，如光学镜头、滤光片、反射镜等光学元件和光学器材的制造和应用；光输入，如红外传感器、紫外传感器等各种光传感器的研发、制造和应用；光通信，如光纤光缆、光交换机、光路由器等光线和光通信设备的制造和应用；激光行业，如激光切割、激光打标、激光雷达等激光器的制造和应用；光电集成与封装，如将多个光电元件集成在一个封装内，缩小体积提高性能等。总的来说，光电产业的涵盖范围非常广泛，内涵与外延非常丰富，其产业链上中下游划分只有相对模糊的边界。产业链上游是各类光电信息材料与器件、光电子材料与器件和设备、光电子芯片等；产业链中游主要是光电子器件制造，包括光通信器件、通信光纤光缆、光传感器、光照明器件、光显示器件、光电子器材封装等；产业链下游是包括但不限于在智能终端、汽车电子、安防、照相投影、航空航天等领域的应用。

二、光电产业链国内外发展简况

当前5G、物联网、云计算、人工智能等新一代信息技术快速发展，对光电产业提出更高的要求和更大的需求，数字经济、智能制造等战略性新兴产业发展为光电产业发展创造广阔的空间，全球光电光学市场发展迅速，正在从消费领域向工业领域纵深拓展。尚普咨询集团数据显示，全球光电产业市场在2021年开始逐渐回暖，同比增速达到20%左右，2022年依旧保持15%的较高增长速率，市场规模达到1.3万亿元，其中亚洲市场占比为62%，欧美市场约占比为28%。欧美和日本等发达国家和地区在产品研发、制造和应用领域占据领先优势，竞争力更强，特别是光电技术，基本由欧美、日本掌握。德国光电产业最为发达，拥有施耐德、蔡司等全球链主巨头企业，蔡司在截至2021年9月的上一财年，销售收入就达到75.3亿欧元，德国光电产业产值占欧洲地区产值的40%以上，在激光、显微镜、光学成像等光学光电领域领先全球。日本也是老牌光学光电强国，在光电信息技术与显示领域领先全球，拥有光学玻璃巨头企业住田光学，光学产品设计巨头企业尼康等。中国拥有较为完整的产业链和广阔的应用市场，是全球最大的光电产业生产和消费国，也是全球最大的显示市场、网络市场、通信市场等，具有较强的竞争优势和发展潜力，光电产业市场保持较快的增长势头，2022年达到5000亿美元，同比增长约11%，占全球市场的38%。

光通信产业方面，在光通信技术持续突破与创新驱动下，全球光通信产业不断迭代升级保持稳定增长。其中，2022年光通信市场规模达到1600亿美元，同比增长约14%，占全球市场的40%。2022年全球光通信器件市场继续保持增长态势，达到500亿美元，同比增长约11%，其中亚洲市场占比达到54%，欧美市场占比降至36%。美国和日本在该领域占据全面主导优势，欧洲不断追赶提升，中国在产业链中游占据一定优势。产业链中上游高端领域的光通信芯片、光器件和光模块等由美国和日本主导，日本住友电工、三菱电机等龙头企业确保了日本在光通信芯片领域的领先地位。美国具有光通信芯片、光收发组件、光模块全覆盖能力，在光通信芯片上垄断全球25G以上光芯片市场。2022年中国光通信器件市场继续保持较快的增长势头，达到160亿美元，同比增长约14%，占全球市场的32%。其中，光模块市场规模达到120亿美元，同比增长约20%，占全球市场的48%。

从我国产业格局来看，产业链相关企业分布最多的地区是广东，广东有华工科技产业、东莞光距电子、深圳宏齐光电子等代表性企业，其次是江苏、浙江、福建、上海、山东等东部沿海地区，这些地区拥有锦富科技、中兴光电、晶方科技、郎光科技、博创科技、天孚通信、华光光电等较多的代表性企业。中西部地区在部分领域保持较快的发展势头，湖北、河南、江西、四川等地也拥有闻泰科技、烽火通信、仕佳光子、联创光电、新易盛等一批代表性企业。

三、河南光电产业链的优势

光电产业链范围广，数量多，近年来河南省抓住新一代信息技术变革的机遇，立足自身产业基础，选择具有一定积累和优势的重点领域，把光学光电、光通信、光电元器件作为主要发力点推动光电产业发展，目前全省光电及关联产业规模约为320亿元，初步形成具有本省特色的产业格局。

在光学光电产业上，南阳、信阳等地集聚了中光学、利达光电、凯鑫光电、镀邦光电、英锐光学等一批骨干配套企业，在功能镀膜、数字微显示等方面具有全国领先的技术优势，近年来一批高能级创新平台相继组建，为光电产业注入创新动力。其中，中光学是国内光电领域的龙头企业，光学镜头等产品在全球市场上占有率第一。2022年中光学集团股份有限公司集聚上下游企业与河南省科学院的研究力量，牵头组建河南省数字光电产业研究院与河南省数字光电创新联合体，共同进行微纳光学与半导体光学核心器件的设计制造技术、新一代光学功能薄膜的设计与制造技术的突破性研究，并与哈工大郑州研究院合作，成立河南省先进光子技术产业研究院，其牵头的相关中试基地等创新载体也在加快建设中。舜宇光学是全球最大的光学冷加工基地，在蓝玻璃滤光片、手机潜望式棱镜等中高端市场上具有一定优势。

在光通信产业上，鹤壁、濮阳等地，集聚了仕佳光子、腾天、威讯、九黎、思杰、明海等一批优质企业，在光纤光缆、光芯片部分领域拥有领先国内的技术优势。仕佳光子是相关领域的龙头企业，与中国科学院半导体研究所合作，在光分路器芯片、阵列波导光栅芯片、分布式激光器芯片上成功取得突破，打破国外行业垄断，以技术创新带动核心产品市场竞争力的不断提升，成为全球最大的光分路器芯片生产企业，并牵头组建河南省光子集成芯片中试基地、光电子集成技术国家地方联合工程实验室等创新载体，牵头承担国家产业基础再造攻关项目，成为鹤壁打造"中原光谷"的核心力量。

在光电元器件上，郑州、洛阳、新乡、焦作等地集聚了中航光电、中航工业613所、和光光电等优质企业，在智能光电产品、光电控制系统、红外及激光控制设备上拥有一定优势。中航光电是我国光电连接器行业年营业收入超百亿元的龙头企业，洛阳市依托中航光电基础器件产业园积极推进中电光谷信息港建设，并组建洛阳市光电子器件产业研究院、中航光电企业技术中心等创新平台。焦作鑫宇光生产的5G用光隔离器、光纤适配器等主要产品在国内市场占有率第二，达到20%。

四、河南光电产业链存在的不足与应对措施

综合对比河南省光电产业取得的成绩和特点可以看出，目前在不少领域拥有

一定数量且具有产业竞争力和产品领先力的优质骨干企业，形成本省光电产业提高产业能级和影响力的基础。但是差距和不足也较为明显，最大的问题在于"点强链弱"，没有能够紧密围绕优质骨干企业进行协作配套布局，集聚相关上下游企业，共同打造具有较高产业链粘性和更大规模的地区产业集群。例如，鹤壁市以仕佳光子为核心打造"中原光谷"，集聚了若干光纤光缆、光分路器企业，并联合开展产学研技术攻关，组建创新载体等，创新集群效应初步显现，但和光通信全链条高端集群仍有不小差距。中光学在激光投影、光学镀膜技术和相关产品上具有全国领先的优势，但没有向产业链中下游拓展，将这一领先优势向市场和应用延伸。

面对光电产业作为高技术新兴产业的巨大增长潜力和本省打下的扎实产业基础，借鉴湖北、江西等地区的赶超经验，河南省需要从以下两个方面谋求进一步的突破空间：一是牢牢把握资源禀赋，进一步强化细分技术领先优势。对于光电产业这样的高技术新兴产业来说，自主创新技术优势是核心领先优势，现有的创新型企业和创新资源是做大做强光电产业链的据点。支持中航光电、中光学、仕佳光子等龙头企业参与国家产业基础再造等重大科技项目，在光机电集成互联传输、高速无线传输技术、半导体激光器及集成技术、光电自动耦合技术、硅基光芯片、新一代光学功能薄膜设计制造等领域突破一批关键核心技术。二是结合龙头企业的优势，整合上下游重点推进"聚点成链"。发挥龙头企业对产业链的驱动力和整合力，围绕主营产品与优势领域，开展上下游相关环节的精准招商，打造高效分工、密切协作、配套完善的集群化发展格局。支持龙头企业通过兼并、并购、产能合作等多种方式，进行延链补链工程，将自身优势不断延伸，做大产值与规模。

第四节　先进计算产业链

以人工智能、高端芯片、区块链等为代表的新一代信息技术快速发展和深度渗透，带来海量数据、实时响应、多元场景等新型信息处理需求，传统计算难以支撑经济社会的全面数字化转型，先进计算应运而生，并成为各地竞相布局的新兴赛道。

一、先进计算产业链简介

算力是数字经济时代，继"热力""电力"之后的新型生产力。自20世纪计算机诞生以来，计算技术不断升级、计算能力不断提高、计算方式持续优化，从低到高、由浅到深逐步产生"先进计算"这一概念，先进计算产业本质是面向信息处理需求从量变到质变的要求，从计算方法、承载空间、计算能力、架构机制等方面进行革新，包含硬件与软件、制造与服务在内的全部计算技术与产业的总称。中科曙光将先进计算定义为融合了计算、存储、网络、控制等技术，以更高效地实现人、机、物互通和智能应用的新一代信息基础设施。先进计算技术以信息技术为底层支撑，靠技术脉络进行延展，并通过物理承载空间进行加工演化，从单一的计算设备及技术向多元化计算系统及应用演进，从而对各行各业发展扩散，形成增益效应，具有先进性、泛在性、多样性的特点。

从技术脉络来看，先进计算产业从以存算一体化、分布式计算的架构创新和以芯片工艺、结构的硬件创新为主，逐步拓展到材料、算法，最终到基础理论的发展应用。从物理承载空间看，由大体积、高能耗、集中式的计算设备到小体积、低能耗、分布式的多元化计算生态演化迈进。从渗透路径看，从电子信息、软件信息等层面的创新以点带面，通过技术溢出效应，逐步渗透到其他产业交叉融合，推动各个产业全面创新升级。从产业趋势来看，重构计算、内存计算等推动摩尔定律不断打破物理极限，量子计算、生物计算不断拓展新兴领域，面向云计算的软件逐渐替代单机版基础软件，持续进步的计算技术推动信息产业突飞猛进，后者加速发展又促进了前者的持续创新，推动计算技术、应用模式向更先进的方向演进发展。综合这些特征，先进计算的核心要素特征可分为算力、算法和算据三个方面：算力包括新平台、新材料以及新计算硬件，如CPU/GPU/NPU、服务器、存储器、整机产品等；算法包括基础构架、前沿理论、新计算软件和新计算模式；算据包括数据交易平台、采集与集成、分析与挖掘、感知交互等围绕数据存储、清洗、分析、挖掘、交易等过程提供的产品及服务。先进计算的外延主要指行业计算应用。

二、先进计算产业链国内外发展简况

先进计算产业与经济发展程度密切相关，全球产业布局呈现高度集中的特点。根据中国信息通信研究院发布的《中国算力发展指数白皮书（2023 年）》，2022 年全球算力规模增长 47%，算力规模前 20 的国家中有 17 个是全球排名前 20 的经济体，美国与中国分列前两位，合计占到全球算力的半数以上，在基础算力、智能算力、超算算力层面均领跑全球。在硬件方面，CPU（中央处理器）、GPU（图形处理器）、DRAM（动态随机存取存储器）及 NAND（闪存）等基础核心硬件，美国占据绝对统治地位，2022 年英特尔、AMD 两家美国企业分别占据 70.77% 和 19.84% 的 GPU 市场，英伟达、AMD 两家美国企业占据 99% 左右的 CPU 市场，韩国三星、韩国 SK 海力士与美国美光全球前三大企业占据 94% 的 DRAM 市场，韩国三星、日本铠侠、韩国 SK 海力士、美国西部数据、美国美光全球前五大企业占据 95% 的 NAND 市场。在基础软件方面，美国几乎是一统全球，目前市面上主流使用的 Windows、Linux 是美国公司的产品，主流数据库软件厂商如 Oracle（甲骨文）、IBM、微软等也是美国企业。服务器制造方面，先进计算需求拉动各类基础设施不断增长，根据 IDC 统计数据，2022 年全球服务器市场规模约 1215.8 亿美元，出货量约 1516.5 万台。据前瞻产业研究院统计，截至 2022 年 4 月，全球服务器技术三大来源国为美国、中国和日本，服务器专利申请量分别占全球服务器专利总申请的 40%、25% 和 16%。美国和中国在整机制造上同样保持领先地位，全球服务器市场中，戴尔、浪潮、HPE、超微、华为排名靠前，服务器设备厂商前五名为惠普、浪潮、戴尔、联想、IBM，基本上是美国企业和中国企业。

目前全球各个发达国家都在围绕先进计算积极布局，结合国情制定产业政策引导先进计算产业发展。美国在先进计算产业链上拥有全链条领先地位，着力推动超级计算这一先进算力在各项前沿领域的应用，促进尖端技术研发，培育新兴产业。美国橡树岭国家实验室研发了全球超算榜单第一名的 Frontier，供美国能源部使用，美国国立卫生研究院、人工智能领域科技巨头等均使用超级计算能力开展研究应用。欧洲在先进计算上密切合作，发布实施高级计算伙伴关系计划、量子通信基础设施计划等，在超级计算、量子通信等领域投入大量资源。欧洲拥有两台全球排名前五的超级计算机，有效推进人工智能在自动驾驶、生物工程、材料设计、大规模社会科学分析、医学研究等领域的应用。日本在超级计算、光子计算机、半导体数字技术等方面处于全球领先地位，并积极布局产业生态。日本东京工业大学将和富士通联合开发生成式人工智能 AI，从 2024 年开始向日本企业无偿提供。韩国也大力推进高性能计算、量子通信、人工智能的广泛应用，并依托大型人工智能研究计算数据中心，整合各个地方大学、企业和研究中心的人工智能能力，着手建立全国人工智能研究网络。

我国自《"十三五"国家科技创新规划》明确提出先进计算技术之后，2014 年由中国科学院牵头成立首个先进计算技术创新与产业化联盟，并陆续出台一系列政策规划，先进计算产业发展不断提速。根据国际数据公司（IDC）、浪潮信息与清华大学全球产业研究院联合编制的《2022—2023 全球计算力指数评估报告》，中国整体服务器市场规模 2017~2022 年的复合增长率达 48.8%，2022 年保持 6.9% 的正增长，占全球市场比重达 25%。单独从数据中心这一维度来看，2017~2022 年全国数据中心机柜数量年均增速达 33%，自"东数西算"工程实施以来，10 个国家数据中心开工项目达 25 个，西部地区同比增长 6 倍。截至 2023 年 6 月，我国在用数据中心机架总规模超过 760 万标准机架，带动算力总规模在 2017~2023 年年均增速接近 30%，已达到 197EFlops，位居全球第二。围绕算力枢纽节点建设 130 条干线光缆，数据传输性能大幅改善。我国算力产业已初具规模，服务器、计算机、智能手机等计算类产品产量位居全球第一。

我国先进计算产业在整机制造环节表现抢眼，并不断推进软硬件相结合的生态构建。全球服务器市场份额前八位品牌中，我国品牌浪潮、联想、新华三、华为、超聚变占据五位，并且本土品牌在发展壮大过程中，紧密贴合超大规模行业用户及数字化转型需求，国内市场占有率超过 70%。在 CPU 芯片这一长期被国外垄断的核心元部件上，诞生了基于 X86、ARM、龙芯等多种指令集共六种芯片，麒麟、统信两种操作系统全面应用，推出了达梦、万里开源等数据库软件，同时国产软硬件在信创的推进下，深度契合发展，产业生态不断完善，形成从服务器 CPU 到整机产品线的系统完整布局，如华为品牌基于 ARM 架构的鲲鹏生态、飞腾处理器搭载麒麟操作系统的 PK 生态，形成了长城、百信、黄河、同方、宝德等在各个区域布局、面向诸多行业领域的服务器品牌。我国东部沿海地区先进计算产业发展较快，江苏省整机制造企业占全国的比重达 30.3%，广东省、浙江省占比分别为 16.1%、15.5%。在软硬件方面，北京打造了"通明湖信创园"，信创产业相关企业数量占全国的 49.1%，天津"信创谷"集中了 PK 生态的飞腾公司和麒麟软件，广东则通过华为等骨干企业实现了软硬件的多方面布局。中西部地区湖北、安徽等省份表现较为突出，湖北省培育了 DRAM 企业长江存储以及达梦数据库，安徽省培育了 NAND 企业长鑫存储等。

三、河南先进计算产业链的优势

近年来河南省抓住数字技术迭代与国产替代加速的重要机遇，引培重点龙头企业，以开放合作提升创新能力，实施重大项目，逐步实现先进计算产业从无到有不断壮大的过程，全省已初步形成涵盖整机到芯片、主板、内存、硬盘、连接器、散热器、外围设备等关键配套的先进计算产业链。

第一，围绕龙头做文章，加速布局产业生态。郑州航空港区在招引超聚变落地投产之后，2022 年超聚变推出服务器操作系统，填补河南省在操作系统方面的空白，2023 年超聚变数字技术有限公司全球备件中心在郑州航空港区揭牌，助力河南省建成服务全国、辐射全球的供应链枢纽网络。同年超聚变软件业务创新发展中心落地洛阳市，为河南数字经济产业发展打造新引擎。超聚变的龙头效应不仅带动以记忆科技等为代表的一批业界领先合作伙伴落地河南，同时在省内发展了一批供应链配套协作企业，郑州航空港区内部新港精密、富顶精密、中航光电等 8 家企业成为超聚变的生态合作伙伴，位于漯河的河南乐通源德福信息科技有限公司生产的 V6 版本 2 个钣金机箱和 3 个塑胶编码供货超聚变，成功进入超聚变服务器精密钣金本地化产业链生态。此外，鹤壁市积极与龙芯中科开展合作，围绕芯片、主板、内存、硬盘等产业链关键环节，已布局云涌科技板卡生产、龙芯芯片封装测试、量子芯云国产化安全可信存储模组、浙江力积内存生产制造等多个优质项目。

第二，产业规模集聚态势逐步显现，创新驱动水平不断提升。2022 年超聚变服务器生产工厂产值突破 230 亿元，其中进出口规模达到 24 亿美元，市场份额全国第二，并入选独角兽企业榜单。受到超聚变龙头企业投产的强力拉动，2022 年全省生产服务器 49.35 万台、PC 机 9.55 万台，合计增速 293.2%，营业收入逼近 300 亿元，同比增长 864%。目前郑州建有超聚变全球总部、龙芯中科中原总部以及浪潮、长城硬件生产基地等，在全省先进计算产业规模中占比约为 90%，河南基本形成以郑州为核心，许昌、鹤壁为重点的先进计算产业发展格局。许昌积极布局建设鲲鹏产业硬件生产基地，主要生产采用鲲鹏、飞腾、龙芯等 CPU 技术路线的信创终端整机产品；鹤壁与龙芯中科合作建设龙芯中科产业基地，集聚龙芯生态企业 10 余家。此外，截至 2023 年超聚变研发人员规模已达 1000 余人，研发投入 11 亿元，新申请发明专利 681 项，为河南省先进计算产业注入创新活力新动能。2023 年，超聚变研发中心及总部基地项目在郑东新区北龙湖正式开工建设，超聚变数字化转型研究院和超聚变 FusionOS 生态创新中心成功揭牌投用，将持续推动河南先进计算产业创新生态完善与赋能作用的发挥。

四、河南先进计算产业链存在的不足及应对措施

由于河南省先进计算产业起步较晚，基本上在引进超聚变、布局鲲鹏基地之后才逐步开始从无到有的发展进程，因而短板问题较为集中，突出体现在配套能力不足、产业生态不完善。先进计算产业上游 CPU 主板、显卡等各类核心元器件基本处于空白领域，超聚变整机制造所需的 CPU、内存、板卡、RAID 卡四大主材供应均从省外或国外采购。2022 年，河南省工业和信息化厅组织本省先进计算产业链 101 家企业与超聚变公司进行对接，最终仅有郑州领胜科技、信阳同裕电子两家企业进入供应链，目前全省有且仅有 9 家供应商与超聚变进行产业链上下游的合作，且多集中在连接器、代工、包装等低附加值环节。超聚变公司半数以上的产能仍然分布在东莞，黄河信产、长城、浪潮、鼎新等企业，产能利用率也并不高。软件方面，虽然麒麟、统信等国产操作系统、达梦数据库等快速发展，但在全国范围内，河南省基础软件、应用软件企业竞争实力并不突出。产业

链下游算力应用场景建设与示范推广也较为缺乏，国家"东数西算"工程布局 8 个国家算力枢纽节点与 10 个国家数据中心集群，河南均未涉及。

根据当前人工智能等新一代信息技术快速成熟并不断推广应用的爆发式增长态势，华为预测 2022~2030 年，人工智能算力需求将会增长 500 倍以上，也会带动相关产品出货量激增，刺激信息技术研发制造、通信网络、能源、数字化转型升级等相关行业投资累计超 3 万亿元。服务器市场仍将保持稳定增长态势，2026 年全球服务器市场规模将达到 1556.7 亿美元，年复合增长率将为 8.3%。同时伴随国产替代的深入推进，信创在 2022~2027 年的复合增长率将达到 41%，成为先进计算领域的重要增长极，河南省必须把握这一难得机遇，在既有基础上发力深耕。

第一，强化算力基础建设，提高核心要素保障能力。推进中国联通中原数据基地三期、中国移动（河南）数据中心二期、中国电信中部数据中心、中原大数据中心、河南省大数据中心等全国性或区域性数据中心建设。加快上汽集团云计算（郑州）数据中心、中原粮农产业大数据中心等建设，完善河南多层数据中心体系。加强算力基础设施体系建设。统筹布局超级计算中心、边缘计算中心、智能计算中心等算力基础设施，加快推进科技部智算超算项目、中原人工智能计算中心（二期）等重点项目建设，在鹤壁、许昌等地布局建设一批边缘计算中心。支持郑州、洛阳建设全栈国产化、自主可控的智能计算中心，依托超聚变服务器生产基地、黄河鲲鹏制造基地等发展人工智能服务器、高性能计算机高端整机产品，为智能计算中心建设提供全国领先的硬件产品和解决方案。

第二，持续壮大产业主体，同步发展协同配套能力。把握住超聚变龙头优势，与企业共同成长，多措并举进一步培育超聚变成为具有国际竞争力与生态主导力的链主企业。对省内现有先进计算产业链配套企业及主要产品进行全面梳理、分类，对不同类型、不同发展程度的企业，通过技术升级改造、建设智能车间和智能工厂等方式，推动企业工艺改进、效率提升、产品升级，提升自身发展实力，争取尽快融入龙头企业的供应链。支持中瓷科技、绿色快车等创新型中小微企业进一步加大创新产品研发力度，为河南省先进计算产业新增一批"专精特新"企业。推动河南航信、众诚科技等一批软件企业转型为综合型和细分行业计算解决方案供应商，支持开发和推广集成化、一站式服务解决方案。

第三，提高创新驱动水平，积极布局产业创新应用生态。支持超聚变、龙芯中科、信大捷安等龙头企业，面向应用需求，围绕人工智能服务器、智能芯片、算法框架、管理框架等领域，加大技术研发力度。支持河南省科学院、郑州大学等科研院所和高校，在知识计算、存算一体等前沿算力技术上取得突破。依托国家超级计算郑州中心，建设面向行业的公共算法服务平台，在政府治理、高端装备、数字经济、生物育种等应用领域打造智算云一体化平台，推动行业共性算法快速部署和重复使用。立足产业发展需求，鼓励各类企业开放应用场景，构建从算法研发、公共平台到应用场景的产业生态。

第七章　先进装备产业链集群

装备制造产业是河南五大主导产业之一，河南万亿级装备制造产业集群总量一直稳居全国第 5 位，2022 年，河南装备制造产业增加值占规模以上工业增加值的比重达 12.1%，居五大主导产业的第二位，对规模以上工业增长的贡献率达 7.3%，在电力、农机、盾构、矿山和起重装备等诸多领域具有闻名国内外的品牌影响力。面对新时代数字化、绿色化、智能化的发展趋势，河南立足装备制造基础，提出培育壮大新型电力装备、先进工程机械装备、先进农机装备、机器人和数控机床、航空航天及卫星应用、节能环保装备 6 个具体的产业链方向，着力将装备制造传统优势向先进装备未来支柱优势转化跃升。

第一节　新型电力（新能源）装备产业链

电力装备是公众熟知的重要工业制造产业，主要生产各种发电设备、输电设备、配电设备和用电设备等，是工业发展的基本能源基础之一。新型电力（新能源）装备则是面向新时期工业与能源革命要求提出的进阶化概念，是未来电力装备产业发展的重要方向。

一、新型电力（新能源）产业链简介

2021 年 3 月 15 日，习近平总书记提出构建以新能源为主体的新型电力系统。2021 年 8 月，《人民日报》发表《加快构建新型电力系统》一文，提出"构建以新能源为主体的新型电力系统，需要在电能的产、送、用全链条加大投入力度。从电源侧来看，为了解决新能源装机带来的随机性、波动性问题，必须加快推动储能项目建设；从电网侧看，保障供电可靠、运行安全，需要大幅提升电力系统调峰、调频和调压等能力，需要配置相关技术设备；从用户侧来看，政府鼓励用户储能的多元化发展，需要分散式储能设施与技术。长远来看，这是推动电力行业高质量发展、实现碳达峰、碳中和目标的必要之举"。从新型电力系统内涵来看，其以新能源为重点方向，突出清洁低碳、安全可控、灵活高效、智能友好等特征，将由高碳电力系统向深度低碳或零碳电力系统转变，由以机械电磁系统为主向以电力电子器件为主转变，由确定性可控连续电源向不确定性随机波动电源转变，由高转动惯量系统向弱转动惯量系统转变。新型电力（新能源）产业链就是为满足这一方向和这些特征而研发、设计、制造、使用的各种发电设备、输电设备、配电设备和用电设备的集合。

新型电力装备产业包括但不限于以下领域：发电设备，包括火电、水电、核电、风电、太阳能等设备的制造和研发；输变电设备，包括变压器、开关柜、电线电缆等设备的制造和研发；配电设备，包括智能电网、自动化控制系统、智能电表等设备的制造和研发；储能技术设备，包括电池储能、压缩空气储能、超级电容储能等设备的制造和研发；新能源设备，包括太阳能电池板、风力发电机、光伏逆变器等设备的制造和研发；智能电网及储能技术设备，包括先进储能电池及系统技术、电网智能化控制技术等。新型电力装备产业覆盖范围广、涵盖产业多，产业链上游主要是原材料及仪器，包括叶片、高性能钢材、电力电子元器件、有色金属合金、仪器仪表、绝缘材料、高温超导材料、输电线材、橡胶塑料等。产业链中游为各种类型的电力设备，包括电力一次设备和电力二次设备，如水电机组、核电机组、新型发电机、新型变压器、控制设备等。产业链下游应用于火力发电、风力发电、光伏发电、水力发电、生物质能发电、核能发电等领域。

二、新型电力（新能源）产业链国内外发展简况

在全球能源转型和绿色低碳发展的时代趋势下，新型电力装备产业规模不断扩大，国际能源署发布的《2023年可再生能源》年度市场报告显示，2023年全球可再生能源新增装机容量比2022年增长50%，新增装机容量达510吉瓦。在现有政策和市场条件下，预计2025年初，可再生能源将成为全球最主要的电力来源，全球可再生能源装机在2023～2028年将达到7300吉瓦。得益于清洁能源领域的快速发展，全球电气设备产值增长迅速，根据Statista数据，2018年全球电气设备产值约为2.95万亿美元，2022年全球电气设备产值增长至近6万亿美元，2018～2022年复合年增长率达18.3%。全球电气设备厂商分布非常广泛，几乎涵盖了各个国家和地区。一些知名的电气设备厂商包括美国的通用电气（GE）、霍尼韦尔，德国的西门子（Siemens），韩国的LG电子，日本的住友电工、三菱电机等，这些公司在全球范围内拥有大量的用户和市场份额。当前许多国家和地区正在出台政策大力发展和扶持新型电力装备产业。欧盟提出了"绿色新政"，计划到2030年将可再生能源占比提高到32%，并加大对智能电网和储能技术的支持力度。美国政府提出了"美国清洁能源革命计划"，旨在发展清洁能源和智能电网技术。

中国政府高度重视绿色低碳发展，近年来深入推进能源革命，立足以煤为主的基本国情，积极发展非化石能源，持续深化电力体制改革。在发电设备领域，根据国家发展改革委公布的数据，截至2022年底，全国风电光伏发电装机突破了7亿千瓦，风电、光伏发电装机均处于世界第一；2022年风电光伏新增装机占全国新增装机的78%，新增风电光伏发电量占全国当年新增发电量的55%以上，其中光伏行业大基地建设及分布式光伏应用稳步提升，光伏新增装机达8741万千瓦，同比增长59.3%，成为新增装机规模最大、增速最快的电源类型。在智能输电设备领域，得益于城市基础设施建设的快速推进，作为智能电网重中之重的电线电缆行业也迅速发展，根据中商产业研究院发布的数据，2022年我国电线电缆行业市场规模达1.17万亿元，2022年特高压工程累计线路长度约达4.46万

千米，我国掌握特高压输电核心技术与设备，已实现特高压输电工程大规模商业化应用，满足输送容量大、距离远、效率高和损耗低等需求。智能配电领域，在"双碳"目标及物联网创新技术应用的加持下，智能配电产品的需求随之增大，智能配电网络也逐渐普及，2022年我国智能配电市场规模达25.8亿元，同比增长21.7%。

从我国电力装备产业格局来看，发电领域基本形成"六大五小"的集团新格局，国家能源集团、华能集团、国家电投、华电集团、大唐集团、三峡集团代表"六大"，"五小"指国投电力、华润电力、中广核、中核集团、中节能。输配电领域，国家电网有限公司、华为技术有限公司、广东电网有限责任公司、中国电力科学研究院有限公司在全球输配电设备行业专利申请数量上排前四位，第五位是日本富士通互联科技有限公司。根据中国企业数据库企查猫掌握的数据，目前中国输配电设备企业主要分布在华东地区，如江苏、浙江，其次是广东等东部沿海地区。2023年上半年，智能电网相关上市企业中，特变电工营业收入最高，达498.17亿元，其次为正泰电器，营业收入达278.5亿元。从区域分布看，广东省企业数量最多，达11家，我国智能变电站市场中，国电南瑞、四方股份、许继电气、国电南自、长园深瑞等企业排在前列。江苏是我国新型电力装备第一大省，拥有超5000家电气机械和器材制造企业，营业收入超过2万亿元，并提出2025年新型电力和新能源装备产业集群综合实力达到国际领先水平的目标。如皋是在新型电力装备产业领域深耕细作、专注创新，历经多年发展实现后发赶超的地区，拥有思源赫兹、神马电力、赛杰爱迪、天南电力、如高高压等代表性企业。

三、河南新型电力（新能源）产业链的优势

产业链相对完整，规模集群效应初步显现。电力装备产业是河南省优势产业，目前已集聚规模以上电力装备企业近千家，产业范围涵盖输变电、配用电、风电、光伏、储能、氢能等，总规模约为2500亿元。其中，以新能源为主要方向的新型电力装备企业492家，2022年营业收入总计达到1378亿元，龙头企业许继集团营业收入181亿元，平高集团120亿元，营收超10亿元的企业有24

家，超 1 亿元的企业有 128 家。以郑州、洛阳、焦作、新乡、许昌、平顶山、南阳等为主要分布地区，集聚许继、平高两大龙头企业，以及森源、金冠、南阳防爆、索凌电气等一批专精特新企业。河南省是全国重要的输变电装备制造基地，产业链条相对完整，产品覆盖发电、输电、变电、配电、用电等电力系统的各个环节，横跨一二次、高中压、交直流装备领域，并拥有创新平台 95 个，其中国家级创新平台 10 个，具备较高的创新水平。

产业布局较为清晰，重点企业实力突出。河南省新型电力（新能源）产业链上游的代表性企业有中岳非晶、华洋铜业、巩义春缆等，产业链中游有许继集团、平高集团、森源电气、金冠电气、南阳防爆、卧龙电器等，具备较强的竞争实力。其中，平高集团具备世界领先的规模化高端电力装备研发制造实力，特高压交直流开关、直流穿墙套管、环保型开关、电力储能等核心产品达到世界领先水平；许继集团拥有 5 个国家级创新平台，在特高压输电、智慧变电、智能配电、智能用电、新能源发电、电动汽车充换电、先进储能、轨道交通等领域掌握关键核心技术，填补多项河南省及国内空白领域。中岳非晶是国内首家、世界第四家非晶纳米材料生产企业，华洋铜业的聚酯漆包线和聚氨酯漆包线国内排名前五，金冠电气的避雷器产品国内排名第一，南阳防爆的防爆电机产品引领国内市场发展。

从光伏产业看，河南省目前已基本具备从硅棒、硅片、电子浆料、电池片、光伏玻璃、组件、支架到配套储能、逆变设备和电站建设运维等的完整产业链，构建了以行业龙头企业为主导的发展格局。根据河南省工业和信息化厅调查数据，河南省拥有规模以上光伏制造企业 20 多家，全省已形成年产 8000 吨多晶硅料、6000 吨多晶硅锭（芯）、17400 万平方米（约 87 万吨）光伏玻璃、9.3 亿瓦硅片、8 亿瓦单晶电池片、2.6 亿瓦组件的生产能力。2022 年，河南省光伏产业营收同比增长约 25%，分布式光伏新增装机总量 7.77 亿瓦，位居全国第一。许昌平煤隆基新能源科技有限公司、阿特斯光伏电力（洛阳）有限公司、洛阳中硅高科技有限公司、河南协鑫光伏科技有限公司、河南盛达光伏科技有限公司 5 家企业列入工业和信息化部光伏行业规范公告企业名单。

从风电产业看，河南省优势较为明显。产业链上游主要有天润玻璃纤维、洛轴、轴研科技、新强联回转支承、奥特科技、许继电气、森源电气等企业，中游主要有许继风电、大自然风电、信阳阳明风电等一众优质企业。信阳阳明风电是全国建筑面积和单机容量最大的陆上风电装备制造基地，拥有陆上最长94米叶型生产线、单机容量4~7兆瓦的大型陆上主机生产线，还生产170米塔筒，2022年产值35.8亿元。洛阳新强联回转支承股份有限公司在大兆瓦三排圆柱滚子发电机主轴承和双列圆锥滚子主轴承等领域领先全国，近年来不断突破核心技术，解决了风机关键部件长期依赖进口的卡脖子难题。

从输变电行业来看，河南省是全国重要的输变电装备制造基地，生产的变压器、高压开关设备、高压开关板、低压开关板、电力电缆、继电器、防爆电机等设备，有力支撑了电力系统的平稳运营。以特高压（交流1000千优、直流±800千优、直流±1000千优）为代表的输变电技术及装备总体上处于国际领先水平，产业规模及生产能力能够满足国内的市场需求，且具备一定的走出去能力。

四、河南新型电力（新能源）产业链存在的不足及应对措施

目前在输变电装备领域，以许继集团、平高集团为代表，河南省在许昌、平顶山等地形成了具备较强实力的产业集群，以南阳防爆集团为中心形成防爆电机产业集群，产业生态也在不断完善。但整体来看，风电、光伏、氢能、储能等新能源装备领域缺少国内外知名的行业领军企业，与江苏、四川等电力装备制造大省相比，产业高端化、智能化方面明显不足。由于缺乏领军型企业的整合效应，产业分散在郑州、洛阳、南阳、信阳、周口、濮阳、安阳、新乡等多个地市，没有充分发挥集聚优势，也没有形成在国内乃至国际更具影响力的产业集群。

面对国家大力发展新型电力装备的产业趋势，立足河南省的资源禀赋条件，需要从两方面着重发力：一是强化优势领域。具体是持续夯实智能输变电、配电用电行业优势，同时扩大新能源发电装备优势。以平高集团、许继集团等为依托，加快推进在特高压换流阀、直流转换开关、高速开断开关、交直流避雷器等产品上的技术研发与迭代升级，保持稳固的国际领先地位，以领先的产业竞争实力不断集聚上下游配套企业，形成省内协作发展态势。以许昌、洛阳等地为重点，壮大光伏装备产业，延伸构建以新型光伏材料为支撑的"硅片—电池片—边框—组件—电站"光伏产业链条，建成技术领先国内的全国单晶硅电池产品生产

基地。二是推动集聚发展。以重点园区建设、国家创新型产业集群试点建设等为载体，着力推动重点优势产业集群化发展。高标准建设许昌"中原电气谷"、平顶山高低压产业园、漯河电力装备产业集群、南阳输变电装备产业集群等，加快培育许昌智能电力装备制造国家创新型产业集群试点，带动形成千亿级创新型产业集群，争创国家先进制造集群。

第二节　先进工程机械装备产业链

工程机械产业是一个庞大的领域，涵盖了各种建筑工程施工中能替代笨重体力劳动的机械，是国民经济建设的重要装备。近年来在数字技术加持等因素影响下，工程机械产品技术逐渐往数字化、高端化、绿色化的先进方向提升。

一、工程机械装备产业链简介

根据我国《工程机械定义及类组划分》，工程机械主要包括以下品类：挖掘机械、铲土运输机械、起重机械、工业车辆、压实机械、混凝土机械、掘进机械、桩工机械、市政与环卫机械、混凝土制品机械、高空作业机械、装修机械、钢筋及预应力机械、凿岩机械、气动工具、军用工程机械、电梯与扶梯、工程机械配套件以及其他专用工程机械。工程机械产业链是包括原材料供应商、工程机械制造商、下游行业和配套服务提供商等多个环节在内的完整链条。

产业链上游为工程机械制造提供了必要的原材料和零部件，是整个产业链的基础，包括工程机械用钢材、内燃机、液压系统、轴承、轮胎等。产业链中游是指工程机械制造企业，负责将原材料和零部件转化为成品工程机械，是产业链的核心环节，包括挖掘机、装载机、起重机、压路机、推土机等不同类别型号的工程机械整机制造。产业链下游广泛用于建筑、水利、电力、道路、矿山、港口和国防等各个领域，还包括配套服务提供商，如经销商、代理商、租赁商和维修服务商等为工程机械产品的销售、租赁、维护和修理提供服务的行业。

二、工程机械装备产业链国内外发展简况

全球工程机械产业主要分布在以美国、中国、日本、韩国、瑞典、韩国等为代表的北美、亚洲、西欧等国家和地区，合计约占全球 80% 以上的生产和销售份额。根据前瞻产业研究院统计，2022 年亚洲企业占据绝对优势，销售收入占比达到 50.2%；其次为欧洲地区，销售收入占比达到 26.3%；北美地区占比 23.2%。2022 年中国工程机械行业市场销售收入全球占比为 24.2%，超越了美国的 22.9%，日本的占比为 21.2%。2022 年全球工程机械制造商 50 强榜单中，中国、美国、日本、瑞典、德国、韩国、芬兰、英国、法国、意大利分列全球前10 位。2022 年全球工程机械制造商发展较好的 10 家分别是卡特彼勒、小松制作所、徐工、三一重工、约翰迪尔、沃尔沃建筑设备、中联重科、利勃海尔、日立建机、山特维克（见表 7-1）。这 10 家企业占据了全球 60% 左右的市场份额。中国是全球工程机械产品类别、产品品种最齐全的国家之一，拥有二十大类、上万个型号的产品设备。根据中国工程机械工业协会公布的数据，2022 年全国工程机械产业实现营业收入 8490 亿元，出口额大幅度增长，全年出口额创新纪录达到 443 亿美元，两年净增额为 233.4 亿美元。2023 年上半年行业贸易顺差为236.7 亿美元，同比增加 53.1 亿美元。

表 7-1   2022 年全球部分工程机械制造商发展情况

公司	总部所在地	销售收入（亿美元）	市场份额（%）
卡特彼勒	美国	320.69	13.80
小松制作所	日本	253.18	10.90
徐工	中国	181.01	7.80
三一重工	中国	160.48	6.90
约翰迪尔	美国	113.68	4.90
沃尔沃建筑设备	瑞典	107.21	4.60
中联重科	中国	104.03	4.50
利勃海尔	德国	94.66	4.10
日立建机	日本	88.76	3.80

公司	总部所在地	销售收入（亿美元）	市场份额（%）
山特维克	瑞典	72.72	3.10

资料来源：前瞻产业研究院。

中国工程机械行业经过几十年快速发展，进入平稳提升阶段，产业规模全球第一，影响力也在不断提升。近年来我国工程机械保有量逐年攀升，2022年工程机械设备主要品种保有量达到1179万台，同比增长8.56%，2015~2022年复合年增长率为8.34%。从工程机械行业上市公司的地区分布来看，北京、浙江和湖南的上市企业数量最多，江苏、福建和辽宁等地区次之。目前国内工程机械行业市场竞争格局大致可以分为四个梯队。金字塔顶端是三一重工、柳工、徐工机械和中联重科四大营业收入在200亿元以上的绝对巨头，其中，三一重工和徐工机械2022年营业收入分别达到808亿元和938亿元，逼近千亿元大关，产品遍布混凝土设备、挖掘机、起重机械、铲运机械等各个领域，机械技术水平领先全球，相关产品在欧美发达国家和地区备受青睐，提升中国工程机械的品牌效应。第二梯队为营业收入超过50亿元的行业龙头企业，如山河智能、安徽合力、铁建重工、浙江鼎力、恒立液压等，在不同领域具有领先优势。第三梯队为收入规模超过1亿元的企业，如艾迪精密、厦工股份、拓山重工、南方路机等，在某些细分行业拥有一定知名度。第四梯队为数量众多的中小企业群体，产品同质化较高，主要抢占中低端产品市场。

三、河南工程机械装备产业链的优势

根据河南省工业和信息化厅调查统计数据，目前河南省工程机械产业链总体规模约2000亿元，已形成较为完整的产业链条，拥有234家具备一定规模实力的优质龙头企业，上游、中游、下游各环节企业数量占比分别为43.2%、44.0%、12.8%。

第一，优势环节实力较为突出。产业链上游环节，河南省在粗钢材料和轴承、减速器、电机和电控系统等零部件的生产制造环节中占据领先地位。以安阳

钢铁集团、洛轴、国机精工、蒲瑞精密等为代表的优质企业，在各自领域占据国内领先地位。产业链中游河南省在掘进机械、矿山机械、起重装备、铲土运输机械等行业上具有领先优势。掘进机械方面，河南在盾构机产业上实力突出，河南盾构机产业起步较早、创新能力强，拥有中铁装备、中信重工等龙头企业，是我国盾构机/TBM研发制造强省，培育形成从隧道掘进机产品设计研发、关键部件国产化、产品制造和再制造、技术服务到设备租赁等完整的全产业链条。矿山机械方面，拥有中信重工、郑煤机、红星矿机、林州重机等一批龙头企业，煤矿智能化综采设备、破碎设备、筛分设备、磨矿设备、洗选设备等竞争力较强。铲土运输机械、起重机械、混凝土机械等方面以宇通重工、卫华集团等企业为龙头，起重行业已形成在全国具有一定影响力的产业集群，产品涵盖桥式起重装备、门式起重装备、单梁起重装备、双梁起重装备等200多个种类，广泛应用于机械、冶金、电力、铁路、水利、港口等多种行业。

第二，地区集聚效应更加凸显。河南省工程机械产业主要集中在郑州、洛阳、新乡、焦作、安阳等地。郑州是河南省的工程机械产业第一大集聚区，中铁工程装备、郑机所、宇通重工、新大方重工、协力液压等是建工机械龙头企业，郑煤机、黎明重工、红星矿机、鼎盛机械等是矿山机械龙头企业，盾构机、装载机、铲运机、混凝土机械、液压件、制砂机、磨粉机、移动破碎站、采煤机等领域优势明显。洛阳的工程机械产业也具有雄厚基础，在全国具备一定的竞争实力。中信重工、洛轴、国机精工等是双主业龙头企业，建工机械龙头企业有兴达重工、路通重工、国机洛建等，矿山机械龙头企业有百力克矿山机械、中德重工、大华重机等，在上游轴承等关键零部件制造和中游盾构机、压路机、平地机、采掘机、选煤机等整机制造领域占据优势地位。新乡是河南省起重机械产业集群的核心所在地，全市拥有起重机械整机生产企业120余家、配套企业580余家；围绕卫华集团、河南矿山起重等骨干企业形成了较为完整的起重机械产业链条，在矿山机械方面也拥有以威猛振动、平原矿山机械、万泰机械等为代表的骨干企业，在电机系统、自动器等关键零部件以及筛分机、给料机、输送机等整机制造领域有着领先地位。

四、河南工程机械装备产业链存在的不足及应对措施

从产业链角度来看，上游所需关键材料和零部件是制约短板，如高性能钢铁材料、高端液压泵阀、马达、高端传动部件、电控部件等，仍然较大程度上依赖进口。部分关键零部件生产工艺不够先进，技术改造不到位，如液压件、轴承、减速机、电动机、润滑系统等产品的品控不达标，质量不稳定，规模化、产业化应用难度较大。产业链中游，在整机制造上的数字化、智能化水平仍然有待提高，以提升产品使用寿命与可靠性。从生产要素来看，河南省培育壮大先进工程机械所需的人才智力支撑较弱。目前工程机械产业向大型化、专业化、个性化、智能化、服务化等更为先进的高附加值方向转变，需要了解机械、结构、电气，同时又精通自动控制、仪器仪表、软件、工业机器人等领域的复合型人才，传统的工程机械人才队伍建设与这一目标存在不小的差距，很难满足先进工程机械发展的需求。

面对培育先进工程机械产业链的目标任务，立足河南省的优势与不足，需要从两个方面重点发力：一是要持续巩固优势领域，做大先进制造集群规模。紧抓河南省在建设工程机械、矿山工程机械、起重工程机械上已经取得的优势地位，积极开发适应市场需求的超大、多模、异形等新产品，发展成套产品，提高高端产品的市场占有率，并积极向制造业服务化转型，延伸产品租赁、运维服务等产业链下游环节，依靠数字技术实现产品全生命周期管理，进一步强化产业地区集聚效应，培育形成郑洛新千亿级建设工程机械产业集群、郑洛新平焦千亿级矿山工程机械产业集群、新乡千亿级起重工程机械产业集群。二是要重视协同发展，补足链条薄弱环节。以中铁装备、中信重工、郑煤机、红星矿机、黎明重工、路通重工、中德重工、卫华集团、河南矿山起重等行业龙头企业为中心，发挥产业链驱动力与整合力，招引一批"专精特新"企业，做优做强工程机械产业链关键零部件配套产业。围绕高端高铁材料、主轴承、减速机、液压件、电机和电控系统等关键核心瓶颈，与上下游企业、研发机构、高校等开展多种形式的产学研用联合攻关，突破、填补一批省内、国内技术空白领域，加快推进关键零部件的本地化进程。

第三节　先进农机装备产业链

农业是支撑国民经济发展的基础命脉产业，农业机械化是实现农业现代化和确保国家粮食安全不可或缺的物质基础，先进农机是高端装备制造的重要领域，同样事关粮食安全大局。

一、先进农机装备产业链简介

农机装备就是在作物种植业与畜牧业生产过程中，以及农、畜产品初加工和处理过程中所使用的各类机械的总称。产业链上游主要是原材料、零部件的供应，原材料有钢材、有色金属、橡胶、塑料等，零部件有发动机、自动驾驶系统、耕种/播种部件、行走及转向部件、电气仪表、液压悬挂等。产业链中游是各种类型的农业机械制造，按照功能类型有农用动力机械、土壤耕作机械、种植和施肥机械、农田排灌机械、作物收获机械、农产品加工机械、畜牧业机械等。产业链下游是各类农业机械在农业、林业、牧业、渔业的广泛应用。

二、先进农机装备产业链国内外发展简况

经过多年发展，全球农业机械制造行业在各个地区已经基本形成具有代表性的国际巨头，在全球范围内进行规模化竞争。欧美地区有约翰·迪尔公司、凯斯纽荷兰公司、爱科公司、克拉斯公司和赛迈道依兹公司五大农机集团，日本则形成了以久保田株式会社为首的四大农机生产巨头。这些国际农业机械生产巨头在全球建立了销售网络和生产基地，产品质量好，市场占有率高，占据了农业机械制造行业的中高端市场。美国是世界上农业机械最发达、农业现代化水平最高的国家。由于地广人稀等资源禀赋条件，美国实行以农业机械化提高劳动生产率、推进生物技术化提高土地生产率的农业现代化道路，在20世纪40年代领先世界各国最早实现了粮食生产机械化，目前在种植业、工厂化畜禽饲养、设施农业、

农产品加工等方面保持着世界先进水平。全球农机装备近年来呈现稳定增长态势，根据国际咨询公司数据，2022 年全球农机市场规模达到 1620 亿美元，同比增长 3%，以中国为代表的亚太地区农业机械化加速发展，将为全球农业机械市场持续增长注入动力。

我国一直高度重视先进农机装备发展，近年来陆续出台的一系列相关政策文件，均对先进农机装备发展作出安排部署，国家对农业机械的相关补贴政策极大程度上释放了农机购置需求，也带来了更为广阔的发展前景，有力推进农业机械化转型升级、提质增效，优化调整农机装备结构布局。产业链上游，近年来中国农业机械化快速发展，农机自动化系统进入高速增长时期。中商产业研究院数据显示，我国农机自动驾驶系统销量由 2018 年的 0.3 万套增至 2022 年的 2.2 万套，年均复合增长率为 64.6%，农机自动驾驶渗透率由 2018 年的 0.36%增至 2022 年的 2.20%。产业链中游，我国农机装备总量持续增长，农业机械市场规模不断扩大，由 2018 年的 4286 亿元增长至 2022 年的 5611 亿元，年均复合增长率达 7.0%，2022 年我国农业机械总动力增至 11.04 亿千瓦，同比增长 2.4%；2022 年拖拉机总产量约 57 万台，大型拖拉机（大于 100 马力）累计产量 10.8 万台，同比增长 10.7%。

从重点布局领域来看，我国农机装备企业在拖拉机、收割机领域较多。2022 年中国农业机械上市公司中，一拖股份农业机械营业收入规模超过百亿元，规模遥遥领先，吉峰科技、中联重科、新研股份等也是国内龙头企业；从农业机械产销量来看，一拖股份、林海股份等企业的农业机械市场占有率较高。总的来说，我国农机装备产业链上游有宝钢、中国铝业等原材料供应商，也有诸城瀚信机械科技有限公司、江苏丹帅车辆部件有限公司、江苏海平面数据科技有限公司、一拖（洛阳）液压传动有限公司、全柴动力、征和工业等零部件供应商；中游农业机械制造方面，代表性的企业有吉峰科技、星光农机、一拖股份、林海股份、中联重科等；下游种植业、林业代表性企业包括东方集团、北大荒等。

三、河南先进农机装备产业链的优势

第一，产业链集群规模、质量双提高。河南是全国农业大省，立足自身产业

基础，积极培育先进农机装备产业链，有效推动农机装备高质量发展，为保障粮食和重要农产品稳定供给，发展现代化农业提供了坚实支撑。根据河南省农业农村厅提供的数据，目前全省集聚 200 余家规上农机装备制造企业，主营业务收入近 600 亿元，是全国重要的农机装备制造大省。河南加大了对智能农机、复式农机、高端农机、急需农机的补贴力度，2012~2023 年安排农机购置补贴资金近 40 亿元，新增农机具 44.97 万台，其中大中型拖拉机 9.6 万台，农业机械化水平位居全国前列。全省农机总动力为 1.086 亿千瓦，拖拉机、配套农机具保有量分别为 327.5 万台、723.9 万台，稻麦联合收获机、玉米收获机、花生收获机等农机装备数量均居全国第一方阵，农作物耕、种、收综合机械化率 87.1%，高于全国平均水平 14 个百分点，小麦生产、玉米生产、花生生产基本实现全程机械化。智能农机装备也不断渗透，全省试点推广农机自动导航系统近 4000 台，北斗导航辅助驾驶的农机已在露地蔬菜、特色经济作物生产中规模化应用。"河南农机云平台"上线运行，实现作业面积核算、作业轨迹查询、农机精准调度、就近维修服务等，作业效率明显提高。

第二，产业链集群优势、特色双突出。河南省拥有比较完善的农作物耕种管收农机装备体系，在收获机械、动力机械、畜牧装备等方面具有较强的竞争优势。洛阳中国一拖集团有限公司是国内先进农机装备产业的龙头企业，在关键零部件以及整车制造上均具有领先国内的实力和水平。在零部件方面，河南省拥有一拖中成机械有限公司、采埃孚（洛阳）车桥、一拖液压传动、开封市宏达变速等骨干企业，在农机悬挂、驱动桥、传动轴、拨叉等零部件行业具有一定竞争力。在整车制造方面，拥有洛阳中收、洛阳辰汉、郑州中联、牧原科技、河南豪丰、新乡花溪等一批骨干企业，在收获机械、动力机械、畜牧装备等方面具有较强的竞争优势。河南拥有国家级农机装备创新中心以及航空植保重点实验室、河南省农机装备产业研究院等一批农机装备创新平台，国家农机装备创新中心是国内农机行业的首家国家级制造业创新中心，也是河南省首家国家级制造业创新中心。目前，初步形成中国一拖等龙头企业引领、中小企业协作的创新发展格局。

四、河南先进农机装备产业链存在的不足与应对措施

整体来看河南省先进农机装备发展水平居于全国第一方阵，作为本省的优势产业，对标江苏等发达地区，仍然存在较大的上升空间。一方面产业能级有待进一步提升。河南省先进农机装备拥有 200 多家规模以上企业，除中国一拖主营业务收入在 100 亿元以上之外，其他企业的规模多在 10 亿元以下。在智能化领域中，高端产品占比较少，中低端领域同质化竞争严重。另一方面核心配套能力偏弱。作为农机装备制造大省，河南省齿轮、液压管件等多数农机零部件从省外采购，本地产品质量不稳定，配套率不高。

当前我国农业劳动力总量持续下降，面对新型工业化、新型城镇化加快推进而耕地面积难以大幅增长的形势，普及农业机械化、提高农业劳动生产率是必行之策。根据农业农村部信息，我国农作物耕种收的综合机械化水平从 2010 年的 52% 上升到 2022 年的 72%，但是与发达国家平均 90% 的水平相比仍有一定差距，先进农机装备发展的市场空间广阔，面对这一具有较大增长潜力，且河南省具备发展优势的产业，需要从两方面着重发力。一是整合河南省农机装备市场，优化产业链发展格局。河南省数量较多的农机装备中小企业，为占领市场而打价格战，在中低端产品市场拉低了农机产品的利润率，而相应的核心配套能力较低，不利于河南省先进农机装备产业良性发展。目前，国内外在先进农机装备领域内行业领先、链条完整、技术先进的农业机械制造龙头企业都在持续扩大生产，提高规模效应，河南省拥有一批优质骨干企业，应紧抓当前先进农机市场发展趋势，采用整合资源、并购等多种方式，进一步提高行业集中度，使产品结构单一、生产规模小、竞争能力弱的农机企业从市场中退出，或引导具有发展潜力的中小企业专注核心配套零部件细分赛道，深耕"专精特新"方向，转变竞争策略，集中先进资源，发展集群规模经济。二是做强精品高端智能领域，提升核心竞争实力。充分发挥洛阳中国一拖集团有限公司等龙头企业的核心优势，以及国家级农机装备创新中心、河南省农机装备产业研究院等创新平台的研发实力，聚焦高端智能农机，如智能农机、节能环保农机、大型农机装备、高效复合农机等领域，研发、生产更多精品装备，树立更多有市场、有利润、有口碑的河南农机装备品牌。

第四节　机器人和数控机床产业链

机床是工业母机，数控机床是现代装备制造的重要基础设备，机器人的出现进一步提高了数控机床的"精度"，"机器人+数控机床"融合协作是工业机器人的广阔应用空间，也是近代工业发展中推动数控机床走向自动化更高阶段的重要应用模式，成为数控系统制造企业、机床制造企业、工业机器人相关企业携手共进的工业领域。

一、机器人和数控机床产业链简介

机器人类型较多，如工业机器人、服务机器人、移动机器人等，机器人产业链上游是关键材料与核心零部件，关键材料有钢材、铸铁、铝合金、塑料、电子元器件等，核心零部件有减速器、控制系统、传感器、功能单元等。根据 OFweek 数据，核心零部件约占工业机器人成本的 70%，其中减速器、伺服电机、控制器是三大核心零部件，占比分别约为 35%、20%、15%，也是机器人的核心技术壁垒。产业链中游是机器人本体生产，有直角坐标型、球坐标型、圆柱坐标型等不同类型，以及机座、执行机构。产业链下游是系统集成和服务提供商，包括系统软件、产线设计、产线组装等环节。

数控机床是数字控制机床的简称，本质为配有程序控制系统、采用数字指令控制的自动化机械设备。该控制系统可以按照既定逻辑处理具有控制代码或其他符号指令的程序，通过信息载体输入数控装置，从而计算、处理、发出各种控制信号，控制机床根据图纸要求的形状和尺寸自动加工零件。数控机床产业链上游是原材料与零部件，有钢铁、主轴、铸件、丝杆等原材料和刀具、数控系统、主机/辅助零部件、驱动系统等；中游是各种类型的数控机床制造，如数控金属切削机床、数控金属成形机床、数控特种加工机床等；下游是数控机床在汽车、航空航天、工程机械、模具等领域的应用。

二、机器人和数控机床产业链国内外发展简况

从世界工业发展历史可以看出，机床和机器两者相伴相生，总是结合在一起，并且紧密结合的趋势一直在不断演进。从技术来看，运动控制是工业机器人应用的关键核心，也是确保机床精度的重点环节，两者的制造技术高度相关。从发展目标来看，全球机床工业都在追求更高精度，机器人的出现对于提高机床作业精度有着重要的作用，特别是在数字时代，应用智能制造等新一代信息技术，机器人和数控机床协同发展走向更加高端智能的新领域。国外现代工业起步更早，在机器人与数控机床产业链上占据领先地位。根据尚普咨询集团的数据，2022 年全球机器人市场规模达到 513 亿美元，其中工业机器人市场规模约为 195 亿美元，服务机器人市场规模为 217 亿美元，特种机器人市场规模超过 100 亿美元。ABB、发那科、安川、库卡是具有百年发展历程，业内公认的全球机器人"四大家族"，由于全球制造业的复苏和转型升级，尤其是在新能源汽车、电子和半导体、锂电/光伏等行业的带动下，工业机器人和其他各类机器人的需求量增大，同时情感识别、生肌电控制、脑机接口等一批先进技术广泛应用，共同驱动全球机器人市场增长。根据国际机器人联合会（IFR）发布的《2023 世界机器人报告》，2022 年全球工厂安装的工业机器人数量为 55.3 万台，同比增长 5%。新部署的机器人中有 73% 安装在亚洲，15% 在欧洲，10% 在美洲。全球数控机床主要厂商有 Yamazaki Mazak、DMG Mori Seiki、SMTCL 和 DMTG 等，根据恒州诚思发布的数控机床市场分析报告，全球前五大厂商共占有大约 45% 的市场份额。目前欧洲是全球最大的数控机床市场，占有超过 40% 的市场份额，之后是亚太地区和美洲市场，两者共占大约 55% 的市场份额。

20 世纪 90 年代我国政府开始加大对机器人产业的支持力度，制定详细的机器人技术攻关计划，2000 年之后，国内开始规模化使用机器人，并大力推动高档数控机床的研制和发展，同时重视配套数控系统及相关功能部件的研发生产。随着数字经济发展和新一代信息技术不断普及渗透，机器人与数控机床相关的技术加速迭代，在智能制造、生产服务中的应用也越来越广泛和重要，"十四五"时期，国家重点培育先进制造业集群，推动高端数控机床等产业创新发展。在

2023 世界机器人大会上，工业和信息化部相关负责人介绍道，2022 年我国机器人全行业主营业务收入超过 1700 亿元，其中工业机器人主营业务收入为 850 亿元，服务机器人主营业务收入为 635 亿元，特种机器人主营业务收入为 215 亿元。中国是世界最大的工业机器人消费市场，2022 年安装量为 29 万台，与 2020 年相比增长了 57%，在国际上逐步出现崭露头角的本土龙头企业，如汇川技术、埃斯顿、新松等，长三角、珠三角、环渤海和中西部地区分别形成了具有地区特色的工业机器人产业集群。2022 年，我国数控机床产业规模约为 3825 亿元，其中数控金属切削机床占比过半，其次为金属成形机床与特种加工机床。我国数控机床企业主要分布在山东、浙江、江苏等华东地区与广东等沿海地区，有创世纪、浙海德曼、海天精工、秦川机床、北京精雕等代表性企业。

总体而言，由于起步较晚，我国机器人和数控机床产业处于低档迅速膨胀、中档进展缓慢、高档依靠进口的局面，2022 年全球数控机床行业专利申请数量为 19389 项，其中我国占比超过 80%，远超其他国家和地区，技术创新能力不断提升，但仍存在不小差距。特别在机器人核心三大零部件减速器、伺服电机、控制器，以及高端数控机床方面，我国仍然大量依赖从日本、德国等进口，2022 年中国进口数控机床金额约为 70 亿美元，同比增长约 15%。

三、河南机器人和数控机床产业链的优势

近年来，河南将机器人和数控机床产业作为提升高端装备制造产业能级、推动智能制造、赋能制造业高质量发展的重要抓手，取得了较为显著的积极成效。目前河南在郑州、洛阳、南阳、安阳等地已集聚机器人相关企业超过万余家，全省机器人和数控机床类高新技术企业 103 家，并拥有洛阳中重自动化、安阳鑫盛机床等具有竞争优势的行业优质企业，发展涉及零部件、机器人本体、系统集成及应用等领域。

一方面，部分企业加速崛起，一批具有市场竞争力的产品取得突破。河南省在特种机器人领域具备一定优势，中信重工在救灾机器人上具有较强的研发实力，产品在国内城市消防、石油石化、燃气化工、煤矿安全等方面得到良好应

用。洛阳德平科技股份有限公司是世界上第三个能够生产特种管道内外自动焊接机器人的企业。洛阳轴承研究所有限公司在典型数控车床主轴、高速精密数控磨床主轴等高档数控机床用精密轴承关键零部件上取得突破，应用在高速立式加工中心、精密铣镗床加工中心等高端数控机床主机，有效推动我国数控装备主机核心基础件的国产化替代进程。安阳鑫盛机床有着 70 余年的机床研发制造历史，是我国中部地区机床行业规模最大的机床厂家，开发的 CX 系列车铣复合加工中心、大功率船用柴油机活塞加工用变椭圆车床、12 米螺纹磨床等产品广泛应用于风电、汽车、军工、航空等领域，公司以承担国家及省科技重大专项为契机，率先在 CX 系列五轴联动技术、12 米超长螺纹磨削技术上取得突破，填补了国内空白。安阳数控锤、电液锤、空气锤等产品具有较强的竞争实力，在国内市场的占有率超过 75%，在国际市场的占有率超过 20%，自主研发的数控锤自动化生产线、直驱电动螺旋压力机智能锻造生产线填补了国内空白。

另一方面，创新平台建设快速推进，重大科技项目密集落地。河南省近年来在机器人和数控机床相关领域建设省级创新平台 18 家，包括省实验室 1 家、重点实验室 1 家、中试基地 1 家、新型研发机构 3 家、省工程技术研究中心 12 家。依托河南省数控技术工程技术研究中心、河南省机器人产业技术创新战略联盟等研发机构，对焊接机器人、码垛机器人、专用数控机床、锻压设备等优势领域进行巩固提升，并针对五轴联动数控机床、车铣复合加工中心、智能移动机器人等短板加大研究力度，初步形成产业创新基础，有力支撑河南省承担大型农业机器人智能协同作业系统等国家重大科技项目，并顺利实施工业机器人精密减速器研发及产业化等省级重大科技项目。

四、河南机器人和数控机床产业链存在的不足及应对措施

河南省在机器人与数控机床产业上虽取得一定的特色优势，但与国内外发达地区相比，差距与短板也较为突出，主要体现在产业规模小、市场主体偏弱。目前，河南省机器人和数控机床类企业数量虽过万家，但以规模较小的中小型企业为主，其中高新技术企业 103 家，仅占全省高新技术企业总数的 0.93%。郑煤机作为河南省机器人行业的龙头企业，2022 年实现销售收入 320.2 亿元，与国内工

业富联等行业龙头企业相比体量过小。安阳鑫盛机床是本省数控机床行业的龙头企业，2022 年实现销售收入 2.2 亿元，与国内秦川机床等企业相比也存在较大差距。此外，关键核心技术短缺现象也较为突出。控制器、伺服电机和减速器三大机器人关键零部件产品长期依赖进口；高端机床主轴、丝杠等关键零部件在精度、可靠性、寿命等方面与国际水平存在很大差距。

当前，新一轮科技革命和产业变革加速演进，新一代信息技术、生物技术、新能源、新材料等与机器人相关技术深度融合，机器人产业迎来升级换代、跨越发展的窗口期，数控机床也朝向更加高端化、智能化等方面发展，机器人与数控机床产业的重要性更加凸显，同时存在巨大的国产替代空间。河南省必须立足基础，选准重点发展方面，集中力量加速突破，推动机器人与数控机床进一步创新集聚发展。

一方面要提升特种机器人优势，壮大特色工业机器人规模。依托中信重工、郑煤机、海为高科等行业重点企业，加大对消防机器人、巡检机器人、矿山机器人这些本省优势特种机器人在智能监测、多角度巡检、自主精准定位导航等技术上的研发力度，以技术创新持续巩固提升优势地位，并开发更多系列创新产品，提高市场占有率。开放合作，招大引强，与国内外机器人行业的龙头企业积极开展控制集成化等技术的协同攻关，提高工业机器人的研发与生产力度。同时结合本省产业基础，挖掘场景应用空间，将工业机器人广泛应用于物流、食品等特色领域，推动高精度焊接机器人、喷涂机器人等优势领域不断取得新进展。

另一方面要提高数控机床关键零部件领域的竞争力，带动数控机床产业向高端化方向跃升。依托郑州机械研究所、洛阳轴承研究所、洛阳传顺机械等重点企业和科研院所，在机床主轴、高精密轴承、超精密高可靠性齿轮传动系统、数控机床专用磨具刀具等具有一定研究基础和特色的重点领域攻克一批关键核心技术，提高本省数控机床产业的核心竞争力，并加速实现对新能源汽车、新材料、工程机械、轨道交通等产业的应用支撑，稳定扩大应用规模。

第五节 航空航天及卫星应用产业链

航空航天产业是关系国家战略安全和推动经济社会发展的新兴产业,具有高技术含量、高附加值、高投入产出比等特点。卫星应用产业是太空经济的核心组成部分,作为战略性新兴产业高端装备制造业的重点发展方向,成为各地近年来重点布局的新赛道。

一、航空航天及卫星应用产业链简介

航空航天产业链条长、跨度广,涉及众多不同领域不同行业,火箭制造、卫星制造、所用燃料、电子元器件、高温合金热端核心材料、火箭发动机相关材料等,主要由国家进行战略规划与安排部署,卫星产业作为其中的重要分支,其研制生产应用已经成体系化、商业化,被视作航天事业蓬勃发展过程中的投资主线,也是近年来各地着力推动的战略性高技术产业。

卫星应用产业链上游主要是卫星制造和卫星发射,卫星发射主要是火箭的研发、制造,并提供发射服务,卫星制造涉及卫星设计总装,搭建包括结构系统、供电系统、推进系统、热控系统等,各类元器件制造、各类电子元器件、配套元器件在内的卫星平台,以及卫星载荷、天线系统等。产业链中游是卫星运营服务和卫星地面设备制造,卫星地面设备制造如建造固定地面站、移动式地面站、用户终端等网络设备和大众消费设备,卫星运营服务有空间服务和地面服务。产业链下游是遥感卫星、通信卫星、导航卫星在交通运输、农业、海洋等国民经济社会中的应用。

二、航空航天及卫星应用产业链国内外发展简况

国外航空航天及卫星应用产业起步较早,1958 年 12 月 18 日,美国成功发射世界上第一颗通信卫星"斯科尔 1 号",标志着人类通信事业进入了一个新

的历史纪元。近年来，在全球新一轮科技革命与产业变革的驱动下，全球航空航天及卫星应用产业发展迎来新阶段，以美国为代表，产业链从国家军事领域向民用商业领域不断拓展延伸，商业航天下的新商业模式创新以及广阔的市场应用空间，为航天产业快速发展注入新动力。美国 SpaceX 率先在星链、卫星发射等方面进行商业模式创新，挖掘卫星应用新场景，并引领液体燃料火箭发射、可重复利用火箭技术等取得突破。21 世纪以来，全球范围内卫星应用产业发展迅速，呈现持续快速增长态势。根据美国卫星工业协会（SIA）提供的数据，2022 年全球航天产业规模达到 3840 亿美元，从不同链条看，卫星产业占比超过 70%，达到 2811 亿美元。在卫星产业中，卫星地面设备占比过半，达到 1450 亿美元；其次是卫星运营服务，占比约为 40%，卫星制造 158 亿美元，占比为 5.6%；卫星发射 70 亿美元，占比为 2.5%。从产业性质来看，卫星产业中商业航天占比接近 80%，已经成为世界发达国家主推的战略性新兴产业。

我国航空航天及卫星应用产业虽然起步较晚，但是受到政府高度重视，在发展航天事业、建设航天强国的号召下，投入大量资金，经过无数科学家的艰苦探索，在较短时间内走上了自主创新的航天征程。1975 年，我国首次发射返回式遥感卫星；1994 年开始建立北斗卫星系统，致力于发展自己的卫星技术，实现卫星的独立发射和应用；2015 年起，我国卫星产业发展明显提速，商业卫星发射和应用的需求持续上升。

产业链上游，我国在卫星平台方面有国博电子、华力创通、铖昌科技、臻镭科技、复旦微电、欧比特等代表性企业，卫星载荷方面有盟升电子、通宇通讯、创意信息、信科移动、神宇股份、天奥电子等代表性企业，中国卫星、上海沪工等在卫星总装领域技术领先，航天科技、航天科工星际荣耀、星河动力、蓝箭航天等专注于卫星发射领域。根据中商产业研究院数据，2022 年我国射频前端芯片市场规模达到 914.4 亿元，较 2018 年增长 112.8%，2022 年中国航空航天复合材料市场达到 637.87 亿元，近五年年均复合增长率达 16.38%。产业链中游，卫星通信方面，2020 年 4 月国家发展改革委首次将卫星互联网纳入"新基建"；2021 年 4 月中国星网公司成立；2023 年 7 月，我国首颗卫星互联网技术试验卫星成功发射，卫星通信发展进入全面提速期。卫星导航方面，2020年7月，"北三"全球系统组网完成，"北斗"导航在智能终端导航、车载导航、共享经济等民用领域应用前景广阔，北斗卫星系统全面进入规模化、产业化应用阶段。根据《2022中国卫星导航与位置服务产业发展白皮书》，2006～2021年我国卫星导航与位置服务产业产值自127亿元增至4690亿元。卫星遥感方面，截至2022年底，我国拥有在轨遥感卫星332颗，位居全球第二，现阶段我国卫星遥感技术已达世界先进水平，形成了丰富的遥感卫星系列。根据共研网数据，2022年中国遥感卫星行业市场规模达到130.8亿元，遥感卫星商业化率为32%，与全球发达地区相比存在进一步的提升空间。产业链下游，根据美国忧思科学家联盟（简称"UCS"）官网提供的数据，我国拥有的通信卫星中，商业用途卫星占比最大，共有37颗，占比达55%；其次是政府用卫星有21颗，占比为31%；民用卫星有6颗，占比为9%；其他用途卫星3颗，占比为5%。

三、河南航空航天及卫星应用产业链的优势

第一，产业链各环节优势不断凸显。产业链上游，郑州航天公司、中航光电等在各类电连接器、连接技术与设备的研究与开发上拥有国内外领先技术，洛阳轴承研究所、LYC轴承有限公司在高端航空航天用轴承方面国内外领先，这些优质企业一直是中国载人航天和绕月探测等国家重点工程相关部件的主要承制单位。产业链中游，位于鹤壁的天章卫星智造基地于2023年正式投产，这也是中原地区第一家高端制造和数字化卫星生产线，合众思壮、威科姆等企业具备北斗芯片、板卡及终端设备研发、集成优势，中电科27所是国内航天测运控领域的主力军。产业链下游，航天宏图、中电科27所、合众思壮、威科姆等企业在遥感应用、北斗导航等方面也具有出色的服务水平。

第二，地区产业布局不断完善。经过一定时间的谋划布局，全省以郑州、鹤壁为引领，洛阳、新乡等地市共同发展，建成多个卫星应用产业园区，培育了一批具有自主创新能力的企业，形成具有地方特色的创新型产业集群。郑州主要布局卫星遥感、北斗导航产业，其中郑州高新区北斗产业园是全国唯一的北斗应用技术知名品牌创建示范区，区内拥有天迈科技、威科姆、二十一世纪空间技术应

用股份有限公司等一批龙头企业，在最新的《河南省卫星产业发展规划》中，进一步提出"一港三园"的发展格局，航空港区作为航天枢纽港加上高新区北斗产业园、金水区地理信息产业园、经开区河南航天智能制造产业园共同支撑郑州卫星产业集群发展。洛阳在光电元器件、高端轴承、半导体等卫星配套产业方面基础优势突出，洛阳航空航天智创产业园已入驻企业20余家，依托洛阳轴承、轴研所、海普半导体等龙头企业，以及河南省高端轴承产业创新中心、河南省轴承创新中心等省级产业创新中心，洛阳在相关领域技术水平和产品竞争力上都具有领先优势。轴研所在航天用动量轮、轴承组件、轴承单元、精密转动部件等产品的市场占有率达90%以上。新乡在军事卫星通信装备、卫星导航应用保障等领域具备一定的产业基础。鹤壁成立了全国首个空间地理信息与5G融合应用试验区，卫星产业生态不断完善，拥有航天宏图、天章卫星、中科星云、垂天科技、埃洛克等17家卫星互联生态企业，北京星辰空间、航宇卫星等30多家上下游企业业也即将入驻。

第三，卫星产业应用初见成效。依托日趋完善的产业体系，河南省积极推进卫星导航、遥感技术在政务服务、居民生活、企业生产等方面的应用，壮大卫星应用产业规模。目前河南省北斗导航与位置服务中心已经能够为300余家政府部门及相关组织机构提供地理国情普查、数字河南、智能交通、精细农业、地质监测等服务。河南"天空地"遥感智能监测平台融合了高分辨率卫星遥感、北斗导航定位以及物联网、人工智能、5G等多种新型信息技术，可以精准为自然资源、气象、交通、水利、环境等多个部门和行业提供高精度的位置服务，满足监察矿山开采、占用耕地违规超建治理等现代化管理需求，目前已经对全省800多个露天开采矿山及地下开采矿山开展"天空地"全方位动态遥感核查。鹤壁在卫星产业应用生态构建方面走在全国前列，鹤壁市与航天宏图联手创新研发多场景共享模式，投资3.6亿元建成空天地感知时空大数据平台，并建成全国首个"1+1+N"数字鹤壁与城市安全监测应急指挥系统，形成企业投资建设、政府购买服务、资源集成共享、投资集约节约、平台永久使用、提升能力水平的"鹤壁模式"。

四、河南航空航天及卫星应用产业链存在的不足与应对措施

当前美国、俄罗斯、中国等全球航天大国的航空航天技术不断发展、卫星产业体系日趋完善，在物联网、5G、人工智能、大数据等新一代信息技术变革的加持下，卫星发射和应用技术日趋成熟，商业卫星发射和应用需求持续上升，航空航天与卫星应用产业已经从政府主导推动向商业应用带动转变，即将迎来快速增长的产业新赛道。河南省具有一定的产业基础优势与细分行业技术优势，但是在资金创新投入、高端创新人才集聚等方面处于弱势，省内郑州大学、河南大学等高校没有开设卫星遥感、卫星应用相关专业。河南大学地理信息专业具备一定优势，但未更进一步设置卫星专业学科，也缺乏中国科学院空天信息创新研究院、遥感科学国家重点实验室等顶尖专业研发平台和机构。目前正处在各个地区加速布局航空航天与卫星产业的起步时期，河南需要抓紧机遇抢占发展主动权。

一是以重大平台、项目建设为牵引，推动链式集群发展。规划布局郑州航天枢纽港，构建具有多源遥感数据一站式综合保障能力的智能化、开放式空天信息应用科研平台，将枢纽港打造成为中部地区航天测运控中心、航空航天数据交换中心和空天数据应用中心，充分发挥产业集群核心增长作用。加快建设国家北斗导航位置服务数据中心河南分中心，接入行业、区域数据资源，开拓市场和数据运营管理，实现区域性通信、导航、遥感一体化数据服务体系，并推动北斗在智能手机、车载终端、自动驾驶、自动泊车等各个场景的应用，助力河南建设智能网联汽车示范应用基地。统筹推动郑州航天卫星产业园、鹤壁卫星智造产业园、洛阳航空航天智创产业园等产业园区建设，立足各个园区产业基础与链条特色，围绕卫星制造及配套、核心软硬件研制等关键环节，开展精准招商，带动上下游集聚发展。

二是以龙头企业、高端科研院所为主导，提升科技创新水平。支持河南省科学院、嵩山实验室、河南省测绘地理信息技术中心、河南省地质研究院等联手建设地月空间多模态探测系统大科学装置，在高精度数字城市智能感知探测、地球空间信息技术等领域谋划布局，争创一批国家级平台。鼓励航天宏图等具备条件的企业牵头组建省级卫星产业研究院、院士工作站等，围绕新型卫星设计、卫星

通信、导航、遥感技术应用等环节加大研发力度，攻克全光中继卫星组网等关键核心技术。发挥河南省遥感大数据工程技术中心、遥感与北斗应用重点实验室等现有平台作用，开展对外科技创新活动，链接先进科创资源，同政府、企业、园区等共同合作，融合多主体开展应用研究，深化北斗导航和高分遥感卫星数据应用。

第六节　节能环保装备产业链

节能环保装备产业兼具科技含量高、链条带动力强、市场空间广等特点，作为支撑"双碳"战略实现，同时引领高质量发展的重要抓手，在新时代迎来重要战略机遇期，成为各省重点布局的战略性新兴产业，也是河南省"十四五"时期重点培育的七个万亿级先进制造业集群之一。近年来，河南省节能环保装备产业在节能电气设备、节能锅炉、节能制冷设备等方面形成了一定的区域集聚优势。但是面对各地竞相发展的激烈竞争，河南省要从初步集聚、初显特色到打造万亿级先进制造业集群，仍需聚焦问题短板，全力实现跨越。

一、节能环保装备产业链简介

节能环保装备产业是为节约能源资源、发展循环经济、保护环境提供技术基础和装备保障的行业。节能环保装备产业链枝条庞大，关联众多产业环节，涉及节能技术和装备、高效节能产品、节能服务产业、先进环保技术和装备、环保产品与环保服务等。根据其内涵可以划分为节能产业、环保产业和资源循环利用产业三个子部分。

产业链上游是节能环保装备制造所需的各类原材料，如钢铁、有色金属、电子元器件、塑料等。产业链中游是主体部分，高效节能板块可以细分为工业节能、建筑节能、智能电网、生活节能等；先进环保板块可以细分为环保工程、环保服务、环保设备；资源循环利用板块可以细分为资源循环利用设备和工程服务；绿色交通和设备制造板块主要是新能源汽车、加氢加电站设施和绿色船舶。产业链下游是节能环保产品设备应用和服务对象，如政府及事业单位、电力、有色金属、石油石化、建筑、建材制造、钢铁等重点行业企业。

二、节能环保装备产业链国内外发展简况

欧美国家工业发展起步早，经历工业污染的时间也早，从 20 世纪 70 年代开始，污染治理、节能排污等环境保护范畴内的相关产业就已开始受到政府的高度重视。进入 21 世纪后，绿色低碳经济、循环经济发展模式在全球范围内兴起，截至 2022 年 9 月，全球已有 137 个国家、116 个地区制定了碳中和目标，带动世界各国和地区加大对节能环保产业的投入。根据环保行业市场分析相关数据，2021 年全球节能环保产业规模提升至 12686 亿美元，2014~2021 年的年均复合增长率为 4.77%，美国、欧洲和日本发展最快，市场份额位居全球前三。美国是全球最大的节能环保市场，在产品和技术市场占有率上居于首位，引领全球节能环保装备产业发展。欧盟在低碳工业、环保汽车等方面保持较为领先的地位。日本在节能产品设计、生物技术、绿色产品生产方面发展迅速，居于世界前列。近年来随着新兴国家高度重视与大力发展节能环保产业，发达国家的巨头公司频频通过并购、重组等方式应对挑战。例如，威立雅通过不断并购将业务范围向水、固废、运输、能源服务等领域拓展，成为全球名列前茅的节能环保巨头；苏伊士联合加拿大养老基金公司，斥巨资收购 GE 水处理业务，补齐苏伊士环境缺乏膜组件生产能力的短板。

2021 年，我国正式做出"双碳"承诺，并迅速在重点领域、行业发布支撑保障方案，形成双碳"1+N"政策体系。党的二十大明确指出"完善支持绿色发展的财税、金融、投资、价格政策和标准体系，发展绿色低碳产业"，节能环保产业迎来了前所未有的新型机遇期，由于具有广阔的应用空间与拉动就业、促进经济增长的巨大能量，也被各地视作制胜绿色低碳发展的新赛道。根据前瞻产业研究院的统计，我国节能环保装备产业链企业主要分布在东南沿海地区，从北向南依次是河北、山东、江苏、广东等省份，其中广东省企业数量最多，北京拥有中国节能、长航集团、博天环境、久安建设、东方雨虹等代表性企业。

三、河南节能环保装备产业链的优势

第一，产业发展不断提速。随着国家大力推进节能减排工作，河南省积极布局推动节能环保装备产业，发展速度明显加快，规模不断扩大，"十三五"时期，河南节能环保产业年均增速保持在 15% 左右，产值达亿元以上的企业超过 30 家，环保技术及装备相关产业从业人数超过 50 万。近年来，随着《河南省工业领域碳达峰实施方案》等政策的出台，以及组建节能环保装备产业链工作专班，河南省在节能环保领域实施了 200 个以上的"三个一批"重点项目，有效带动产业规模进一步壮大，2022 年全省主营业务收入突破 5200 亿元，产业增长质量也不断提高，全省已经集聚节能环保装备企业近 5000 家，其中规模以上企业近 300 家。

第二，产业布局日臻完善。河南省节能环保装备产业主要集中分布在郑州、洛阳、平顶山、许昌、南阳、商丘和周口等地，建设了一批专业产业园区，形成了具有地方特色的产业集群，如郑州新密环保装备产业园、洛阳高新区节能环保装备产业集群、许昌节能环保产业集群、周口节能锅炉特色产业集群、商丘制冷电器集群和固废处理装备产业集群等。郑州在大气污染治理装备、大气监测仪器、节能锅炉等领域具有代表性；洛阳在余热余压发电设备、节能装备、烟气治理设备、固体废弃物成套处理装备等领域较为领先；商丘集中在资源循环利用成套装备和高效节能电器行业；许昌和平顶山在节能电力装备、环保装备和资源循环利用装备领域保持优势。

第三，细分领域优势领先。近年来，河南集聚了中信重工、中原环保、许继电气、平高电气、南阳防爆、中材环保、康宁特环保科技、华夏碧水、光力科技股份、黎明重工、郑锅集团、四通锅炉等一批行业龙头或知名企业，以优质企业为主体，在节能环保产业的一些细分行业保持领先地位。中信重工的工业窑炉余热回收利用技术、许继电气和平高电气的储能技术、南阳防爆的电机节能技术、许继电气和森源电气的干式变压器节能技术、中材环保和康宁特环保科技的脱硫脱硝治理成套技术、河南清水源生活污水处理一体化技术等在各自领域内处于国际先进或国内领先地位，中信重工的双压纯低温余热发电成套工艺技术及装备实

现了装备完全国产化替代。

四、河南节能环保装备产业链存在的不足及应对措施

河南节能环保装备产业链存在的如下不足：一是集群规模体量总体偏小。河南省节能环保产业相关企业总体以中小企业为主，产值超过 100 亿元的节能环保装备企业仅有 1 家，产值在 50 亿~100 亿元的有 2 家，产值超过 10 亿元的仅有 10 家，另有 7 家大于 5 亿元小于 10 亿元，缺乏在国际国内具有引领力与驱动力的龙头企业，大集群数量较少，小集群辨识度不高。虽然有康宁特、海立特、中信重工、隆华科技、南阳防爆等一批龙头企业，但尚未围绕龙头企业形成在全国具有一定知名度和影响力的产业链集群，缺乏如江苏无锡中国宜兴环保科技工业园、合肥蜀山"中国环境谷"、四川成都金堂节能环保产业基地等知名优势集群。二是链条水平不高、结构不优。河南省节能环保生产制造以一般性产品居多，高端产品数量少，设备成套化、系列化水平低，缺乏业内具有影响力的高附加值知名产品。近年来节能环保服务行业增长势头强劲，河南具有广阔的市场应用场景与发展潜力，但是产业链下游应用服务领域缺失较为突出，特别是咨询、施工、运营的集成供应商数量较少。

面对节能环保装备产业发展趋势，立足河南省优势与不足，需要着力从四点进行提升。一是聚焦特色创新招商，壮大优势集群规模。打好基金招商、飞地招商、以商招商等"组合拳"。发挥产业投资基金的带动作用，吸引社会资本共同参与；鼓励河南省与江苏、四川等地区共建"飞地"园区，吸引优质企业和重点项目落地；发挥中信重工、许继电气、清水源科技等龙头企业的产业链资源与掌控力，招引上下游配套企业，延展产业链布局，做大做强节能环保产业集群。二是完善科技创新体系，强化创新驱动能力。鼓励龙头企业组建制造业创新中心、产业研究院、产业技术创新联盟等创新联合体，形成企业为主体、产学研高效协同的创新体系，联合高校、研究机构开展重大技术装备攻关工程，突破高性能膜材料等一批基础共性技术，并加速科技成果向现实生产力转化。三是加强企业梯队培育，提高竞争实力。一方面做大做强龙头企业。依托郑州、洛阳、商丘、许昌等地的产业基础，引进、培育集装备研发制造、工程总承包、运营管理

维护于一体的"头雁"企业和综合解决方案提供商。另一方面做精做优中小企业。引导"专精特新"中小企业聚焦细分领域，在激光器、密封件、传感器等关键核心零部件上实现自主可控，提升专业化水平和配套服务能力，成长为制造业单项冠军。鼓励龙头企业将优势拓展辐射到全产业链，中小企业协作发展提高本地化配套能力，构建"以大带小、以小托大"的产业生态模式。四是深入实施数字化转型，提高产业链整体水平。一方面加快节能环保产业数字化改造。建设数字化车间、智能工厂，打造智能制造标杆企业和工业互联网平台，以数据赋能价值链提升，推动节能环保企业从传统生产制造向高端智能制造迈进。另一方面依托数字技术驱动节能环保服务业与先进制造业深度融合。支持企业探索"装备+平台+服务"的一体化发展模式，整合设备资源，构建服务平台，提供设计、施工安装、远程运维等总承包服务，推动制造型企业从提供单一产品向提供"制造+服务""产品+服务"转变。

第八章　现代食品产业链集群

食品产业是河南传统优势产业和五大主导产业之一，多年来河南充分发挥农业大省、粮食生产核心区优势，推动食品全产业链发展，将河南建设成为全国重要的食品生产和加工基地，将食品产业打造成为保障民生的基础产业和国民经济的支柱产业，带动食品产业集群发展量质齐升。作为河南省主营业务收入超万亿元的两大产业之一，河南省工业和信息化厅数据显示，2022年河南食品产业营业收入利润率为5.9%，高于规模以上工业营业收入利润率1.7个百分点，实现利润总额423.26亿元，居于五大主导产业首位。2024年河南省政府工作报告再次提到要壮大现代食品产业集群，聚焦休闲食品、冷链食品、预制菜、酒饮品，建立"产、购、储、加、销"一体化的现代食品全产业链条。

第一节　休闲食品产业链

休闲食品是河南传统优势食品产业之一，河南深耕人口、区位、原料等产业基础优势，紧抓新消费升级机遇，发展特色休闲食品，不断壮大休闲食品产业规模，据政府不完全统计，河南省约有符合休闲食品特性的食品加工企业3175家，实现销售收入约725亿元。

一、休闲食品产业链简介

严格来说，休闲食品产业不是国民经济统计分类里面的经济学概念，而是更贴近现实生活的生动概念，与食品产业自身特性相关。休闲食品品类众多，包括糖巧蜜饯、种子及坚果类炒货、香脆休闲食品、面包、糕点、饼干、水产动物制品、肉松、肉干、鸡翅等熟食制品、调味面制品、休闲蔬菜制品、休闲豆干制品和其他休闲食品，并随着现代食品技术发展而不断创新，所属品类的内涵外延不断扩大，满足人民休闲、闲暇以及一些社交活动场合对非正餐类食品的需求。

休闲食品完整产业链向上根植于第一产业，向下价值实现与设计类生产性服务业和居民消费等生活性服务业密切相关，是一二三产业融合的综合性现代化食品产业链。产业链上游主要是种植与养殖类的原材料供应，如五谷、水果、坚果、肉蛋奶、水产等；产业链中游主要是食品加工制造，由休闲食品厂进行设计，加工制造包装成为可供直接销售食用的各类烘焙食品、膨化食品、坚果炒货、果干、肉干、卤制熟食、糕点、面包等；产业链下游是销售和消费的最终环节，主要有商超卖场、个体零售、连锁店铺、电商直播等。

二、休闲食品产业链国内外发展简况

国外休闲食品市场规模和产业发展状况因地区不同而存在差异。根据北京研精毕智信息咨询有限公司的数据，全球休闲食品行业在 2020 年市场规模达到了 4300 亿美元，2021 年增长至 4924 亿美元，2022 年突破 5000 亿美元大关。在区域市场方面，亚太地区是全球休闲食品市场的主导，2023 年休闲食品市场收入达到了 2709 亿美元，亚太地区消费者更偏向于糖果和咸味零食，日本和中国是世界前三大糖果消费国中的两个，印度零食市场正在快速崛起，2022 年的甜味和咸味零食的销售额达到 60 亿美元。美国是全球最大的零食消费国，2023 年美国市场的收入为 1100 亿美元，北美地区的消费者更倾向于选择能提供更多能量的肉制品零食和混有干果的谷物类零食，欧洲地区居民更偏向于天然和有机类零食。

中国是休闲食品生产及消费大国，受居民可支配收入持续增长、食品工业稳

步发展、销售渠道不断改善等因素的推动，2021 年我国休闲食品市场规模达到
14015 亿元，约占全部食品工业总产值的 15.3%，同比增速 7.94%，未来仍将以
高于 10% 的增速稳步发展，产业发展前景较好。华经产业研究院数据显示，中国
休闲食品主力消费者是女性群体，占 67.7%，男性消费者占比为 32.3%；从年龄
分布来看，22~30 岁的消费者占比为 34.9%，处于该年龄段的消费者的需求呈现
多样化，乐于尝试新鲜产品；31~40 岁的群体占比为 50.4%，该年龄段的消费者
经济实力稳定，具有更强的购买力。从前瞻产业研究院绘制的企业热力分布图来
看，以产业链各环节上市企业区域分布为参考标准，当前华中和华东、华南地区
的上市企业数量领先，其中湖北、湖南、江西、广东等地区，休闲食品产业链上
游资源丰富，中游知名品牌休闲食品厂商较多，如良品铺子、有友食品、三只松
鼠、洽洽食品、煌上煌、广州酒家等，产业链条完整，区域竞争力较强。

三、河南休闲食品产业链的优势

第一，市场主体量多质高。目前河南约有休闲食品加工企业 3175 家，其中
肉制品 499 家、饮料（休闲饮品类）306 家、方便食品 149 家、饼干 157 家、罐
头 134 家、冷冻饮品 50 家、薯类和膨化食品 316 家、糖果制品 310 家、蔬菜制
品 32 家、水果制品 110 家、炒货食品及坚果制品 264 家、蛋制品 137 家、水产
制品 22 家、糕点 621 家、豆制品 68 家。在产业链各环节上拥有一批具有代表性
的龙头企业，产业链上游有牧原食品，产业链中游有河南双汇投资发展股份有限
公司、漯河市平平食品有限责任公司、漯河卫龙食品、好想你健康食品股份有限
公司、河南米多奇食品有限公司、河南达利食品有限公司、河南聚旺食品有限公
司等，由于休闲食品产业特性，不少企业跨产业链上中下游共同发展。卫龙是国
内知名的大型辣味休闲食品企业，在全国各地建有多个生产基地和分公司，员工
近万人，目前已拥有 2 个研发中心、5 家生产加工基地与 1838 家线下经销商，产
品热销于全球 40 个国家和地区，并于 2023 年正式成立海外事业发展中心。2022
年卫龙实现产销收入 110 亿元，同比增长 20.3%；利润 8.9 亿元，同比增长
20.2%。好想你是药食同源的农业产业化国家龙头企业，也是红枣行业上市企
业，多年发展形成了涵盖原材料基地、原材料采购、冷藏保鲜、科技研发、生产

加工、全渠道销售、观光旅游、教育咨询等的全产业链，产品远销全球十几个国家和地区。

第二，产业集群实力突出。漯河市休闲食品产业集群是驰名国内外的响亮地区品牌。漯河是全国首家中国食品名城、全国食品安全信用体系和保证体系建设双试点市、全国肉类蔬菜流通追溯体系建设试点市、全国农业综合标准化示范市、全国消费品工业"三品"战略示范城市、全国主食产业化工程示范市等，集聚休闲食品产业链上下游相关企业145家，培育出全球最大的猪肉食品企业双汇、驰名中外的南街村（集团）、世界知名的绿色天然色素供应商中大恒源生物科技、中国辣味休闲食品第一品牌卫龙等一批知名的食品企业。漯河还拥有中国唯一的"休闲食品之都"临颍县，该县休闲食品产量稳居全国前列，休闲食品产业产值已突破500亿元，先后培育引进中国驰名商标、省著名商标企业数量达到60家以上。郑州休闲食品重点支持好想你提升枣制品加工智能化制造水平，拓展品牌文化内涵，推动枣制品业向营养健康化、休闲方便化转变。开封市休闲食品以糕点烘焙、膨化食品加工、方便食品加工等为主，有51家规上企业，丽星亿源是链主企业，劲松食品、莲祥食品、贝慧食品、淇乐多食品等一批龙头企业已形成规模化、集群化发展态势。

第三，创新水平不断提升。支撑河南省休闲食品产业高质量发展的是不断提升的创新实力。漯河充分发挥中原食品实验室暨河南食品科创园项目的龙头作用，全面加快中原食品实验室、省食品加工中试基地、产教融合基地和功能食品产业孵化园等板块项目建设，积极构建"实验室+研究生院+孵化器+中试基地+产业基金+产业园区"的全链条科研转化体系。中大恒源与知名院校合作建设国家级企业技术中心，拥有60多项自主核心发明专利，栀子黄、姜黄色素产量及销量位居全国第一，并出口美国、日本、韩国等国家。好想你紧抓健康食品发展机遇，深挖药食同源佳品红枣的多重价值，从产品创新走向品类创新，设计超级明星单品，通过线上线下多渠道布局、直播开路做先锋等各种手段推广销售，近年来又紧跟IP流量，陆续联合故宫食品、国家宝藏、唐宫文创等知名IP，跨界联合打造具有国潮特色的礼盒《枣有心意》，中国好礼、盛世健康礼系列在年货节上的业绩表现不俗。

四、河南休闲食品产业链存在的不足及应对措施

一方面品牌打造能力有待提高。河南近年来在休闲食品赛道出现了一些具有知名度和影响力的区域性产业集群，但品牌塑造和宣传意识仍然不够强，大多停留在区域内大型公司自发进行的初级层面，多数食品公司受人才、技术、资金、思想观念等因素限制，在技术、产品、营销和发展模式等方面的创新能力较弱，品牌文化渗透力不强，品牌传播手段单一、传播深度不够，缺少如茶颜悦色等能够引发现象级"爆款"的明星单品，区域知名效应没有充分转化成为可以变现的食品品牌凝聚力。另一方面企业主体力量偏弱。河南确实快速崛起一批优质企业与知名品牌，如蜜雪冰城已经成长为继麦当劳、赛百味、星巴克和肯德基之后的全球第五大连锁品牌，卫龙、好想你产品远销国内外等，但是除少数龙头企业之外，大多是中小企业，缺乏具有产业链整合力的头部企业，整体上行业集中度较低，因而粗加工产品多、精深加工产品少，同质化产品多、特色产品少，行业利润率偏低。

当前全球受到消费升级与数字经济变革等多重因素影响，休闲食品市场呈现多元化创新发展态势。食品安全、食品质量、健康养生等理念不断渗透，有机、环保、无添加、具有保健功效的休闲食品成为市场新宠，满足了一部分消费者对健康休闲食品的追求；具有地方文化特色的新国潮元素、新概念设计等个性化休闲食品成为青年消费者追捧的目标。毋庸置疑，数字经济对休闲食品产业的创新性影响也是全方位的，从加速产品科技研发速率、革新产品设计理念，到触及消费群体模式等，休闲食品进入全渠道营销时代，并且营销模式一直在快速更新迭代引领产业发展。面对这些重要的新趋势，河南需要从两点着力应对。

一是进一步完善省内产业链布局，推动休闲食品产业协同化发展。从产业链上游来看，需要提高原材料自给比例。河南省虽然是农业大省，原材料丰富，但省内产业链上游部分企业所需原材料仍然大量需要从省外和国外进购，如大咖国际食品有限公司所需的木薯淀粉、冷冻红葡萄浓缩汁等初加工农产品仍然从国外进口，双汇生猪、活鸡自给比例不足等，应组织省内相关产能对接，对口发展相关养殖业、加工业，提高本地的配套能力。产业链中游上着力整合大量泛在的中

小企业，提高行业集中度，培育发展更多具有产业链带动力的龙头企业、链主企业，鼓励引导业务联系密切的休闲食品生产企业和上下游配套企业向园区集约发展，扩大集群效应。

二是紧跟消费升级演进趋势，推动休闲食品产业全方位创新发展。提高技术源头创新水平，加大对休闲食品产业技改项目的支持，支持符合条件的休闲食品企业与科研机构建设省级重点实验室、产业研究院、技术创新中心、工程研究中心、制造业创新中心等。依托中原食品实验室、牧原实验室等，集聚国内外高端技术和管理人才，充分发挥全链条创新机制作用，攻克行业共性关键技术。提高产业模式创新能力，大力发展休闲食品工业设计，融入中原特色文化，进行新技术条件下的产品、包装、风味等层面设计，同时鼓励企业围绕主营产品特性，根据目标消费群体的心理画像，进行精准的产品创新与商业模式、营销模式创新。

第二节　冷链食品产业链

冷链食品产业是随着科学技术不断进步、制冷技术不断突破、冷链物流不断完善而快速发展起来的现代食品工业。特别在经历经济长期增长，消费需求不断提升之后，冷链食品发展进程也随之加快，培育壮大冷链食品，能够助力提高河南省现代食品产业附加值与发展质量，构建更加高端的现代食品产业体系。

一、冷链食品产业链简介

冷链食品产业链一般是针对食品品质特性，使食物从生产采购到加工制造、物流运输并完成消费的全过程，都能够在特定的温度环境下进行，以确保食品品质不变，安全稳定地完成从田间到餐桌全过程的供应链系统。根据食品品类不同，冷链食品产业链又分别形成了冷冻链和冷藏链，前者一般在$-30℃$以下的温度对食品快速冻结，并在$-18℃$以下进行贮存流通，后者一般在$0℃$以上进行相关流程，国内冷藏链温度多控制在$0℃\sim15℃$。

冷链食品产业链上游涉及农畜产品种植养殖端，主要是蔬菜、水果等易腐烂农产品，禽蛋、牛乳等易变质畜产品，河鲜、海鲜等易腐败水产品，在完成收割、收集、捕获之后，利用温控保鲜，使其在所需环境下进行贮藏运输。产业链中游主要涉及食品加工端，对上游采购到的农、畜、禽、水产品配以各类辅料，经过各种技术工艺加工制造形成制成品，再采用急速冷冻技术、鲜冻等保鲜技术形成可供销售的半成品、成品，如速冻米面制品等。产业链下游是核心冷链物流端，涉及涉冷设施设备制造和制冷技术，是发展冷链食品的基础，确保冷链食品顺利抵达消费者端。

二、冷链食品产业链国内外发展简况

在全球冷链食品产业链中，美国、日本、德国、加拿大等国家由于冷链物流发展较早，冷链技术先进，设施设备完善，居于世界领先地位，这些国家根据本国农业、食品产业的特点和需求建设冷链食品物流体系，在医药冷链物流上也掌握着先进的技术。美国在全国性蔬菜生产分工体系上建立了包括追溯系统和全程冷链配送在内的蔬菜冷链流通体系，涵盖"田间采后预冷—冷库—冷藏车运输—批发站冷库—超市冷柜—消费者冰箱"所有环节。日本建立了严格的国家标准，将冷链保鲜贯穿于蔬菜水果的筛选、定级、冲洗、预加工、包装、预冷、冷藏、运输和销售全过程。Ameircold（美冷）冷链网络广泛分布于北美、欧洲和亚太地区的 20 多个国家；欧洲冷链巨头 DFDS 在整个欧洲拥有数十个冷藏设施和上千辆自有冷藏车队。

得益于冷链基础设施建设提速，冷链物流发展驶入"快车道"，中国冷链食品产业也迎来快速增长期。在冷链基础设施政策的引导下，冷库作为冷链物流"根据地"，建设容量显著增长。根据中商产业研究院发布的研究报告，2022 年我国冷库容量约 2.2 亿立方米，较 2018 年增长了 69%；冷藏车是冷链物流的核心运载装备，关系着冷链运力，2022 年中国冷藏车市场保有量约为 38 万辆，同比增长 10.79%。从细分产品需求来看，蔬菜和水果等初级食品冷链物流需求总量占比最大，分别为 27.8% 和 23.5%；其次是肉类和水产品，冷链物流需求占比分别为 19.6% 和 16.4%；乳制品占比为 7.1%；速冻食品冷链物流需求占比为

5.5%。2022 年中国速冻食品市场规模已达 1689 亿元，五年内年均复合增长率为 10.10%，速冻食品行业市场集中度高，安井食品、三全食品、思念食品占据 80%的市场份额。

三、河南冷链食品产业链的优势

依托起步较早的传统支柱食品产业以及中原腹地连贯南北、通达东西的区位优势，河南冷链食品产业发展迅速。2022 年，河南省冷链食品加工产业规模近 1600 亿元，冷链物流规模达 1800 亿元，已初步形成从农畜产品种养端、生产加工端、涉冷设施设备制造端、仓储物流端，最后到消费者端的全链条布局。

第一，建立了较为完善的产业体系。河南在冷链食品产业链上具有突出实力，截至 2022 年，河南省蔬菜、肉类、乳制品、水果等主要冷链产品产量为 9742.27 万吨，重点行业冷链物流总额达到 2266 亿元，增长 10%，冷链物流货运量达到 7056 万吨，增长 12%。速冻食品、鲜肉及肉制品分别约占全国产量的 70%和 10%，生产了全国 60%的汤圆、70%的水饺，速冻食品加工能力、冷链物流运输能力位居全国前列。建成较为完备的冷链物流网络。标准化、智能化冷库建设应用水平稳步提升，建成投用肉类、水果、冰鲜水产品、食用水生动物等冷链产品指定口岸，"一中心、多节点、全覆盖"的冷链物流网络初步形成。初步估算，截至 2022 年底，河南省冷库总容量超过 1000 万立方米，同比增长 15%，冷藏车保有量突破 2.3 万辆，同比增长 12%。郑州、商丘、新乡和漯河四地入选国家级骨干冷链物流基地，培育出冷链食品产业相关的 20 余个百亿级产业园区，如郑州马寨食品工业园区、思念食品工业园、冠超食品工业园、大张食品工业园、芭米食品产业园、大咖食品产业园、永达食品产业园、新乡冠生园食品工业园区、壹玖冷冻冷藏食品产业园等。

第二，产业主体规模实力不断提升。截至 2022 年底，河南省与冷链食品产业相关的市场经营主体达 58.8 万家，环比增长 47.4%。根据河南省制冷学会发布的《河南省制冷产业发展研究报告》，截至 2022 年 9 月，河南 18 个地市共有 853 家冷链物流企业；规模以上涉及冷链食品的链上企业达 1687 家，资产规模总计达到 4998 亿元。本土培育成长起来的双汇、牧原、三全、思念、花花牛等一批发展体量大、创新能力强的行业龙头企业，在加工、仓储、运输等环节实现了全程低温控制，并将冷链物流技术在全省相关行业进行推广。例如，众品集团综合应用现代管理方法、信息技术、物流技术、节能和温度监控技术，引进、推广自动化冷库技术和库房管理系统、真空预冷技术等，通过低温加工、低温贮藏、低温运输及配送、低温销售，使农产品从田间到餐桌始终保持在低温环境。天冰等一批专攻特定赛道的企业也不断进行产品、技术、管理模式等层面的创新，提高相关产品的市场占有率。

第三，技术创新水平稳步提高。河南省冷链食品产业高质量发展离不开对冷链相关技术的高度重视和大力投入，以企业为主体，集聚相关高等院校、科研院所，共同参与科技创新活动。围绕冷链食品产业链上各个端口密集搭建一批基础性高能级产业平台。依托河南农业大学建立省部共建小麦玉米作物学国家级重点实验室，漯河市政府牵头搭线建立中原食品实验室，全省拥有冷链食品、肉制品加工等47家省级重点实验室，速冻食品加工、食品加工与流通安全控制等52家省级工程技术研究中心。同时实施相关重大科技项目，如"双汇第三工业园全产业链项目""中国（驻马店）国际农产品加工产业园遂平县思念休闲食品新基地项目""河南康普食品中央厨房及智慧冷链物流项目""焦作市成汇食品有限公司年产10万吨速冻食品产业园项目"等。

四、河南冷链食品产业链存在的不足及应对措施

河南冷链食品产业近年来发展迅速，但存在的不足也相对较为明显，主要集中在三个方面：一是冷链产业基础体系有待进一步强化。据中国物流与采购联合会冷链物流专业委员会统计，2022年河南省冷库面积约为1000万立方米，冷库容量持续增长，但由于河南省人口基数较大，导致人均冷库容量仍处于较低水平，全省万人拥有冷库容量389吨，低于433吨/万人的全国平均水平。二是全流程信息化程度有待进一步提高。冷链食品完整链条横跨三大产业，涉及物流、信息流、资金流环节，参与主体众多，必须依靠全流程全环节实现信息化无缝对接与综合协同，否则从产地到加工、仓储、运输，最后到消费者端的过程中将会出现断链问题。河南省涉冷企业目前大多使用传统的ERP、SCM等信息化技术

实现基本的信息处理功能，但与实际生产需要有一定差距，生鲜农产品腐损率居高不下。三是产业科技创新水平有待进一步提升。与发达地区相比，河南省在新技术研发、应用和推广方面仍显滞后，冷链设备主要功能集中在单纯温控层面，对于各类新型的分级技术、物理及生物等绿色保鲜技术、活性及智能包装技术、溯源技术等应用不足。冷链食品加工贮藏过程中，真空预冷新技术、新型速冻技术、不冻液冻结技术的普及率较低。

冷链食品产业链的发展不仅涉及冷链食品，还是支撑河南建设万亿级现代食品产业集群的基础性供应链体系，与河南各类农畜产品原材料以及布局发展的预制菜等千亿级产业集群都有着重要的关联。随着人民消费层级提升，生活节奏加快，对于各类便捷、健康食物的需求也将进一步释放，河南必须紧抓机遇，从两个层面做大做强本省冷链食品产业链。一是要以龙头企业为引领，整合行业资源，系统性推进全产业信息化、数字化改造工作。河南省冷链食品产业虽有龙头企业，但整体带动意识不强，大多是中小企业，缺乏系统化、链条化运作机制，导致整体创新能力偏弱，创新技术难以高效推广应用，出现产业链断链等问题。亟待支持有实力的企业通过参股控股、兼并联合、合资合作等方式整合省内冷链资源，打造大型现代化涉冷企业集团。支持大型龙头企业从全产业链源头开始，与家庭农场、农业合作社、农业公司等新型经营主体建立规范稳定的合作关系；在全产业链终端拓展销售渠道，与流通销售企业建立紧密合作关系。支持大型龙头企业在行业内融通上下游中小企业进行数字化改造，试点选择优势行业，打造全程信息共享、可视化运营、全程追溯、不断链的冷链流通追溯体系。二是重视多维度创新，从源头到应用加强创新力度，挖掘冷链食品消费市场潜力。源头端高水平建设冷链食品重点实验室、工程技术研究中心等创新平台，在冷鲜食品加工、绿色冷链装备、冷链食品质量安全、冷链运输与物流、新型蓄冷材料等领域，聚焦河南省冷链食品产业链重大需求，攻克一批关键核心技术。在消费端，创新品牌塑造与销售商业模式，不断提高对国内外市场的占有率。发挥河南物流、交通优势，建立涉冷食品全渠道营销模式，鼓励企业运用"互联网+品牌建设"新思路，联合大型电商平台和抖音等直播平台，全方位提升品牌宣传深度和广度，提高品牌知名度，实现品牌快速推广。瞄准欧美、日本、韩国、东盟等国家和地区，鼓励企业研发具有市场潜力的各类食品，以"抱团闯市场""组团出海"等方式拓展国内外市场。

第三节　预制菜产业链

预制菜是融合一二三产业，将现代农业与食品制造工业、生产性服务业和生活性服务业有机结合的新兴产业门类，培育壮大预制菜产业链能够增加现代食品产业价值链水平，满足日益丰富和多样化的居民食品消费需求，对地区一二三产业发展都将起到显著的带动作用。

一、预制菜产业链简介

预制菜是对菜品进行一定的预先加工，使之便于贮存、运输及销售。参见工业和信息化部 2020 年发布的《方便菜肴》（QB/T 5471-2020），方便菜是以一种或多种食用农产品及其制品（包含水果及其制品、蔬菜及其制品、食用菌及其制品、谷物及其制品、豆类及其制品、藻类及其制品、坚果及籽类、肉及肉制品、水产动物及其制品、蛋及蛋制品、淀粉及淀粉制品等）为原料，配以或不配以调味料等辅料，经相关工艺加工（预处理、加工烹制或不烹制）而成，并在一定温度条件下进行贮存、运输及销售，即食或非即食的预包装菜肴。按照食用方法和加工程度的不同可以分为即食（如八宝粥、午餐肉）、即热（如方便面、自热锅、速冻水饺包子等）、即烹（如经过相对深加工烹饪的各种菜品、冷冻宫保鸡丁、鱼香肉丝、香辣牛骨头等）、即配（如切好的净菜、小肉块等）预制菜。

预制菜产业链上游主要是各种农作物种植业和畜牧、水产养殖业，提供各类蔬菜、水果、肉食动物等原材料；产业链中游是对即食、即热、即烹、即配各种类预制菜进行加工与生产；产业链下游则是运输抵达消费市场，B 端市场主要是饭店、酒店、连锁快餐、中小餐饮企业等，C 端市场主要是直接面向消费者的生鲜超市、社区团购、电商平台等。

二、预制菜产业链国内外发展简况

由于农业现代化与工业化进程开始较早，国外预制菜产业也起步较早，预制菜最初起源于欧美国家，早在 20 世纪，美国发明了世界上第一台快速冷冻机，为食品储存保鲜奠定了技术基础，从而进入预制菜萌芽期。美国是预制菜的发源地之一，这与美国的平原地形、农业机械化程度高、餐饮企业连锁化率高、对稳定食品供应链需求大有着密不可分的关系。美国预制菜市场规模庞大，拥有众多知名的预制菜品牌，如 Sysco、Panera Bread 等，Sysco 是全球最大的食品供应商。欧洲预制菜以德国、法国、英国等国家为主，追求健康、有机的预制菜品。将预制菜发扬光大、做精做细的则是日本，日本社会生活节奏快、老龄化程度高，预制菜市场集中度较高，注重食品安全和营养搭配，产品种类丰富，如便当、寿司、炒面等。

2000 年之后，我国陆续开始出现预制菜企业，早期由于冷冻技术发展不到位、冷链运输成本较高、市场并未完全打开等原因，预制菜产业进展较慢。后来随着外卖平台快速发展、数字经济快速渗透，以及新冠疫情催化"无接触经济"等因素的影响，预制菜产业化进程显著加快。2023 年，"培育发展预制菜产业"首次写入中央一号文件《中共中央　国务院关于做好 2023 年全面推进乡村振兴重点工作的意见》，国家出台《轻工业稳增长工作方案（2023—2024 年）》，将预制化食品列为培育壮大的新经济增长点之一。根据华经产业研究院等产业研究咨询机构统计，中国 2022 年预制菜市场规模为 4196 亿元，同比增长 21.3%，预计 2026 年预制菜市场规模将达到 10720 亿元。赛迪研究院对预制菜产业基地的区域进行统计，东部地区、中部地区、西部地区相差不大，西部略高，以 36% 的占比领跑全国，中部地区和东部地区占比分别为 31% 和 30%，东北地区偏低，为 3%。全国预制菜产业基地发展实践中，主要围绕特色食品驱动、农副产品禀赋驱动、终端消费驱动与贴牌加工驱动四大模式。

三、河南预制菜产业链的优势

第一，产业进入快速增长阶段。河南作为农业大省与食品产业大省，在发展预制菜上具有天然优势和基础优势，2022 年至今，河南紧抓机遇，不断加强政策引导，陆续出台《河南省绿色食品集群培育行动计划》《河南省加快预制菜产业发展行动方案（2022—2025 年）》《中原农谷发展规划（2022—2035 年）》等文件，鼓励支持预制菜产业发展。根据中商产业研究院初步统计，2021 年河南全省预制菜产业规模 150 亿元左右，2022 年全省预制菜产业规模约为 240 亿元，同比增长 60%。预计到 2025 年，河南省预制菜产业规模将达 1000 亿元。根据艾媒咨询发布的《2022 年度中国各省预制菜产业发展水平排行榜》，河南省以84.87 的产业指数排名第三，仅次于广东 94.38 和山东 92.39。报告显示，河南省原阳县、召陵区、鹿邑县、淇县、浚县 5 地入选百强基地榜单。

第二，市场主体规模实力不断提升。截至 2023 年 3 月，河南省预制菜企业数量共计 5847 家，其中商丘、郑州和周口数量最多，分别为 934 家、924 家和644 家，河南在预制菜产业链各个环节上拥有一批优质市场主体，带领产业发展增速提质。产业链上游，牧原食品、首邑农业、南湾水库渔业开发等供给农副产品原材料，裕盛益民、白象食品、飞天农业、华大水产、仲景食品等进行初加工。产业链中游，河南省食品工业的龙头企业千味央厨、九多肉多、三全、思念、巴奴、阳光兔业等分批次进军预制菜市场，成为相关赛道上的有力竞争者。其中千味央厨是国内领先的餐饮供应链企业，深耕预制菜领域多年，已经成为百胜中国、海底捞、华莱士、真功夫、老乡鸡、瑞幸咖啡等连锁餐饮企业的供应商。2022 年 4 月，千味央厨设立了河南御知菜食品科技有限公司，专门针对市场需求开发预制菜产品品类，加大市场开拓力度，取得了良好收益，2022 年营业收入实现 14.89 亿元，同比增长 16.86%。双汇、三全、思念、仲景食品、好想你、华英农业等也从 2019 年开始密集进入预制菜新赛道。

第三，区域发展布局日益完善。当前河南省各地都在积极谋划发展预制菜产业，地区发展模式不断创新，产业体系化布局不断完善。原阳县预制菜产业链发展最为成熟，拥有"国内最大中央厨房产业园"，建成冷冻储存能力达 36 万吨的新乡进境肉类指定监管场地（保税仓冷库），集聚绿色食品企业 70 多家以及九多肉多、雨轩、绝味鸭脖等知名预制菜企业 40 余家，产品突破 3000 种，其中爆品30 余款，在"2023 预制菜产业基地百强"榜中，位列全国第四，并不断朝着

"国内首家预制菜全产业链工业园"目标前进。周口鹿邑携手澄明食品工业园，围绕"锅圈食汇"火锅产业链各个环节进行精准招商，错位协同发展打造一个番茄、一只鸡、一头牛、一只羊、一个丸子等"十个一"食品工程，并采取"工厂+种植""工厂+养殖"等模式，推动辣椒、番茄等种植业以及牛、羊、鸡等养殖业的发展，推进企业原材料本地化，实现一二三产业联动发展。信阳通过广为传播的信阳菜系知名度，从三产出发，建立食材的标准化体系，利用当地好食材好原料，叠加独特的烹饪技艺，推动预制菜企业高质量发展。

四、河南预制菜产业链发展存在的不足与应对措施

当前河南预制菜产业发展已经积累了一定的优势，但是面对各地热情加入预制菜新赛道的激烈竞争，以及经济社会发展深刻转型带来预制菜广阔增长空间的巨大机遇，河南的准备稍显不足，主要体现在两点。一是头部效应有待进一步强化。赛迪发布的"2023预制菜产业基地百强"榜单中，河南省仅入围原阳县、召陵区、鹿邑县、淇县、浚县5个地区，与山东、福建、四川、广东等省份相比处于下风，而在十大预制菜产业基地排行榜中，仅原阳县入围，山东多达4个，福建、广东各有2个。在2022年中国前十名预制菜龙头企业中，河南仅有千味央厨一家企业入选。2023年中国预制菜企业竞争力排行榜前100名中，河南仅有三全、双汇、巴奴等7家企业入选，龙头企业整体数量偏少。二是预制菜深度研究与创新不足。预制菜开发主要依靠经验，缺乏对原材料选品与产品品质相关性的系统科学研究；产业链中游预制菜加工、贮藏、流通和消费等环节，针对菜品色、香、味、型的变化等基础研究偏弱，针对特定重点区域口味偏好的专项研究也较少，各地多为同质化竞争，盲目上马项目等现象较为明显。

面对当前存在的不足，结合国内外先发地区经验，河南需要从三个方面着力推进。一是产业技术创新。各国各地在预制菜产业上均面临风味复原、营养物质保留、品质保障等共性问题，也是支撑预制菜产业高质量发展的关键，河南在发展预制菜上同样面临这些问题，中国菜系繁多，加工复杂，可以参考日本预制菜发展经验，支持千味央厨、双汇、仲景等龙头企业，联手省内外冷链物流龙头企业，在冷冻设备、速冻技术方面突破一批关键核心技术，确保预制菜保鲜时间延

长、物流损耗降低，为河南预制菜产业开拓市场，占领中高端、关键环节奠定坚实的技术基础。二是商业模式创新。注重工业设计、单品打造与市场营销等全方位的创新。针对不同地方市场口味特性与不同目标群体饮食习惯，深挖河南地方菜传统工艺与文化，针对减少烹饪环节、方便再加工、营养元素均衡、有机健康低卡等不同场景下的消费需求和消费特点，创新研发多种类别的预制菜大单品，抓住不断崛起的 C 端消费新势力，做好全渠道营销与热点营销。三是标准化工作推进。预制菜走向大众，为使社会各层普遍接受需要将标准化工作前置，加强预制菜生产、加工、制作等各环节安全标准的建设，依据预制菜不同产品种类制定原料生产标准、产品供应标准、加工标准、品质标准与食品营养及功能标准等，优先建立企业标准体系，确保预制菜产业健康发展，解决社会大众对于食品安全等问题的隐忧。

第四节　酒饮品产业链

河南作为中华文明发源地，酒文化同历史文化一样历经悠久传承，凭借雄厚的历史底蕴与独特的资源禀赋，河南酒饮品在国内外占据重要的一席之地，积累了良好的产业基础，面对新时代新形势，具有整装再出发、迈上新台阶的可行性与必要性。

一、酒饮品产业链简介

酒饮品行业众多，仅酒类一项，国内较多的就有白酒、葡萄酒、黄酒、米酒等，单纯白酒根据国家标准分类，就有浓、酱、清、米四种基础香型，以及凤香、老白干香、兼香、馥郁香、芝麻香、豉香、药香、特香八种衍生香型共 12种，各色饮品、茶也品类众多。综合划分，产业链三部分都包括上游原材料生产采购，中游酒饮品生产制造，下游消费市场。以体量最大，与国民经济发展关系最密切，历史最为悠久的白酒产业链为例，产业链上游是高粱、玉米、大米、小麦、糯米等粮食谷物原材料生产，以及纸箱、纸盒、酒瓶、标签等包装材料制造，产业链中游是浓香型、酱香型、清香型等各种类别的白酒生产制造，产业链下游有经销商渠道、直销渠道、大众消费者渠道等。

二、酒饮品产业链国内外发展简况

酒饮品产业由于历史文化、饮食习惯等因素，国内外发展差异极大，地区之间也差异极大。我国酒类市场主要品类有白酒、啤酒、黄酒、葡萄酒等，其中白酒在我国酒类市场当中占据明显的主导地位，深受消费者青睐。根据中国酒业协会公开统计数据，2022 年中国白酒产量为 671.2 万千升，完成销售收入为6626.5 亿元，实现利润 2201.7 亿元，与白酒相比，同期黄酒产业完成销售收入为 101.6 亿元，利润仅为 12.7 亿元，规模以上葡萄酒生产企业完成酿酒总产量为 21.37 万千升，销售收入为 91.92 亿元，实现利润 3.4 亿元，葡萄酒与黄酒相对于白酒而言，市场规模明显过小。三类主流酒品中，葡萄酒和黄酒销售收入和利润均出现不同程度的下降，其中葡萄酒利润同比下降 9.88%，黄酒利润同比下降 24.3%。

中国白酒行业正处在加速向高端化、品质化过渡，市场集中度不断提高的阶段。近年来中国白酒销量和产量逐年下降，但是白酒行业整体持续盈利保持高歌猛进势头，2022 年行业利润同比增速高达 29.4%。从企业微观层面来看，分化不断加速，行业整体利润持续走高主要依靠部分头部企业的超强盈利能力，截至2022 年，中国白酒规模以上企业共 963 家，亏损面为 17.55%，亏损面不断扩大，但在龙头企业的强势驱动下，中国规模以上酒企的利润和销售额水平不断上涨，中小白酒企业生存空间进一步缩小。根据中国酒业协会发布的《中国酒业"十四五"发展指导意见》，我国白酒行业目前基本形成遵义、宜宾、宿迁、泸州、吕梁、亳州六大产区，六大产区白酒产销量占全国白酒行业的 50%，利润超过全国白酒行业的 80%。产区内代表性名酒企业如茅台、珍酒、五粮液、泸州老窖、汾酒、古井贡酒等成为所在地区财政的主要贡献者之一，中国白酒行业产业链不断向主要产区集中发展。2017～2022 年中国规模以上白酒企业销售情况如图 8-1所示。

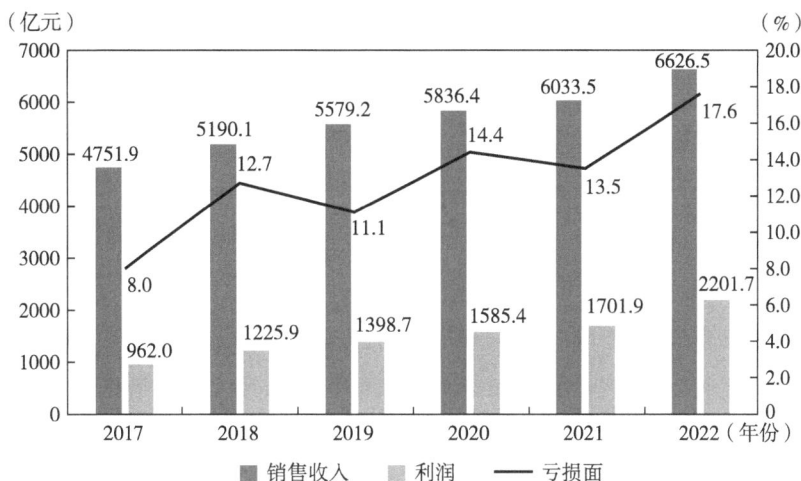

图 8-1　2017~2022 年中国规模以上白酒企业销售情况

资料来源：国家统计局、中国酒业协会。

三、河南酒饮品产业链的优势

第一，酿酒历史悠久、品牌众多。河南作为中华文化发源地与中国重要的优质粮食基地，从农耕文明开始就是美酒大省。河南酿酒在中国乃至世界酿酒史上都占有一席之地，酒祖仪狄、杜康造酒始于河南，其酒宗文化地位被世人公认，有"一部豫酒史，半部国酒史"之美誉。20 世纪 80 年代考古工作者在漯河舞阳贾湖遗址进行发掘，发现了实际上最早的酿酒坊，距今已有 9000 年。1989 年第五届中国名酒评选，宝丰酒、宋河粮液等 17 款中国名酒入选，即现在人们常说的十七大中国名酒。1994 年仰韶酒在第二届巴拿马万国名酒品评中荣获特级金奖，1998~1999 年，仰韶白酒产量达到 10 万吨，与洋河共同位居全国前二，销售收入位列全国前十，贡献当地 80% 以上的财政收入。如今河南现有生产企业 152 家左右，白酒产量 25 万千升左右，年销售收入 118 亿元左右，其中仰韶酒业销售收入突破 35 亿元。白酒企业众多，仰韶酒业、赊店老酒、杜康控股、皇沟酒业、宝丰酒业、宋河酒业、贾湖酒业等都是其中具有代表性的重点豫酒企业，拥有各自独特而源远流长的独家酿酒"秘籍"。啤酒企业 23 家，销售收入约 95

亿元，其中金星啤酒 2021 年销售收入为 26.67 亿元；天明民权葡萄酒、冷谷红等葡萄酒企业 13 家，年销售收入不足 10 亿元。

第二，白酒市场广阔、空间巨大。河南经济大省和人口大省的基础条件，与源远流长的白酒历史文化和消费文化，使河南成为白酒行业的兵家必争之地。广东和山东等地同为经济人口大省，其酒类消费市场除白酒外，啤酒等酒种也占据一定的市场份额，酒业家统计数据显示，2022 年广东整体酒类消费市场约有 580 亿元，其中白酒只有约 300 亿元。相比之下，根据河南省酒业协会发布的《2022 年河南酒类流通市场报告》，2022 年，河南省白酒市场主要品牌销售额为 618.84 亿元，而在河南销售的白酒品牌数量有近 4000 个，白酒产量仅次于四川省，另外，河南的白酒渗透率也在全国名列前茅。

四、河南酒饮品产业链存在的不足与应对措施

河南占据发展酒饮品产业的基础优势并经历了辉煌时期，但是 2002 年之后白酒发展的黄金十年里，本地企业改制不及时，发展转型缓慢，错失了扩张良机。酒饮品产业链存在的不足较为明显，主要体现为两点：一是酒企的影响力偏弱，市场占有率较低。河南 21 家白酒企业获得省长质量奖、市长质量奖、县长质量奖，虽然酒企数量众多，但整体生产产能、销售收入和财政贡献能力偏弱，主要靠 10 余家重点企业提供。河南和安徽的白酒产量相差不多，但安徽有 4 家上市酒企，仅古井贡酒 1 家酒企的营业收入就和河南省 10 家重点白酒企业的营业收入相近。根据河南省酒业协会统计数据，2022 年本省主要品牌白酒市场销售额为 618.84 亿元，同期省内品牌销售额为 117.83 亿元，豫酒仅占 19%。二是本土品牌培育不足，转型升级能力较弱。河南省虽拥有 35 个酒类省名牌产品，但白酒市场主要被茅台、五粮液、洋河大曲、汾酒、泸州老窖、古井贡酒等品牌占据，啤酒市场上雪花、百威、燕京拥有较大的市场份额；长城、张裕、绍兴黄酒等知名品牌也占有一席之地。在酒类消费不断向龙头企业和知名品牌集中的大趋势下，河南酒类品牌普遍存在定位不准、创新投入不足、新品品牌知名度不高等问题。

面对当前国内外酒饮品发展新动态，把握河南酒饮品产业链发展基础与存在

的不足，河南发布了《河南省酒业振兴发展行动方案（2022—2025 年）》《河南培育壮大酒饮品产业链行动方案（2023—2025 年）》，推动河南酒文化再续辉煌，助力豫酒再创佳绩、再造优势。一是要培育壮大龙头企业，提高产业集中度。近年来白酒市场份额向头部集中的趋势正在不断加速，中低层次白酒消费市场不断萎缩，要充分顺应白酒行业整体发展趋势，对省内群体数量众多但是普遍规模偏小的中小企业白酒市场进行整合，支持仰韶、杜康等龙头企业通过兼并等各种方式扩大规模，稳固提高省内市场占有率，并积极开拓省外市场、国外市场。加大对蜜雪冰城、眷茶等本地茶饮料龙头企业的支持力度，鼓励销售渠道下沉，加大全国化市场布局力度。二是提高设计研发水平，强化新消费品牌塑造。围绕白酒行业消费升级新趋势，把握最新市场偏好，招引专业设计团队，挖掘河南特色文化内涵，与自身品牌元素融合，将河南传统文化变为更具吸引力的企业产品文化，讲好生动的品牌故事，推动品牌形象、风味、产品、包装向特色化、功能化、时尚化、文艺化等方向发展，提高豫酒产品的附加值与中高端市场认同度。鼓励本省龙头茶企与饮料龙头企业开展创新合作，依托本省特色资源发展特色种植，共同开发特色茶品、饮料单品等，打造一系列独具风格、辨识度高的河南茶饮品牌。与知名电商平台、互联网综合服务平台等进行合作，并借助中国洛阳牡丹文化节、中国开封菊花文化节等各类文旅展会活动，加强河南特色酒饮品的宣传推广力度，提高河南特色酒饮品的品牌渗透度。

第九章 现代轻纺产业链集群

现代轻纺产业是河南的传统优势产业之一，突出的原材料优势加上独特的区位优势，使得河南现代轻纺产业在全国位居前列。数字经济时代，在新一代信息技术加持下，现代轻纺产业正在经历深刻调整与变革，蕴含从传统产业向新兴产业跃升的强大动能，河南把握产业发展趋势，提出打造万亿级现代轻纺产业集群，培育壮大纺织服装和现代家居产业链的目标。

第一节 纺织服装产业链

纺织服装产业是第一次工业革命时期就已经产生的成熟产业，多年来一直随着新技术进步、新时代发展而演变革新，从单纯的冷暖穿衣到时尚社交、个性彰显等，不断被赋予新价值，产生新赛道，是历久弥新的朝阳产业。

一、纺织服装产业链简介

纺织服装行业是指以纺织面料为主要原料，经裁剪后缝制各种男、女服装以及儿童成衣的行业。根据《国民经济行业分类》，纺织服装行业可分为机织服装制造、针织或钩针编织服装制造和服饰制造三类。

纺织服装产业链上游主要是棉花、羊毛、蚕丝等天然纤维以及化学纤维原材料的获得、制取。产业链中游主要是纺织制造，包括纱线、面料及成衣制造三个环节，通过纺纱的手法将原材料制作成纱线，随后使用纱线织造，形成织布产品或坯布产品，坯布产品经过染色等技艺处理成为可以直接制作服装的各种面料，最后由服装制作商制成成品服装。产业链下游主要由商超、电商等品牌商和渠道商组成。

二、纺织服装产业链国内外发展简况

传统纺织服装产业是典型的劳动密集型产业，在全球发展过程中，受到成本驱动发生多次产业转移。近年来，中国大陆纺织服装产业也在密集调整，部分向以越南、孟加拉国、印度等为代表的东南亚、南亚地区转移，这些地区许多国家尚处于制造业发展的人口红利期，更具劳动力成本优势，配合税收等产业政策因素，成为承接新一轮纺织服装产业转移的主要地区。中国曾因劳动力和原材料的低成本优势，积极承接发达国家的产业转移，纺织服装产业迅速发展，已经成为全球最大的纺织服装生产和出口大国。根据智研咨询整理的相关数据，2022年我国纺织服装行业规模以上企业数量为13000余家，同比增长4.5%，但受到市场需求减缓，劳动力成本增加等因素影响，资产总额、销售收入、行业利润出现小幅持续下滑。2022年全球纺织品服装出口总额达9150亿美元，其中中国出口额为3409.5亿美元，占全球的比重约为40%，其中纺织业对共建"一带一路"国家的出口贸易额超过1200亿美元。

综合尚普咨询和企查查相关数据，目前在我国纺织服装产业链上游，新疆维吾尔自治区等原材料生产地区分布的企业较多，产业链中下游企业则更多集中在江苏、浙江等工业化起步较早、工业综合实力较为领先的东部沿海地区以及广东、上海、福建等贸易发达地区。根据共研网提供的数据，我国服装行业企业数量较多，如海澜之家、森马服饰、太平鸟、雅戈尔、361°、江南布衣、七匹狼、朗姿股份、拉夏贝尔等，2021年海澜之家、森马服饰、太平鸟、雅戈尔、361°、江南布衣、七匹狼、朗姿股份和拉夏贝尔这九家排名靠前的企业服装销售收入总和仅占全国服装行业销售收入的4.58%，服装行业市场集中度较低，品牌竞争较为激烈。

三、河南纺织服装产业链的优势

纺织服装行业是河南传统优势产业也是重要的民生产业，过去十余年中，河南凭借自身优渥的资源禀赋优势，积极承接江苏、浙江等沿海地区的产业转移，逐步做大纺织服装产业规模，为拉动内需、促进出口、吸纳就业、推动工业化和城镇化等做出了不小的贡献。

第一，产业链综合实力较为领先。河南纺织服装产业拥有从棉纺织、化纤、纺纱、织布、纺织机械制造、印染、服装加工到品牌销售的完整产业链，产业基础较为扎实。根据河南省服装行业协会提供的数据，截至 2022 年底，河南年产各类服装 35 亿件，年产值 4000 亿元，总量约占全国的 9%。根据企查查提供的数据，截至 2023 年，全国约有服装相关企业 2374 万家，其中河南 137.8 万家，仅次于广东、福建、山东、浙江、江苏。产业链上游河南是棉、麻、毛、丝等纺织原料的重要产地，多项原材料位居全国前列，这是河南发展纺织服装产业的先天优势。化纤行业产能规模大幅提升，粘胶纤维长丝、氨纶等产能位于全球前三，莱赛尔纤维等化纤新品种位居全国第二。2021 年棉纱产量居于全国第二位，约占全国总产量的 18%；布产量与化纤产量均居于全国第八位；服装产量位居全国第六。产业链中下游及相关配套较为完善，纺纱、织布、印染、服装加工、纺织机械制造等产业链条完整，以恒天重工、光山白鲨、河南二纺机等为代表的纺织装备和零配件行业在全国具有较高的市场占有率；依托全国心脏的交通枢纽地位，以郑州火车站为核心的服装批发市场从 20 世纪 90 年代开始，逐步孕育出一批服装企业的"先行者"，使郑州女裤一度取代广州成为全国最大的化纤女裤生产基地，占据全国"半壁江山"，并涌现出梦舒雅、娅丽达、逸阳等一批知名品牌。

第二，创新补链强链能力不断提升。近年来，河南省纺织服装行业陆续建设搭建一批创新联合体和创新平台，如先进纺织装备技术省部共建协同创新中心、河南省化学纤维工程技术研究中心、中国纺织科学院研究中原分院、新野纺织院士工作站、新乡白鹭博士后工作站等，有效集聚创新资源，开展技术协同攻关，推动创新成果产业转化。创新主体力量不断增强，培育国家级制造业单项冠军 1

家、专精特新"小巨人"4 家、纺织服装创意设计试点和示范园区（平台）各 1 个；培育省级工业设计中心 16 家、"专精特新"中小企业 42 家、技术创新示范企业 3 家、纺织服装创意设计试点园区（平台）6 家。针对产业链中间印染和面料环节存在的短板，商丘夏邑生态印染科技产业园、安阳北关年产 8 万吨针织面料印染示范园、周口扶沟中垣环保生态科技产业园、商水盛泰纺织工业园等一批织造、印染项目正在加快建设落地，将有效带动河南纺织服装产业链配套设施进一步完善。

第三，特色集群发展模式日益凸显。河南纺织服装产业扎根省内各地，县域成为发展纺织服装产业的主场，目前已有将近 50 个县域将纺织服装列为主导产业重点发展，形成极具地方特色的产业集群。根据 2022 年中国纺织工业联合会公布的全国纺织产业集群名单，河南安阳、南阳、商丘、信阳、周口、驻马店等地级市均形成一定规模。周口、商丘、信阳、南阳、驻马店、新乡等地规模以上企业分布较为集中，其中周口、商丘、信阳规模以上企业均达到 200 家以上。产业链上游，商丘、周口、南阳拥有新野纺织、永泰棉纺、恒天永安、银鑫棉业等龙头企业，集群纺纱规模保持在 300 万锭以上；新乡、平顶山、洛阳、鹤壁拥有新乡化纤、神马实业、中纺绿纤、中维化纤等龙头企业，是河南省主要的化纤生产制造基地。产业链中下游，商丘睢阳童装、睢县休闲运动鞋、新乡长垣职业装、周口项城医护服、周口鹿邑羊毛衫、濮阳台前羽绒服等特色纺织服装产业集群正在加速集聚发力。

四、河南纺织服装产业链存在的不足及应对措施

河南纺织服装大省地位毋庸置疑，但是同江苏、浙江等前五位纺织服装大省相比，仍然存在较为突出的短板。一是集群规模偏小，链条协同效应不足。河南服装行业产值和纺织服装企业数量虽然多年来稳居全国第六位，但是和前五位省份相比在规模上存在明显差距，前五个省份服装业生产总值均超过 1 万亿元，河南目前尚不足 5000 亿元。发展纺织服装产业的县域地区众多，但集群数量多而小，县域百亿级产业集群占全部集群的比重仅为 25%。产业前端新野纺织、新乡化纤等龙头企业虽然自身体量较大，但是产业链本地延伸不足，氨纶、粘胶纤维

长丝和莱赛尔纤维产品产能较大，但大多销往国内外其他地区，本省下游使用占比仅 5% 左右，本地服装企业使用面料则多数从江浙等沿海省份采购。二是创新能力偏弱，品牌塑造能力不足。纺织服装产业上游对产业链条来说定价能力不高，作为消费民生行业，下游议价能力更强，河南省绝大部分企业的生产工艺仍然停留在粗放阶段，较少利用数字 AI 技术等进行自上而下的研发模式创新，同时缺少对高附加值产品的设计打磨，自下而上进行商业模式创新的能力偏弱，链条中低端层次的低附加值产品同质化竞争现象较为突出。

当前全球纺织服装产业链正在经历新一轮调整重塑，受一系列复杂因素的影响，全球市场需求持续低迷，纺织服装产业企业整体面临出口转内销、调整产品结构与开拓新市场的转型重任，产业链低端发展空间进一步压缩，链条逐步向国外"溢出"，中低端产能也随之缓慢转移。产业链中高端则在数字化转型、智能化升级、新材料创新、新消费引领的带动下不断焕发新机遇，孕育新产能，成为江苏、浙江、广东等纺织服装强省布局调整的重点方向。

纺织服装产业作为河南传统优势产业和支撑县域经济发展的县域特色产业，是河南极具发展潜力，需要高度重视，亟待转型突破培育壮大的重点产业链。一是要明确发展重点，精准强链扩群。目前困扰河南省纺织服装产业的一大难题，是较大产能下的无序发展，影响集群规模实力进一步提升。河南可以依托行业龙头企业组建棉纺织产业链联盟、化纤纺织产业链联盟等，对新野纺织、新乡化纤等龙头企业加大政策扶持和融资、土地等要素的倾斜力度，打造一批产业链一体化的百亿级大型链主企业，发挥龙头企业的辐射牵引带动作用，进行上下游协同布局，提高本省棉、纱、化纤等产品的就地转化效率。抓住东部沿海地区产业布局调整机遇，围绕本省纺织服装产业薄弱环节开展精准招商、集群式招商，促进强链补链延链，做大产业集群。二是实施数字"三品"，捕捉行业前沿。分析把握纺织服装产业革新演变的前沿动态，重点关注火热发展的"运动经济"、"IP 经济"、"户外经济"、童装、内衣等细分领域，线上线下融合、电商直播卖货、私域运营等新渠道，针对"90 后""00 后""Z 世代"新消费势力的个性化、时尚化、"精致省"等消费特点和消费心理，对服装产品的品质、品种和品牌进行精准重塑与提升。围绕最新精准定位，在全行业深入实施增品种、提品质、创品牌数字"三品"行动，以数字化转型为抓手，推广应用 AI 技术，辅助开展消费者数据分析应用、数字化研发设计、质量在线检测和自动控制，推广落地智慧供应链管理、智慧营销等数字化典型应用场景，推动企业向自动化、数字化、网络化、智能化方向梯次推进，促进产品开发、质量提升和品牌打造。

第二节 现代家居产业链

现代家居产业涵盖链条多，覆盖范围广，包括各类家电产品、家具、家装、装饰装修等行业，以及最新的智能家电、智能家居等。现代家居不仅是与建筑、房地产密切相关，满足居住功能的传统行业，还是随经济发展，被赋予满足消费升级需求、提升居民生活品质，具有个性化、绿色化、智能化特征的重要民生产业。

一、现代家居产业链简介

家居产业发展历史悠久，产业内部由多个子品类构成，存在众多大小不一的细分市场，如主材、辅材、设备、家电、厨卫、软装等，且各子品类下还存在多项细分品类，家居产品满足居民家庭居住中坐卧、储藏、间隔、温控、烹饪、休闲、美化等所需的各项功能，其中家具、家电、装饰装修等领域更为大众所熟知。

家居产业链上游是核心原材料供应，主要包括木材、皮革、弹簧、玻璃、金属、塑料、化纤、海绵等，各类木材与塑料是使用最多的主材，智能家居则包含传感器、芯片等智能控制器和人工智能等软件。产业链中游主要是各类木质、金属、软体等多品类家居产品的设计与生产制造。产业链下游则是销售、安装等生产性服务环节，涉及超市、百货、家居商场、品牌专卖、电商平台等线上渠道、线下渠道。

二、现代家居产业链国内外发展简况

全球家居产业发展历程较长，跟随工业技术、艺术风格不断发生变化，根据中国家具协会 2023 年 8 月发布的《全球家具行业发展报告》以及前瞻经济研究院的研究报告，全球家居产业在 2018 年之后，伴随着全球经济逐步回暖，全球消费者对家装的热情日渐升温，但是受到房地产和建筑行业景气度下降的影响，增幅受到限制，出现小幅下滑。2018~2022 年全球家具行业市场规模整体呈现稳步上涨之后轻微下滑的态势，2022 年全球家具行业市场规模约为 6943.2 亿美元，同比下滑 1.52%，产值 5420 亿美元，较 2021 年降低 4%。家具贸易在全球跨境商品中活跃度较高，中国、美国等均是家具消费大国，中国自产自销的比例高达 98%，美国约有 39% 来源于进口，但在全球各国家具行业销售收入排名中，美国以 2352.14 亿美元位列第一，中国、德国紧随其后。随着新一代信息技术普及，智能家居成为备受关注的新兴领域，2022 年全球智能家居行业市场规模突破 1000 亿美元，其中欧美国家智能家居渗透率超过 30%，显著高于其他地区，亚洲市场正在快速成长。

我国家居行业起源于 20 世纪 90 年代，发展历程与房地产行业息息相关，目前是全球最大的家具生产国与出口国，历经改革开放 40 余年的高速发展，已从传统手工业发展成为以机械自动化生产为主的现代化大规模产业。近年来房地产行业逐步降温，在房地产红利渐渐褪去之后，我国家居行业正在发生深刻变革，存量市场下消费者对家居消费提出更高的品质要求，相关企业积极运用互联网、智能制造、绿色生产等技术提升行业制造水平，丰富产品种类，国家也出台相关政策促进家居产业向高质量制造、高科技材料研发与高水平设计方向发展，进一步推动国内家具产业整合升级，以适应全新的国际形势与产业发展要求。根据前瞻产业研究院调查的数据，我国家居产业链上下游企业大部分在东南沿海地区集聚，以广东及周边地区为主，山东、浙江次之，江西、福建、四川、河南也分布较多。广东、浙江、江苏、福建等地拥有更多的代表性企业，如顾家家居、恒林股份、喜临门、兔宝宝、兴业皮革、月星集团等。截至 2022 年，我国拥有 153 个规模以上家具产业园区，广东、山东、江西、江苏、河南规模以上家具产业园区数量位列全国前五。

三、河南现代家居产业链的优势

河南家居产业起步较早，在国内外家具行业进行结构调整的关键阶段，积极寻求转型发展，现代家居产业链日益完善，链条实力不断巩固提升。

第一，产业集聚效应不断凸显。目前，河南省现代家居基本形成从木材等原辅材料供给、零部件、家具、家电、家装、厨卫及家装建材等在内的较完整的产业链。2022 年河南省规模以上家居企业约为 1400 家，现代家居产业营业收入约为 1800 亿元。以郑州为中心，各地家居产业集聚区多点支撑，差异化发展，白色家电、板式家具、实木家具、钢制家具是细分优势行业，初步呈现集聚化发展态势，郑州、新乡、商丘等地主要分布白色家电集群，洛阳的主导集群是钢制家具，开封的主导集群是板式家具，驻马店的户外家具集群发展较快，临颍、清丰、兰考等县域的实木家具、板式家具、木质家具分布较为集中。其中，信阳、开封、驻马店、洛阳、漯河、濮阳、商丘、新乡等地规模以上企业更为集中，信阳、开封规模以上企业数量达到 200 家以上，信阳、洛阳、开封、商丘、郑州、新乡和驻马店的现代家居产业营业收入均超 100 亿元。

第二，产业链创新水平加速提升。河南顺应现代家居产业高技术发展趋势，提升创新链水平，赋能产业链高质量发展。产业创新主体力量不断壮大，目前培育相关领域 5 家专精特新"小巨人"企业、42 家专精特新中小企业、3 家技术创新示范企业。相关创业创新平台体系不断完善，建设有大信家居国家级工业设计中心、4 家省级工业设计中心、11 家省级工业技术研究中心、国家级制冷装备中试基地、河南省万华大家居产业院士工作站、河南省秸秆资源化利用工程技术研究中心、河南省电器高效热交换系统工程研究中心、河南省智能家居工程研究中心、河南省木材及木制品质量监督检验中心（临颍）等一批创新联合体和平台，在联合各类主体进行技术协同攻关，推动技术创新成果转化方面发挥了重要作用。依托重点企业研发推广打造的新型生态环保板材产业链条具有较高的知名度，高精度铜管、蒸发器、冷凝器等制冷系统及配套产业占据国内领先优势。

第三，新业态新模式蓬勃发展。近年来河南省现代家居产业积极推动数字化转型、智能化升级，提高研发效率，促进生产制造向智能化、绿色化、高端化方向发展，并积极推动制造业与生产性服务业深度融合发展，延伸产业链条，新业态新模式层出不穷，带动现代家居新经济亮点频现。引进工业机器人，代替流水线操作和仓库的人力搬运、码垛等环节，板材等行业大量应用计算机辅助设计、全自动封边机等先进技术和智能化装备，使产品质量和生产效率得到提升，达到降本增效的目的。家居行业大规模个性化定制、柔性化生产、全屋定制等新型制造模式不断发展，其中大信家居从整体橱柜起步，实现全屋定制家居业务全覆盖，成为全国首批服务型制造示范企业、国家智能制造试点示范企业、国家高新技术企业，也是该领域的本土龙头企业。此外，电商营销等各类线上渠道不断拓展深化，直播等新型模式得到广泛应用。

四、河南现代家居产业链存在的不足及应对措施

目前，河南现代家居产业链日益完善，链条水平得到有力提升，但是与全国排名靠前的省份相比，短板较为明显。一是集群规模偏小，龙头带动不足。目前，河南仅拥有 4 个规模超过百亿级的现代家居产业集群，占总体数量的 10%，与珠三角、长三角等地同类产业集群相比规模较小。产业链上游原料辅料领域虽然拥有万华禾香、金展木业、鼎丰木业等龙头企业，但带动力有限，产业链中游家居产品设计生产制造环节大多是中小微企业，仅有 61 家企业营业收入超过5000 万元。二是协同发展能力不强，链条本地配套不足。河南省白色家电等产业集群虽然初步呈现集聚发展态势，但是链条部分环节较为薄弱，影响产业链综合实力的提升。白色家电行业终端企业数量较少，缺乏对上游电机、压缩机、控制器、五金件等环节核心零部件配套企业的吸引力度，本地配套多以塑料件、冲压件、包装件等低附加值产品为主，配套能力不足。新飞制冷等龙头企业所需核心原料部件大多从省外采购。家居产品类型以木质和金属材质为主，产品结构较为单一，PE、PVC、ABS 等高分子材料及相关家具类型缺失。

当前国内外家居市场正处于深耕存量市场的关键时期，一方面在环保观念深度普及、"双碳"政策不断缩进的背景下，家居产业竞争加剧，面对转型重任。另一方面新一代信息技术和产业变革深度席卷，为设计、技术、生产、服务、渠

道等全链路各环节带来机遇，在消费升级和技术进步的双重推动下，家居产业链呈现融合化、智能化、健康化、绿色化发展趋势，河南省必须抓住这一时代机遇，积极寻求转型突破。

一是以龙头企业与产业园区为抓手，推动河南省现代家居产业协同化、集聚化发展。围绕本省白色家电、板式家具、实木家具、钢制家具等优势领域，以清丰、原阳、民权、兰考、洛阳、信阳等一批特色产业集聚区为重点，抓住万华禾香、鼎丰木业、格力电器（郑州）有限公司、金马凯旋集团、河南新飞电器、河南索菲亚家居、河南喜临门家居等优势龙头企业的上下游配套关键环节，有目标、有方向地进行补链强链工作，引进板材加工、环保涂料、五金配件等原料辅料配套企业，提高优势龙头企业全链路各环节的省内配套能力，着力扩大产业园区集群规模，避免盲目竞争和无序发展，解决供应链省外依存度高的问题。二是以新消费升级与行业发展前沿趋势为导向，提升产品设计能力与品牌塑造能力。大力推动家居产业数字化改造与智能化升级，在家居产业中深入实施"设计河南"战略，为企业在数字经济时代革新设计理念、优化生产制造、创新销售运营提供必须的数字化转型条件。搭平台建桥梁，引入国内外优秀家居行业设计服务机构与团队，引导本地家居企业以绿色化、智能化、低碳化、舒适化、艺术化等为方向，对产品功能、外观、工艺、使用感、包装等层面进行重塑性设计，提高产品附加值，延伸发展产品全周期运维管理、商贸物流、生态装修等新业态，全方位满足多样化、个性化、人性化等高端消费需求，打造一批国内外知名的河南家居品牌。

第十章　现代医药产业链集群

现代医药产业在国民经济统计分类上并无明确定义，这是一个与医药相关的宽泛概念，包括但不限于中西药领域、医药流通、化学制剂、医疗器械、医疗服务、生物制品、化学原料药等众多行业。毋庸置疑，现代医药产业是关系国计民生和国家安全的战略性新兴产业，也是创新最为活跃、影响最为深远的新兴产业之一，具有巨大的发展前景与增长潜力。

第一节　生物医药产业链

生物医药产业的重要性愈加凸显，以生命科学、生物技术发展进步为动力的生物医药产业，成为全球瞩目的重点领域，也成为各地竞相发展的热门高技术产业。

一、生物医药产业链简介

生物医药产业由生物技术产业与医药产业共同组成，是一个跨学科和多领域的综合性产业，因而各国、各组织、各地区对生物医药产业的统计口径、圈定范围、概念定义很不统一。我国在《战略性新兴产业分类（2018）》中，虽明确规定生物产业包括生物医药产业、生物医学工程产业、生物农业及相关产业、生物质能产业、其他生物业五大类，其中生物医药产业包括生物药品制品制造、化学药品与原料药制造、现代中药与民族药制造、生物医药关键装备与原辅料制造、生物医药相关服务，但由于其概念具有多领域交叉性，各地在实际使用与制定发展规划时，并未完全适用这一框架。在《"十四五"生物经济发展规划》的具体表述中，生物医药范畴也涵盖生物康养、健康中国等更高层次与更新的发展需求，可以说生物医药产业是以现代生命科学理论为基础，以生物技术与医药产业发展为支撑，融合工程学、信息学等各类手段的高技术、高资本密集型产业，同时又贴近生活，与个人密切相关，是服务于全人类生命健康发展的基础性产业。

生物医药产业链上游大致包括原材料与生物技术研发。原材料包括各类中药材、大宗原料药、特色原料药、动物原料药、细胞原料、医药中间体、药用辅料、医药包装材料等；生物技术研发包括基因工程、蛋白质工程、酶工程等。产业链中游包括化学药、生物药、中药的医药产品生产与各类医药设备及器械制造。产业链下游主要是药品流通与服务环节，包括医院、基层卫生医疗机构、医药电商等线上线下渠道。

二、生物医药产业链国内外发展简况

全球范围内生物医药产业多学科多领域交叉融合创新成为主流。多学科跨界交叉融合是科技创新演变的整体趋势，随着全球生物医药进入基因组学研究水平阶段，21世纪以来，信息科学、物理学、工程学等加速与传统生物科学融合，合成生物学、再生医学、生命组学、脑科学等不断交叉创新，生物技术、新材料等领域快速发展，与生物医药产业的融合程度不断加深。同时发达国家生物技术研究起步较早，持续引领产业创新进程。美国、欧洲和日本等发达国家地区在全球生物医药产业中处于主导地位，2023年美国《制药经理人》杂志公布的全球生物制药企业50强中，美国、欧洲、日本的企业数量占到84%以上；在全球药品市场中，美国、欧洲、日本三大区域的药品市场份额超过80%。其中美国生物医药技术全球领先，其开发的药品数量和市场销售额均占到全球的35%以上。美国制药、生物科技、医疗服务等生物医药产业增加值占GDP的比重超过15%，日本、加拿大等发达国家生物医药产业增加值占GDP的比重超过10%。

随着我国进入新发展阶段，经济、人口等从规模与结构上均呈现新特征，新型城镇化推进、老龄化程度提高、居民消费升级、健康意识增强等因素交织，促进我国生物医药产业释放巨大潜能。一方面规模总量稳定扩大。在大健康产业时代来临的背景下，我国生物医药产业顺应"以治病为中心"向"以健康为中心"转变的新趋势，内涵外延不断扩大，从传统的原料药、医疗器械、医疗服务等环节向"医、康、养、健、药"全领域拓展。《中华人民共和国国民经济和社会发展第十四个五年规划和2035年远景目标纲要》明确提出要加快生物医药等战略性新兴产业发展，"十四五"时期，医疗工业、医疗装备等专项规划也陆续颁布实施。根据前瞻产业研究院的测算，2022年我国生物医药行业的市场规模达到1.87万亿元，同比增长8.3%。同时目前全球大批"重磅药物"专利集中到期，也为中国生物医药企业带来新一轮的增长机遇。另一方面区域集聚效应明显。环渤海地区、长三角地区、粤港澳大湾区，以及成渝地区双城经济圈等成为全国生物医药产业的创新高地，全国80%的上市企业、90%的国家一类新药、85%的创新医疗器械特别审批产品均来自这些区域。中部河南、湖南、湖北等地区也形成了较好的生物医药产业集群发展态势，全国基本形成了各具特色的五大生物医药产业城市集群，其中北京、上海、深圳基于更具优势的发展基础与科教资源等，成为我国生物医药产业的引领区。

三、河南生物医药产业链发展的优势

河南省生物医药产业具备良好的发展基础，近年来，规模、质量均得到明显提升，初步建立了涵盖生物药、化学药、体外诊断、中药、医疗器械等多行业的全链条体系，产业链上下游培育有华兰生物医药百强企业与华兰疫苗、新开源、真实生物、安图生物、太龙药业、羚锐制药等一批优质上市企业，2022年全省医药产业总产值达2900.6亿元。

第一，政策引领力不断加强。随着一系列政策规划文件陆续发布，河南省生物医药产业顶层设计不断优化，政策配套逐渐完善，近年来先后印发了《河南省现代生物和生命健康产业发展行动方案》《河南省促进医药产业健康发展实施方案》《关于促进河南省生物医药产业高质量发展的措施》等一系列政策文件。

2022 年 8 月印发《河南省促进生物经济发展实施方案》，提出构建以"一核、五基地"为主体的产业布局。2023 年 8 月，河南省人民政府印发了《河南省建设制造强省三年行动计划（2023—2025 年）》，提出将包含生物医药在内的战略性新兴产业增加值占规模以上工业增加值的比重提高到 30% 以上，并打造包含生物医药在内的 28 个千亿级现代化产业链。《河南省培育壮大生物医药产业链行动方案》明确提出到 2025 年生物医药产业规模要达到 4000 亿元，形成 1 个超千亿元、10 个超百亿元产值的产业集群。

第二，创新驱动力日益凸显。河南省高度重视创新驱动效应，持续加大生物医药产业研发力度，提升创新能力。截至 2022 年底，已建成国家级工程实验室 13 家、国家级企业技术中心 10 家、省级制造业创新中心 1 家、省级产业研究院 5 家、省级产业中试基地 4 家，培育了一批生物医药领域的"瞪羚""小巨人""独角兽"企业，其中生物医药相关高新技术企业 232 家，专精特新企业 150 家，专精特新"小巨人"企业 9 家。此外，拥有生物医药产业专利数量 7795 个，国产医疗器械上市数量 5464 个，仿制药通过一致性评价数量 72 个。华兰生物进军疫苗领域，成为我国第一家获得世界卫生组织认可的甲型 H1N1 流感疫苗生产企业，山茱萸、山药、丹参、金银花、地黄和冬凌草 6 种中药材基地已通过国家 GAP 认证。

第三，地区产业协作力显著提升。经过多年发展积累，河南逐步形成以郑州、新乡为核心，周口、洛阳、南阳、焦作、驻马店等多点支撑协作发展的区域产业布局。郑州依托航空港区临空生物医药园、新郑经济技术开发区、郑州高新区等专业园区和太龙药业、拓洋生物、安图生物、新郑药业、华南医电等骨干企业，重点发展化学创新药物、新型药物制剂、诊断试剂、高端医疗器械等产品。新乡依托生命科学和生物技术专业园区、长垣医疗器械专业园区以及华兰生物、双鹭生物、百泉制药、驼人集团等，重点发展医疗器械、化学原料药、制剂等方向。南阳以宛西制药、福森药业、度邦生物为龙头，重点发展现代中药和抗生素原料药，同时以君浩化工、福来生物、尚特生物科技等为重点发展医用中间体工业园。安阳重点发展激素原料药、保健品、现代中药、医疗器械等。驻马店重点依托天方药业，拓展化学原料药、抗生素发酵原料药的产品种类。周口依托辅仁堂药业、康鑫药业、新帅克药业等骨干企业，重点发展现代中药、化学原料药及药物制剂。

四、河南生物医药产业链存在的不足及应对措施

当前全国各地均在积极抢抓新时代背景下生物医药产业发展的历史性机遇，北京、上海、江苏、广东等地起步较早，并凭借地域、技术、人才优势，已经走在全国前列，山东、四川、湖北、江西等地纷纷发力抢占生物医药赛道，综合对比之下，河南生物医药产业存在的短板较为明显。

一是产业链综合竞争实力较弱。目前河南省生物医药产业虽然在化学药、生物药、中药和医疗器械等各主要行业实现全领域覆盖，但主要集中在低附加值环节上，高附加值赛道相对较弱。化学药产业链上的产品多以仿制药、原料药为主，缺少创新药；中药产业链产品多以中药切片及种植为主，中药制剂文号多而不强；生物药产业链上仅有华兰生物一家公司拥有上市产品。二是缺乏龙头带动效应。河南省生物医药产业相关市场主体目前有 2.7 万家左右，分布在医药服务、商务流通领域的企业占比高达 82%，产业链核心环节规模以上生物医药制造企业仅 504 家，大型骨干龙头企业少，仅华兰生物 1 家入围工业和信息化部发布的中国医药工业百强名单。中国数据研究中心发布的"2022 年第八届中国最具影响力医药企业百强榜"中，本省也仅有华兰生物和安图生物两家入围。三是产业创新水平较低。产业链上游研发能力不足，创新生态环节中，缺乏专业化的医药科技成果转化机构、临床检验平台、高水平的运营团队等，大多医药企业对加大研发投入、创新转型升级持观望心态。产业链下游商业模式创新能力不足，虽然省内拥有丰富的中药材资源与众多老字号企业，但在本土中药材品种开发、民族医药文化深度挖掘、老字号中医药品牌创新、数字化线上线下同频共振等方面意识较为落后，没有紧跟新消费时代居民对健康医药、医疗保健、药食同源等提出的新要求。

面对激烈的区域竞争态势，河南要立足已经取得的产业基础，发挥资源禀赋优势，挖掘近 1 亿人口的疾病防治和保健水平提升的巨大市场潜力，需要从三个方面入手。一是创新招商引资方式，着力扩大链群规模。学习苏州、合肥等地初

期培育生物医药产业，逐步做大做强的先进经验，以招商引资为重要抓手，以查漏补缺，实现产业链上下游协同发展为目标，坚持招大引强和引育初创型企业并重。加快探索基金招商。在加速省市级产业基金落地的基础上，组建"一母多子，省市区联动"的立体基金矩阵，采用对外联合设置引导资金、合作子基金等方式，借助龙头企业行业资源优势加强与省外行业巨头企业合作，同时引导产业资金流向，撬动更多社会资本，吸引省内外专业投资机构参投或落地，助力生物药、化学药、现代中药等优势行业孵化，并引入更多优质初创项目。二是补齐产业创新生态短板，提高产业创新发展水平。探索科创飞地建设。坚持开放创新思路，加强同产业发达地区的合作力度，支持华兰生物、安图生物、普莱柯生物、仲景宛西等龙头企业同深圳、武汉等研发实力较强地区的企业共建合作，发挥河南省在生物药、化学原料药、中药材、医药中间体等细分行业的生产优势，成立产业协作研发基地等，研发在省外、转化在省内。与苏州、上海等临床检验实力突出的地区合作，成立成果转化共促中心等，补齐本省生物医药产业体系在第三方临床检验、实验机构上的不足，提高本地药物创新成果的转化效率，加快本地新研制药物的面世速度。三是紧抓健康新消费趋势，树立河南现代医药新品牌矩阵。以南阳、信阳、焦作等地为重点区域，支持仲景宛西、羚锐制药、佐今明制药、济世药业等龙头企业与保和堂、怀山堂等老字号企业做优做强，发挥"四大怀药"等特色中药材产地优势与知名度，围绕现代中药研制、药食同源产品开发、大健康产品设计等重点方向，开展中药优势大品种专项培育，招徕一批实力突出、思路新颖、渠道宽阔的优质企业，发展中医药产业新业态，探索药膳美食、健康养生等新概念新模式，壮大河南现代中药品牌效应。

第二节　高端医疗器械及卫材产业链

高端医疗器械及卫材是现代医药产业的硬件支撑，随着全球人口老龄化加剧、经济持续增长，人们对医疗保健和生活质量的要求也逐步提升，进而转化为对医疗器械的巨大需求,医疗器械及卫材产业驶入发展快车道。

一、医疗器械及卫材产业链简介

医疗器械及卫材是指直接或间接用于人体的仪器、设备、器具、体外诊断试剂及校准物、材料以及其他类似或者相关的物品,包括所需要的各类计算机软件,在医疗中起到辅助或关键作用,其效用大多通过物理方式获得,而不是通过药理学、免疫学或者代谢的方式获得。

医疗器械及卫材按安全性可以分为低风险器械、中风险器械和高风险器械。低风险器械及卫材主要有绷带、纱布、海绵、消毒液、口罩等耗材,以及听诊器等一般类型的手术器械等,常规管理足以确保安全性、有效性。中风险器械及卫材是用于体外诊断、影像诊断、家用医疗器械的各种产品,如生化分析仪、化学发光分析仪、X 光机、CT 机、内窥镜、血糖仪、血压仪、轮椅等,其安全性、有效性需要适当控制。高风险器械及卫材一般是植入人体、对支撑生命具有关键作用,其安全性、有效性需要按照严格标准管控的产品,如心脏支架、人工心脏瓣膜、人工关节、义肢、义齿等。医疗器械及卫材的价值一般也随风险等级增高而增加。产业链上游为电子元器件供应、原材料和零部件、医疗器械技术研发、设备供应等,如各种合金材料、橡胶复合材料、氨基酸化学材料、天然生物材料,影像技术、微生物检测技术、外科手术技术、有源植入技术等。产业链中游品类较多,有影像设备、超声诊断仪、血糖仪、供氧机等医用和家用医疗设备,有海绵、绷带、起搏器、人工关节等从低值到高值的耗材,也有免疫诊断试剂、微生物诊断试剂、基因测序仪、新型分子诊断仪等体外诊断产品。产业链下游是应用医疗器材及卫材的各类医疗机构及居民家庭等终端市场。

二、高端医疗器械及卫材产业链国内外发展简况

在全球人口老龄化不断加速、生命健康关注度上升、医疗保健意识显著增强的大背景下,医疗器械产业保持稳定增长态势。根据 Eshare 医械汇发布的《中国医疗器械蓝皮书(2023 年版)》,2022 年全球医疗器械市场规模为 5528 亿美元,同比增长 5.9%。从区域竞争格局来看,全球医疗器械生产及服务主要分布

在北美、欧洲和中国等国家和地区，美国、日本、中国前三大生产地区约占据全球市场份额的80%。美国和日本医疗行业起步较早，在高端医疗器械及高值耗材上占据绝对主导优势，美国既是世界最大的医疗器械生产国又是最大的消费国，拥有全球将近50%的医疗器械百强企业，其次是日本，约占10%。全球高端医疗器械及卫材产业市场集中度也较高，2022年全球医疗器械公司百强榜中，美敦力、雅培、强生名列全球医疗器械公司营业收入前三强，其中，美敦力和雅培营收均超300亿美元，全球TOP10医疗器械企业占全球市场规模的36.3%。

2022年，我国医疗器械市场规模超过万亿元，已经成为仅次于美国的全球第二大医疗器械市场，五年来年均复合增长率超过10%，且存在较大的增长空间。目前全球医疗器械市场规模大致为全球药品市场规模的33%，我国该比例仅为12%，医疗器械市场规模有待进一步提高，同时医疗器械出口发展空间较大，虽然在新冠疫情之后医疗器械进出口贸易额首次出现双下降，但整体高速增长大趋势未变，从2013年的343.2亿美元增长至2022年的974.8亿美元，出口产品类型以低值耗材为主，但在医疗设备、高值耗材、体外诊断等领域的出口规模也在稳步提升。

目前，我国高端医疗器械及卫材产业形成了以环渤海地区、长三角地区、珠三角地区为主的产业聚集区，北京、上海、江苏、广东的高端医疗器械和卫材产业链体系完备，具有扎实的科研基础与丰富的医疗资源，国际化接轨程度较高，引领全国发展。2022年，广东、山东、江苏、浙江、上海的医疗器械产值位列全国前五，广东高端医疗器械和卫材产业规模超2800亿元，山东接近1500亿元，江苏超1300亿元，浙江超1200亿元。根据国家药品监督管理局公布的数据，截至2022年底，我国共有医疗器械生产企业32632家，其中广东4968家、江苏4814家、山东4058家、浙江2364家，广东、江苏和浙江医疗器械出口额占我国出口总额的60%。广东拥有迈瑞医疗、华大基因、理邦仪器等代表性企业，浙江的代表性企业有启明医疗、我武生物、迪安诊断等，江苏的代表性企业有鱼跃医疗、南微医学、基蛋生物等。迈瑞医疗是中国最大的医疗器械生产商之一，其产品线涵盖了监护仪、超声设备、呼吸机、血液透析机等医疗设备，以及骨科、普外等领域的高值耗材。

三、河南高端医疗器械及卫材产业链的优势

近年来随着生物医药产业快速发展，河南省高端医疗器械及卫材也发展迅猛，据众成数科（JOINCHAIN）统计，河南省2022年相关产业规模达到470.92亿元，在全国排名第九，占全国总产业规模的3.63%，2018~2022年复合增长率为18.06%。

第一，综合实力有效提升，链条体系加速完善。目前河南省高端医疗器械及卫材产业链上已经建成以医药耗材、体外诊断、康复器械等为重点的多产业协同发展产业体系，以市场规模大、配套企业多、物流便捷、卫材产业市场份额国内领先为主要优势。根据河南省药品监督管理局相关统计数据，截至2022年底，河南省一类医疗器械产品生产企业数量破千家，二类医疗器械产品生产企业600家左右，三类医疗器械产品企业60家左右；规模2000万以上企业近800家，亿元以上产值企业近100家，全省生产总值近600亿元。目前河南省医疗器械生产企业数量居全国第六位，经营企业数量居全国第三位，产品注册证数量居全国第五位，建成了国家级和省级工程实验室研究中心等26家，国际医疗器械交易中心5个，产值规模进入全国第一方阵。在河南省医疗器械生产企业中，有3家拥有国家企业技术中心，3家企业拥有国家级重点实验室，5家企业持有"中国驰名商标"，1家企业持有"全国工业企业质量标杆"，3家企业获得国家级"单项冠军"，2家企业在主板上市。

第二，优势环节得以强化，优质主体加速崛起。整体来看，河南省在产业链上游具备一定发展基础，产业链中游近年来优势不断凸显，集中度明显提高，并出现了一批领先国内外的优质市场主体，产业链下游存在巨大的增长潜力。医用防护耗材、医用护理耗材、麻醉耗材、体外诊断试剂、康复设备仪器、输注类医用耗材、义齿原材料及加工是河南省的优势领域，医用防护耗材生产和销售业务在国内市场的占有率超过40%。其中防疫用品、医用棉制品和无纺布系列制品生产企业274家，总产值320多亿元；以高分子材料为原料的麻醉系列产品、护理系列产品、输注系列产品、引流系列产品生产企业82家，总产值近100亿元。亚都实业、超亚实业、华西卫材、安图生物、驼人集团、曙光健士、翔宇医疗、

引胜义齿等是河南省高端医疗器械和卫材产业的代表性企业，其中驼人集团主导产品麻醉包、输注泵等国内市场占有率遥遥领先；安图生物是国内第一家在上交所主板上市的体外诊断研发和制造型企业；亚都实业产品覆盖全国 31 个省份（不含港澳台地区），并出口到欧洲、美洲、中东等 80 多个国家和地区。

第三，特色集群不断壮大，集聚态势日益凸显。2022 年，郑州、新乡、安阳、周口、洛阳的医疗器械产业规模位居全省前五，郑州与新乡两地医疗器械产值占到全省医疗器械产业总产值的半数以上。河南省医疗器械及卫材产业链上的企业主要分布在郑州、新乡、洛阳、安阳等地，两家上市企业分别位于郑州与安阳。截至 2022 年底，河南省共有医疗器械检测机构 3 家，其中新乡市 2 家，郑州市 1 家；全省共有 65 家医疗器械临床试验机构在国家药监局医疗器械临床试验机构备案管理信息系统中完成备案，其中郑州市拥有 23 家。医疗器械是郑州重点发展的主导产业之一，近年来郑州以航空港区中原医学科学城为抓手，布局建设高端医疗器械产业载体，各类医疗器械 CDMO 平台、豫检国产装备技术应用示范平台等，为企业提供"研发—中试—工程化—产业化"全链条发展服务，积极引进华润医疗器械等一批龙头企业，产业集聚优势明显。长垣市有"中国医疗耗材之都""中国卫材之乡"的美誉，集聚 2200 多家医疗器材生产、经营企业，相关从业人员超过 10 万人，是我国重要的医疗器械输出地，医用耗材销量占据全国市场份额的 65% 以上。

四、河南高端医疗器械及卫材产业链存在的不足及应对措施

河南省高端医疗器械产业近年来加速布局集聚，卫材产业在国内外市场的占有率和影响力不断提升，但其中存在的问题也较为明显。一是产业链中低端环节分布较为集中，主导产品附加值整体偏低。河南医疗器械和卫材产业总体规模较大，但是大而不强，链上企业多处于价值链、供应链中低端，缺少像安图生物这样在行业内具有核心引领力的龙头企业，具有自主知识产权、技术领先国内外的高端医疗器械品牌十分匮乏，全国 200 余件创新通道医疗器械产品中，没有一件出自河南省医疗器械企业。长垣市卫材产业在国内具有极高的占有率，产品也远销国内外各个地区，但产品多集中在低值耗材上。二是产业创新生态构建不足，

创新链缺失明显。高端医疗器械及卫材产业创新发展需要以完整的创新链条为支撑,其中各类检测机构、中试平台、转换平台等具有重要作用,但河南省相关检测机构、临床试验机构、CRO 和 CDMO 等外包服务机构数量较少,技术创新服务环节薄弱。产业创新发展对研发、生产、销售等专业人才的要求比较高,但是同上海、江苏、浙江等地相比,河南省在人才引育方面也不占优势,不少企业的人才需求难以得到满足。

目前随着新一代信息技术深度席卷,人工智能、工业互联网等数字技术不断进步和应用,交叉融合创新更为频繁,将为医疗器械设备技术研发和产品设计、产业发展带来深刻变革,面对快速演进且极具发展潜力的产业前景,河南需要从两个方面重点发力,抢占高端医疗器械与卫材产业新赛道。一是完善制度保障体系,增强政策引领力。目前山东、四川、吉林等省份均已出台医疗器械、医疗装备产业的省级专项政策规划,其中山东省力度最大,出台了《关于促进医疗器械产业高质量发展的十六条措施》,郑州等地市也出台了相关政策措施,但是省级层面没有出台医疗器械产业的针对性政策,河南应在梳理各地市政策措施的基础上,借鉴先发地区经验,发布省级层面统筹协调的专项扶持政策,在产业基金、营商环境等方面重点发力,解决企业对于融资、人才等要素的特殊性需求,为省内安图生物等一批龙头企业进一步向链主企业跃升提供切实有效的政策助力,同时重点关注处于初创期与上升期,具有自主创新能力的中小企业的发展需求,从中挖掘培育一批具有发展潜力的"专精特新"企业与优质项目。二是补齐创新链短板,完善产业创新生态。利用好河南省眼科研究所、河南省临床检验中心、河南省智慧康养设备产业研究院等研究机构,以市场为导向,以企业为主体,合作共建协同创新平台。鼓励河南省人民医院、郑州大学第一附属医院等具备实力的医疗机构开展医疗器械临床研究,设立专职临床试验部门,与相关企业加强合作力度,有偿开放提供临床试验服务。加大产业公共服务平台建设力度,为企业群体提供充足丰富的技术创新服务。与省外优势资源合作或依托政府专业投资平台,引进新建一批医疗器械研发、生产外包服务平台,在检验检测、临床试验、注册审批、小试中试、定制化生产等方面强化布局,降低高端医疗器械及卫材产业产品创新和推广应用的成本。

参考文献

［1］ Abel-Koch J. SMEs' value chains are becoming more international Europe remains key ［J］. Europe, 2016, 65（1）: 65-69.

［2］ Cantwell J, Helpman E, Krugman P. Market structure and foreign trade: Increasing returns, imperfect competition, and the international economy ［J］. The Economic Journal, 1985（96）: 243.

［3］ Gereffi G, Humphrey J, Kaplinsky R, et al. Introduction: Globalisation, value chains and development ［J］. IDS Bulletin, 2001, 32（3）: 1-8.

［4］ Grubel H G, Loyd P J. Intra-industry Trade: The Theory and Measurement of International Trade in Differentiated Products ［M］. London: The Macmillan Press Ltd., 1975.

［5］ Parker G, Van Alstyne M W, Choudary S P. Platform Revolution: How Networked Markets are Transforming the Economy, and How to Make Them Work for You ［M］. New York: W. W. Norton & Company, 2016.

［6］ Raymond V. International investment and international trade in the product cycle ［J］. Quarterly Journal of Economics, 1966（2）: 2.

［7］ Samuelson, Paul A. Economics: An Introductory Analysis ［M］. New York: McGraw-Hill, 1948.

［8］ Szalavetz A. Digitalisation, automation and upgrading in global value chains-factory economy actors versus lead companies ［J］. Post-Communist Economies, 2019,

31（5）：646-670.

[9] Thomas R Eisenmann, Parker G, Marshall W, Van Alstyne. Strategies for two-sided markets [J]. Harvard Business Review, 2016, 84（10）：92-101.

[10] 陈飞. 中国电子信息制造业发展的内在动力 [J]. 现代雷达, 2022, 44（9）：125-126.

[11] 陈国亮, 唐根年. 基于互联网视角的二三产业空间非一体化研究——来自长三角城市群的经验证据 [J]. 中国工业经济, 2016（8）：76-92.

[12] 陈小勇. 产业集群的虚拟转型 [J]. 中国工业经济, 2017（12）：78-94.

[13] 初航正, 赵蓉, 聂耀昱. 产品关联视角下国内价值链构建与协调发展研究——以京津冀地区为例 [J]. 商业经济研究, 2022,（19）：166-171.

[14] 戴翔, 杨双至. 数字赋能、数字投入来源与制造业绿色化转型 [J]. 中国工业经济, 2022（9）：83-101.

[15] 丁洋涛. 不沿边不靠海的河南让"内陆"变"前沿" [N]. 河南日报, 2022-09-01（03）.

[16] 高昕. 新发展阶段河南县域经济高质量发展的路径 [N]. 河南日报, 2022-04-11（T01）.

[17] 龚勤林. 产业链空间分布及其理论阐释 [J]. 生产力研究, 2007（16）：106-107+114.

[18] 龚绍东, 赵西三. 从传统工业到新型工业：河南工业的转型方向与升级路径 [M]. 北京：经济管理出版社, 2013.

[19] 谷建全, 王玲杰, 赵西三, 等. 新起点上推进县域经济高质量发展的路径选择 [N]. 河南日报, 2020-05-06（04）.

[20] 韩树宇. 河南科技创新资源配置思路 [J]. 合作经济与科技, 2021（24）：8-11.

[21] 韩树宇. 河南县域制造业高质量发展的思路与对策研究 [J]. 现代工业经济和信息化, 2022, 12（8）：4-7.

[22] 何自力. 大力发展制造业和实体经济 [J]. 企业观察家, 2022（9）：

92-94.

［23］洪俊杰，隋佳良．立足国内大循环，推进高水平对外开放——基于全球价值链位置视角的研究［J］．国际贸易问题，2023（1）：1-18.

［24］侯红昌．以生产性服务业助推河南制造业高质量发展［J］．现代工业经济和信息化，2019，9（12）：11-12+17.

［25］黄奇帆．疫情之下的全球产业链重构——发展水平分工与垂直整合相结合的产业链集群［J］．中国经济周刊，2020（7）：24-29.

［26］黄群慧．2020年我国已经基本实现了工业化：中国共产党百年奋斗重大成就［J］．经济学动态，2021（11）：3-9.

［27］黄抒予，王馨悦．河南推动先进制造业和现代服务业深度融合分析［J］．科技经济市场，2020（3）：76-78.

［28］霍春辉，吕梦晓，许晓娜．数字技术与制造企业全球价值链地位攀升——打开数字技术赋能的"黑箱"［J］．南方经济，2023（3）：11-28.

［29］江小涓，孟丽君．内循环为主、外循环赋能与更高水平双循环——国际经验与中国实践［J］．管理世界，2021，37（1）：1-19.

［30］蒋国俊，蒋明新．产业链理论及其稳定机制研究［J］．重庆大学学报（社会科学版），2004（1）：36-38.

［31］金乐佳，王旭超，李培旭，等．河南省装备制造产业的转型升级与创新发展路径［J］．创新科技，2019，19（12）：65-72.

［32］俱鹤飞．生产性服务业赋能，带动产业向高端［N］．解放日报，2023-09-04（003）.

［33］康芸．加快传统产业企业数字化转型［J］．宏观经济管理，2022（6）：82-90.

［34］黎峰．双重价值链嵌入下的中国省级区域角色——一个综合理论分析框架［J］．中国工业经济，2020（1）：136-154.

［35］李嘉图．政治经济学及赋税原理［M］．丰俊功，译．北京：光明日报出版社，2009.

［36］李胜会，戎芳毅．中国制造业绿色转型升级：政策、实践与趋势

[J]. 全球化，2021（5）：103-114+136.

[37] 李松涛，轩建举. 河南县域制造业数字化转型发展水平研究 [J]. 河南科技，2023，42（12）：150-153.

[38] 李文军，郭佳. 我国战略性新兴产业发展：成效、挑战与应对 [J]. 经济纵横，2022（8）：65-75.

[39] 李晓华. 把握制造业转型升级趋势 [J]. 中国产经，2023（11）：52-55.

[40] 林博. 河南制造业企业创新发展现状分析 [J]. 投资与创业，2022，33（19）：52-54.

[41] 凌永辉，刘志彪. 新发展格局下的内需引致型产业链循环研究 [J]. 学习与实践，2021（6）：52-59.

[42] 刘琳，盛斌. 全球价值链和出口的国内技术复杂度——基于中国制造业行业数据的实证检验 [J]. 国际贸易问题，2017（3）：3-13.

[43] 刘志彪，姚志勇. 中国产业经济学的发展与创新：以产业链分析为主线 [J]. 南京财经大学学报，2021（5）：1-10.

[44] 刘众，杨永红. 融通创新促进传统产业升级的现实蕴意和路径抉择 [J]. 价格理论与实践，2022（6）：23-26+176.

[45] 马克林. 河南生产性服务业发展研究 [J]. 新乡学院学报，2022，39（2）：17-24.

[46] 马晓河. 准确把握新一轮产业技术革命的特征 [J]. 经济导刊，2021（8）：80-81.

[47] 倪红福，田野. 中国经济双循环的动态变迁与国际比较——引入要素权属异质性的全球价值链分解新框架 [J]. 经济学（季刊），2023，23（5）：1668-1685.

[48] 芮明杰，刘明宇. 网络状产业链的知识整合研究 [J]. 中国工业经济，2006（1）：49-55.

[49] 史本叶，马晓丽. 国内价值链、全国统一大市场与企业出口产品质量 [J]. 国际经贸探索，2023，39（4）：4-18.

［50］宋歌. 河南省以创新驱动战略性新兴产业发展现状及对策研究［J］. 商业经济, 2022（11）: 41-43+106.

［51］宋克兴. 构建一流创新生态 建设国家创新高地: 关于我省"科技创新"的学习思考［J］. 河南教育（高等教育）, 2022（12）: 40-43.

［52］孙晓曦. 河南优势传统产业数字化转型关键制约与突破研究［J］. 河南牧业经济学院学报, 2023, 36（3）: 35-39.

［53］孙越. 河南: 谱写中原绚丽科技篇章［N］. 科技日报, 2022-10-21（05）.

［54］孙志燕, 郑江淮. 积极应对全球价值链数字化转型的挑战［N］. 经济日报, 2021-01-08（009）.

［55］孙志燕, 郑江淮. 全球价值链数字化转型与"功能分工陷阱"的跨越［J］. 社会科学文摘, 2020（11）: 19-21.

［56］涂兴子, 元静, 王留根. 中国平煤神马集团数字化转型研究与实践［J］. 中国煤炭, 2023, 49（8）: 41-47.

［57］王存刚. 全球价值链重构与发达资本主义国家对外政策新趋向［J］. 人民论坛·学术前沿, 2022（9）: 64-75+93.

［58］王海杰, 吴颖. 全球价值链分工中欠发达地区产业升级策略研究——以河南省为例［J］. 区域经济评论, 2015（5）: 56-64.

［59］王胜昔, 崔志坚, 汪俊杰. 创新, 让中原更出彩［N］. 光明日报, 2021-11-14（001）.

［60］巫强, 黄孚, 汪沛. 企业数字化转型动机与多元化转型路径研究［J］. 财经问题研究, 2023（9）: 117-129.

［61］吴金明, 张磐, 赵曾琪. 产业链、产业配套半径与企业自生能力［J］. 中国工业经济, 2005（2）: 44-50.

［62］夏杰长. 充分发挥服务业的经济增长主引擎作用［N］. 中国社会科学报, 2023-07-31（A02）.

［63］杨凌. 挺起发展硬脊梁［N］. 河南日报, 2021-10-22（15）.

［64］杨森山. 工业经济辉煌巨变七十年: 新中国成立七十年河南工业经济发展成就［J］. 市场研究, 2020（2）: 3-7.

［65］伊·菲·赫克歇尔，戈特哈德·贝蒂·俄林．赫克歇尔-俄林贸易理论［M］．陈颂，译．北京：商务印书馆，2018．

［66］尹江勇．我省科技成果转化实现新突破［N］．河南日报，2023-01-11（02）．

［67］于善甫．河南省科技型人才创新创业生态体系建设［J］．黄河科技学院学报，2021，23（12）：57-63．

［68］余东华，水冰．信息技术驱动下的价值链嵌入与制造业转型升级研究［J］．财贸研究，2017，28（8）：53-62．

［69］郁义鸿．产业链类型与产业链效率基准［J］．中国工业经济，2005（11）：35-42．

［70］张玺，宋洁，侍乐媛，等．新一代信息技术环境下的高端装备数字化制造协同［J］．管理世界，2023，39（1）：190-204．

［71］张永杰．河南凝心聚力推动国家创新高地建设［N］．中国工业报，2021-09-29（002）．

［72］赵西三．制造业高质量发展的强劲跃升［N］．河南日报，2022-10-14（16）．

［73］郑大庆，张赞，于俊府．产业链整合理论探讨［J］．科技进步与对策，2011，28（2）：64-68．

［74］周人杰．坚持推动传统产业转型升级［N］．人民日报，2023-05-22（05）．

［75］朱艳平．河南加快制造业绿色转型路径［J］．中国外资，2023（2）：38-40．